高等职业教育
智能制造专业群
"德技并修 工学结合"
系列教材

电工技术

主编 张静 罗丹 董锟

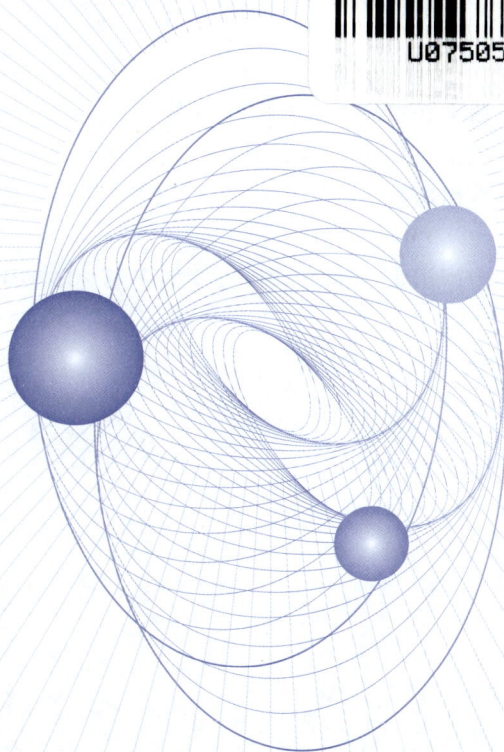

INTELLIGENT MANUFACTURING

中国教育出版传媒集团
高等教育出版社 · 北京

内容提要

本书是职业教育国家在线精品课程"电工技术"配套教材。

本书在编写中注重应用能力和基本技能的培养,注重职业技能和工作过程创新能力的培养,更适应高等职业教育发展的需要。

全书分为8个模块,包括迈入电(殿)堂、直流电路王国、单相正弦交流电路王国、三相正弦交流电路王国、磁路与变压器、电动机及其控制电路、电工材料、工具及仪表、电(殿)堂应用,并在各模块均配有案例分析、技能训练和思考题。

为了让学生能够快速且有效地掌握核心知识和技能,也方便教师采用更有效的传统方式教学,或者更新颖的线上线下翻转课堂教学模式,本书配有微课、动画,可以通过扫描书中的二维码进行观看。同时可登录"国家智慧教育公共服务平台"学习与本书配套的职业教育国家在线精品课程。教师如需获取本书授课用教学课件等配套资源,请登录"高等教育出版社产品信息检索系统"(https://xuanshu.hep.com.cn)免费下载。

本书可作为高等职业院校自动化类、机电类、电子类和土建类等相关专业电工技术课程的配套教材,也可供相关工程技术人员和自学者学习参考。

图书在版编目(CIP)数据

电工技术 / 张静,罗丹,董锟主编. -- 北京:高等教育出版社,2025. 7. -- ISBN 978-7-04-062799-2

Ⅰ. TM

中国国家版本馆 CIP 数据核字第 2024DH8249 号

DIANGONG JISHU

| 策划编辑 曹雪伟 | 责任编辑 曹雪伟 | 封面设计 姜 磊 | 版式设计 徐艳妮 |
| 责任绘图 于 博 | 责任校对 刘丽娴 | 责任印制 刘思涵 | |

出版发行	高等教育出版社	网 址	http://www.hep.edu.cn
社 址	北京市西城区德外大街4号		http://www.hep.com.cn
邮政编码	100120	网上订购	http://www.hepmall.com.cn
印 刷	高教社(天津)印务有限公司		http://www.hepmall.com
开 本	787 mm×1092 mm 1/16		http://www.hepmall.cn
印 张	15.25		
字 数	360 千字	版 次	2025 年 7 月第 1 版
购书热线	010-58581118	印 次	2025 年 7 月第 1 次印刷
咨询电话	400-810-0598	定 价	45.00 元

前　言

根据高等职业教育装备制造大类和土木建筑大类专业人才培养目标,结合职业岗位需求,基于职业教育的特点,以培养"技能型人才"为导向,本书对课程内容进行重构,设计了 8 个专题教学模块。

本书基于"产教融合、工学结合"战略背景,依托职业教育国家精品在线开放课程"电工技术"(内蒙古建筑职业技术学院)在线资源,校企共研,将电工新技术、新工艺、新规范纳入教材内容,充分利用学生喜欢运用移动终端并乐于动手的特性,将岗位要求的知识、技能、素养目标分解到 8 个模块中,通过虚拟仿真与电工实物、学生主体与教师纠错、线上远程与线下实操、课堂教学与施工现场"四结合"教学策略,培养学生的职业能力,使之养成良好的职业态度和规范的职业习惯。

1. 虚拟仿真与电工实物是针对原理与操作。学生在教师的指导下利用电工虚拟仿真软件进行原理演示操作,形成理性认识,并通过电工实训室对元器件进行操作与验证,进行技能培养,在技能训练过程中,掌握相关知识点和技能点。

2. 学生主体与教师纠错是针对知识与技能。学生通过微课、视频、闯关游戏等在线资源及教材资源进行学习、训练、练习,教师对模块涉及的知识和技能点进行讲解、纠错辅导,培养学生对所学技能的感性认识,养成精益求精的职业精神,安全规范、团队协作的职业素养。

3. 线上远程与线下实操是针对实践与考核。通过客观科学调研,进行精准学情分析,在线资源学习辅助线下项目操作,整体个体兼顾,对模块要求的专项能力,使学生熟练掌握模块要求的技能点及实践操作能力,并进行考核。

4. 课堂教学与施工现场是针对拓展与提高。对模块涉及的新技术、新材料、新方法、新规范等进行施工现场教学,使学生对模块涉及的技能要求进行熟练操作。

本书共有 8 个模块,包括迈入电(殿)堂、直流电路王国、单相正弦交流电路王国、三相正弦交流电路王国、磁路与变压器、电动机及其控制电路、电工材料、工具及仪表、电(殿)堂应用。

本书总教学时数为 64~84 学时。

本书由内蒙古建筑职业技术学院张静教授率领的团队编写,并由内蒙古建筑职业技术学院张静、罗丹及咸宁职业技术学院董锟担任主编。模块一由内蒙古建筑职业技术学院李芳、罗丹、张静共同编写,模块二由内蒙古建筑职业技术学院郝佳伟编写,模块三由咸宁职业技术学院董锟编写,模块四由咸宁职业技术学院董锟、内蒙古建筑职业技术学院罗丹编写,模块五由内蒙古建筑职业技术学院吕丽荣、罗丹共同编写,模块六由广西建设职业技术学院欧雯萍、潘冬喜、黄宇共同编写,模块七由内蒙古建筑职业技术学院王栓巧、田春雨共同编写,模块八由内蒙古建筑职业技术学院赵芳、李桂丹共同编写,内蒙古建筑职业技术学院张静负责全书审定工作。

鉴于编者水平所限,书中难免会有错误、不妥之处,恳请同行和广大读者批评指正。

编者

2025 年 1 月

目 录

I

模块三 单相正弦交流电路王国

模块四 三相正弦交流电路王国

模块五　磁路与变压器

模块六　电动机及其控制电路

模块七　电工材料、工具及仪表

模块八　电（殿）堂应用

模块一

迈入电（殿）堂

■ **知识目标**

1. 了解人体触电的类型和原因，掌握安全用电的常识。

2. 通过分析和拆装简易电气装置等活动，理解和认识电路及其基本组成。

3. 理解电路中电流、电压、电位、电动势等常用物理量的概念；能够明确区分和应用电路常用物理量并进行简单分析与计算。

4. 认识电路规律，理解欧姆定律和基尔霍夫定律并能准确熟练使用定律对电路进行分析和计算。

5. 能够明确区分电路的状态，掌握每种状态下电路的特点。

6. 了解电气设备的额定值。

■ **技能目标**

1. 掌握触电急救技能。

2. 能使用电流表、电压表和万用表等测量电路的电流和电压。

3. 通过电路特点初步判断电路状态。

■ **育人目标**

1. 养成理论联系实际，从实际出发，实事求是，在实践中学习和探索的优良品质。

2. 树立高度负责的学习态度、工作作风以及严谨细致的工匠精神。

1.1
触电危害与安全用电

⚙️ **话题引入**

  电与人们生活、工作的方方面面都息息相关，如手机、便携式计算机等设备，冰箱、电视机等家用电器，电动自行车、新能源汽车等交通工具，变压器、输变电线路等电力设备都离不开电。在用电设备的使用过程中可能出现诸如电动自行车爆炸、变压器烧毁、用电设备短路等事故，造成大量的人身和财产损失，如图1-1~图1-4所示。因此了解电流对人体的作用，理解各类触电形式，分析引发电气事故的原因，以及掌握安全用电的基本知识和触电急救措施具有重要意义。

图1-1　电动自行车充电引发的火灾

图1-2　变压器烧毁事故

图1-3　电力施工触电事故

图1-4　某电厂电气设备特大事故

1.1.1 触电及触电事故

1. 触电的概念

触电是指人体接触或接近带电体后,身体承受过高的电压,使电流通过人体而对人体造成伤害的现象。

2. 引发触电事故的原因

(1) 工程设备质量问题

由于配电线路施工质量差或绝缘损坏,导致电动机、电气设备或线路在工作时漏电,当人们触及带电的金属外壳时,电流流经人体而引发的触电事故。对配电线路维护不善或长期不维护,电线脱皮、塑料老化等,也容易引起触电。

(2) 从业人员违反操作规程

由于从业人员欠缺完备的安全用电基础知识或缺乏安全用电意识,不遵守操作规程,使身体触及正常带电部分,导致电流通过人体而造成的触电事故。

3. 触电伤害的分类

(1) 电击

电击是指在触电事故中,由于电流流经人体而使人体内部受伤的现象,是触电事故中最危险的。

(2) 电伤

电伤是指在触电事故中,由于带电金属体碎末(电弧或熔丝熔断)接触人体外部而导致的烧伤现象。

4. 电流对人体的作用

触电对人体损伤的程度与电流的大小、种类(频率)、电压、接触部位、持续时间及人体的健康状况等均有密切关系。电流对人体的作用见表1-1。

表1-1 电流对人体的作用

电流/mA	作用的特征	
	50~60 Hz 交流电(有效值)	直流电
0.6~1.5	开始有感觉,手轻微颤抖	没有感觉
2~3	手指强烈颤抖	没有感觉
5~7	手指痉挛	感觉痒和热
8~10	手已较难摆脱带电体,手指尖至手腕均感剧痛	热感较强,上肢肌肉收缩
50~80	呼吸麻痹,心室开始颤动	强烈的灼热感,上肢肌肉强烈收缩痉挛,呼吸困难
90~100	呼吸麻痹,持续时间 3 s 以上则心脏麻痹,心室颤动	呼吸麻痹
300 以上	持续 0.1 s 以上可致心跳、呼吸停止,机体组织可因电流的热效应而被破坏	电流瞬间通过胸部,可能引起危及生命的心脏节律紊乱

5. 安全电压

接触电压是指人体触及带电体时所承受的电压。安全电压是指人体不会产生严重反应的接触电压。

安全电压在数值上等于通过人体的安全电流（mA）与人体电阻（kΩ）的乘积。在有保护措施的情况下，人体可以承受的电流为 30 mA，人体的电阻为 1.7 kΩ，因此我国规定工频安全电压限值为 50 V。需要注意，环境不同，人体的电阻值不同，因此所能承担的安全电压值也不同。如潮湿环境下，人体的电阻值会大大降低，采用的电压不得高于 12 V。我国规定，安全电压有工频交流电的 42 V、36 V、24 V、12 V 和 6 V 等规格。当电气设备采用 24 V 以上安全电压时，必须采取防止直接接触电击的防护措施。

6. 触电形式

按照人体接触带电体的方式和电流流过人体的途径，触电形式可分为单相触电、两相触电和跨步电压触电。

（1）单相触电

动画：单相触电

如图 1-5 所示，当人体直接接触带电设备三相中其中一相时，电流通过人体流入大地，这种触电现象称为单相触电。对于高压带电体，人体虽未直接接触，但如果超过安全距离，高电压会对人体放电，仍然会造成单相接地而引起触电，同样属于单相触电。

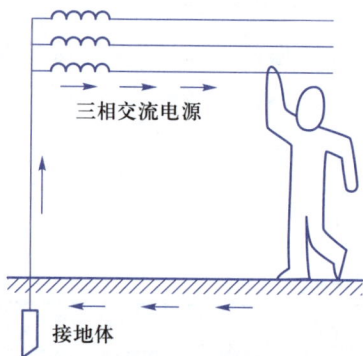

(a) 中性点接地的单相触电　　　　(b) 中性点不接地的单相触电

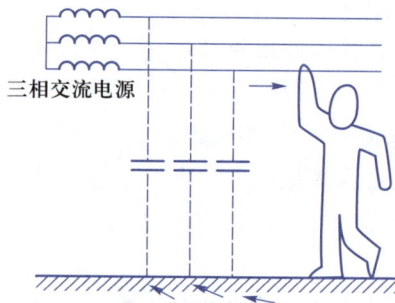

图 1-5　单相触电

（2）两相触电

动画：两相触电

如图 1-6 所示，人体同时接触带电设备或线路中的两相导体，或在高压系统中人体同时接近两相带电导体，因而发生电弧放电，并且构成一个闭合回路，电流从一相导体通过人体流入另一相导体，这种触电方式称为两相触电。发生两相触电时，作用于人体上的电压等于线电压，这种触电是最危险的。

（3）跨步电压触电

如图 1-7 所示，当电气设备发生接地故障，接地电流通过接地体向大地流散，在地面上形成电位分布，若人在

图 1-6　两相触电

接地短路点周围行走,其两脚之间的电位差,即为跨步电压。由于跨步电压引起的人体触电,称为跨步电压触电。跨步电压与跨步的大小(人跨步大小通常为 0.8 m)和所处位置有关:距接地短路点越近、跨步越大则越危险。通常人在距接地短路点 20 m 以外的地方属于安全范围,不再有跨步电压。

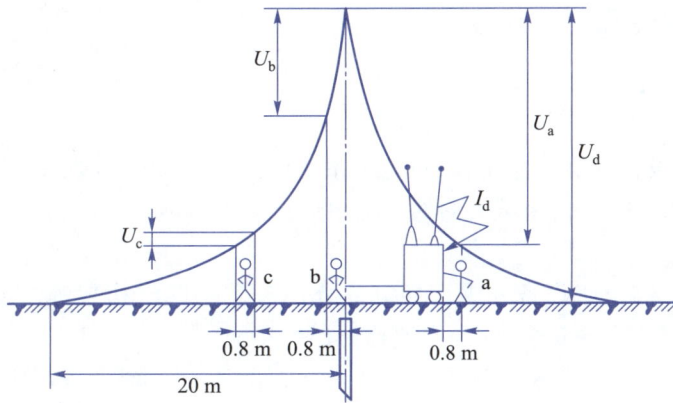

图 1-7 跨步电压

动画:跨步电压触电

1.1.2 电气事故

1. 电气事故的概念

电气事故指因电引发的危害,除了人体触电的直接伤害以外,还有大量的电气火灾、爆炸等造成的设备损毁、环境破坏、人身伤亡、停电停产等损害。电气火灾的特点是仍可能存在触电危险,火势凶猛、蔓延速度快,通常还同时伴随爆炸发生。

2. 引发电气事故的原因

实践证明,过载、导线断裂短路时的火花和电弧、设计不规范或使用不达标的电热器具且使用时靠近易燃物体是引发电气事故的主要原因。

3. 电气事故的预防

(1)电气设备切勿过载运行,合理选用导线材质和截面积,控制好电气设备的数量和功率,使其配套使用。

(2)安装开关、熔断器或架线,应严格遵守相关规范,保证带电作业环境安全,远离易燃物体。

(3)定期对电气设备维护检修、清扫,保证设备清洁且正常运行,防止接触不良、非额定状态运行、短路、绝缘损坏等现象发生。

(4)电气设备金属外壳应做好接地保护。

(5)保证电气设备周边有足够的散热、通风环境,避免杂物堆放导致周边温度过高而引起火灾。

4. 电气火灾的扑救

(1)在保证安全的情况下,使用绝缘体尽快切断电源,如有困难应迅速拨打相关供电部门电话切断电源。

(2)做好个人绝缘防护,选择适当灭火位置和角度,以免被带电体伤害。

（3）夜间灭火注意临时照明问题。

（4）如无法切断电源仍需带电灭火，必须正确选择不导电的灭火器（如干粉灭火器、二氧化碳灭火器、"1211"灭火器等），切勿使用泡沫灭火器带电灭火。

（5）若带电体触地，注意环境警戒线的设置，避免跨步电压造成二次伤害。

1.1.3 安全用电

1. 接地

（1）工作接地

为了保证电气设备能够可靠工作，将电力系统的某一点进行接地，称为工作接地。如图1-8所示，工作接地一般是将变压器的低压侧中性点直接接地。

（2）保护接地

如图1-9所示，将电气设备外露可导电部分（如金属外壳、构架等）与接地体或接地干线可靠地连接，以保证人身安全，这种接地称为保护接地。

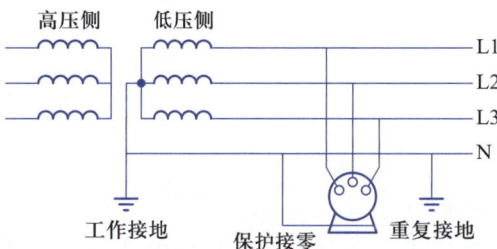

图1-8 工作接地、重复接地和保护接零示意图

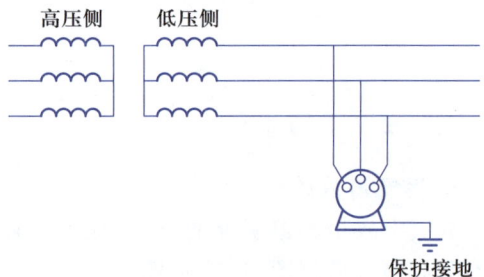

图1-9 保护接地示意图

注意保护接地与保护接零的区别，保护接零是指将电气设备在正常情况下不带电的金属外壳同电网的保护零线紧密连接起来的方式（见图1-8）。

（3）重复接地

在三相四线制系统中，将零线上的某几处通过接地装置与大地再次连接起来称为重复接地（见图1-8）。

2. 电工安全用具

电工安全用具主要是指在带电作业中使用的绝缘保护工具，使人体与带电体隔离，避免触电、灼伤和高空坠落等触电事故发生，通常包括基本安全用具、辅助安全用具和一般防护安全用具。

（1）基本安全用具

① 绝缘棒（又称令克棒、绝缘拉杆）：由工作头、绝缘杆和握柄组成。它用于闭合或拉开高压隔离开关、装拆携带式接地线，同时可进行测量和试验使用，如图1-10所示。

② 绝缘夹钳：由工作钳口、绝缘部分和握手组成。各部分均采用绝缘材料，用来安装和拆卸高压熔断器或执行其他类似工作，如图1-11所示。

③ 高压验电笔：由检测部分、绝缘部分和握手组成。它用来检验1 kV以上电气设备是否带电，如图1-12所示。

图 1-10　绝缘棒

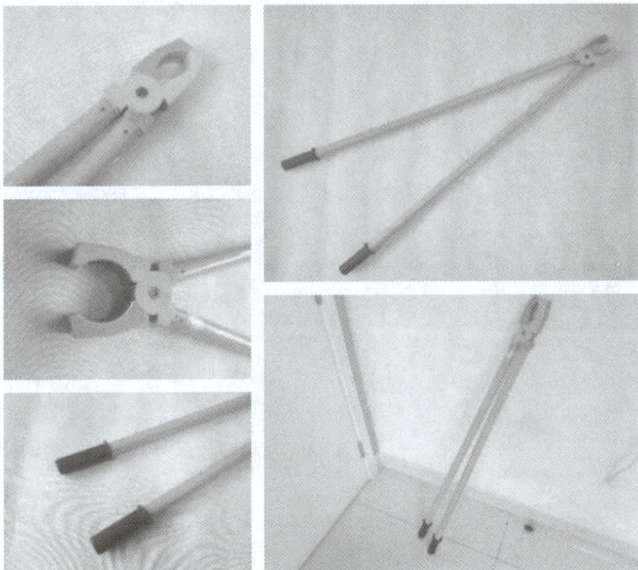

图 1-11　绝缘夹钳

图 1-12　高压验电笔

（2）辅助安全用具

辅助安全用具只能起到加强基本安全用具的保护作用，该类用具本身并不能承受电气设备的工作电压。常见的辅助安全用具包括绝缘手套、绝缘鞋（靴）、绝缘梯（凳）、绝缘橡胶垫、绝缘保护箱等，如图 1-13~图 1-16 所示，在选用时注意其防护电压等级。

5 kV

10 kV

图 1-13　绝缘鞋（靴）

图 1-14　绝缘梯（凳）

图 1-15　绝缘橡胶垫

图 1-16　绝缘保护箱

（3）一般防护安全用具

一般防护安全用具本身并无任何绝缘作用，但是操作人员可以通过使用和佩戴它们起到防护作用，防止触电事故的发生，常见的有护目镜、便携型接地线、安全帽和安全带等，如

图 1-17~图 1-20 所示。

图 1-17 护目镜

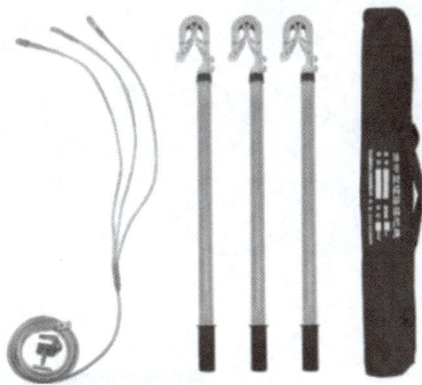

图 1-18 便携型接地线

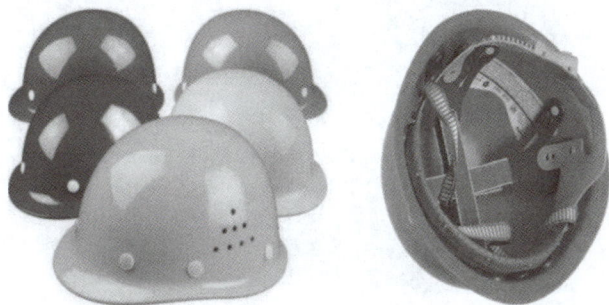

图 1-19 安全帽

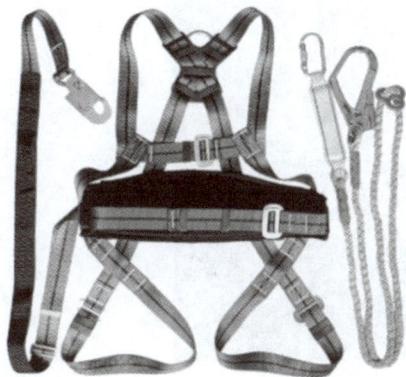

图 1-20 安全带

3. 安全措施

（1）直接电击的防护措施

① 有效绝缘：正确进行绝缘防护，避免因人体直接接触带电体而引发触电事故的发生，包括正确穿戴绝缘手套、绝缘鞋（靴），使用有绝缘柄的工具进行带电操作；保证导电线路绝缘良好；合理选择导线截面积，避免过载引起绝缘损坏，引发事故（警示案例见图 1-21、图 1-22）；配电室地面铺设绝缘橡胶垫（见图 1-23）；禁止单独使用涂漆、漆包等代替绝缘层。

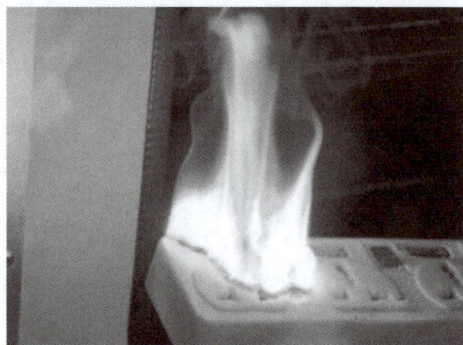

图 1-21　线路过载易引发插座着火

图 1-22　导线过细引发的过载事故

图 1-23　配电室地面铺设绝缘橡胶垫

② 设置屏护障碍：为防止无意识接触带电体，可使用临时遮拦和围栏进行隔离，同时对公众起到警示作用，有效防止无意识的触电事故发生，如图 1-24 和图 1-25 所示。

③ 加大间隔：使用长杆工具时可加大间隔，预防人员无意间触碰带电体，凡易于接近的带电体，应保持在手臂以外的范围，如图 1-26 所示。

④ 漏电保护开关。漏电保护开关又称剩（残）余电流保护开关或接地故障电流保护开关，如图 1-27 所示。常用漏电保护开关来实现漏电保护。漏电保护只用作附加保护，不能单独使用。在配电线路中，支线保护的额定漏电动作电流不宜超过 30 mA，干线保护选

300 mA 或 500 mA。

⑤ 安全电压:根据不同工作场所的特点,采用相应等级的安全电压。我国安全电压采用 42 V 和 36 V,前者多用于触电风险性大的场合,后者用于有高度触电危险的场合。

(2)间接电击的防护措施

① 自动断开电源:根据低压配电网的运行方式和安全需要,采用适当的自动化元器件和连接方法,当发生故障时能在规定时间内自动断开电源,防止接触电压的危险。对于不同的配电网,可根据其特点分别采取过电流保护(包括接零保护)、漏电保护、故障电压保护(包括接地保护)和绝缘监视等保护措施。

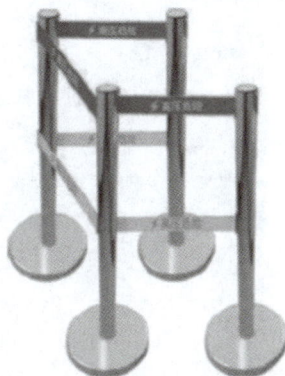

图 1-24　临时遮拦

图 1-25　设围栏的室外变压器

图 1-26　用长杆作业加大间隔

② 加强绝缘:为防止工作绝缘损坏后,在人易接近部分出现危险的对地电压,可采用有双重绝缘、加强绝缘或有共同绝缘的组合电气设备。

③ 不导电环境:设置不导电环境是防止工作绝缘损坏时人体同时接触不同电位的两点。当所在环境的墙和地板均为绝缘体,且可能同时出现不同电位的两点间距离超过 2 m

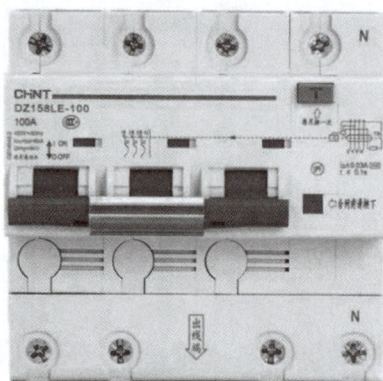

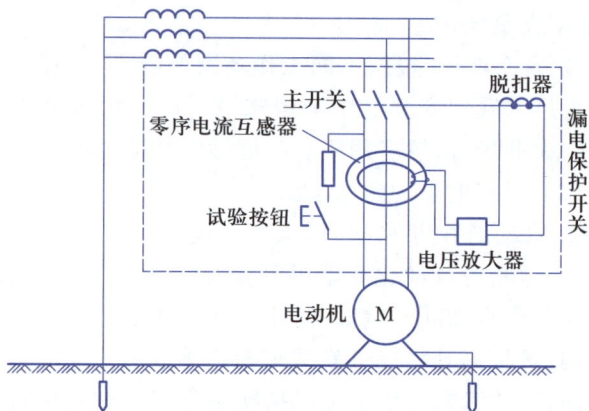

图 1-27　漏电保护开关及其工作原理图

时,可满足这种保护条件。

④ 等电位环境:把所有容易同时接近的裸露导体(包括设备以外的裸露导体)互相连接起来,使连接处的电位均为等电位,以防止危险的接触电压。

⑤ 电气隔离:采用隔离变压器或有同等隔离能力的发电机供电,以实现电气隔离,防止裸露导体故障带电时造成电击。被隔离回路的电压不应超过 500 V,其带电部分不能同其他电气回路或大地相连,以保证隔离要求。

隔离变压器是指输入绕组与输出绕组带电气隔离的变压器,使一次、二次线圈各自的电流隔离,以避免偶然同时触及带电体产生危险,如图 1-28 所示。

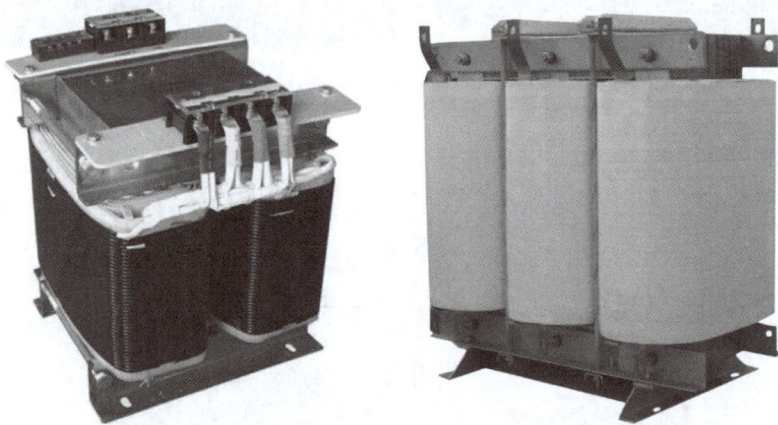

图 1-28　隔离变压器

⑥ 安全电压:同直接电击的防护措施相同,即根据不同工作场所的特点,采用相应等级的安全电压。

违反相关规范、标准、规程和制度是造成大部分触电事故的主要原因。用电安全管理混乱往往易导致触电事故,因此企业应该加强安全用电管理和从业人员安全培训教育,防患于未然,从组织管理和实际操作双管齐下,有效防止触电事故的发生,体现"安全第一,预防为主"的原则。

1.1.4 触电急救

案例:一名三级电工在某化工机械厂锻造车间对汽锤进行电气维修,他站在一号汽锤(右边,已停电)与二号汽锤(左边,未停电)之间。该电工在作业过程中因擦额头汗水甩手过程中碰及一号汽锤导线导致自身触电。当时他极力挣扎想摆脱电源,但未能成功,浑身出汗,脸色发紫,逐步失去知觉。在这千钧一发之际,一名汽锤女工路过现场,见此情况认定该电工已触电,受过安全培训的女工立即拉下电闸使触电者摆脱电源,拨打急救电话,并同时向领导及有关部门报告事故情况。救护车赶到现场后,经医院全力抢救,已触电休克的电工终于苏醒。

由以上案例可知,一旦发生触电事故,触电急救工作要做到镇静、迅速、方法得当(触电的情况不同,急救的措施不完全相同),切不可惊慌,必须争分夺秒进行急救,时间就是生命。据统计,触电 1 min 内急救,90%有恢复良好的效果;触电 6 min 内急救,10%有恢复良好的效果;而触电 12 min 后急救,恢复的效果基本上是微乎其微。因此,触电后应迅速采取行之有效的急救措施,最大限度地保障人身安全。

1. 迅速脱离电源的方法

触电后,应该首先使人体迅速脱离带电电源,具体方法有拉闸、拔出插头、切断电线(应使用有绝缘手柄的工具,一次只能切断一根导线,以免短路电弧伤人),用绝缘工具(如绝缘救援钩、干木棍等)将电线与人体分离开。具体操作如下。

(1)低压触电时脱离电源的方法

① 如果电源开关或电源插头在触电地点附近,如图 1-29 所示,可立即拉闸或拔出插头,切断电源。但应注意拉线开关和平开关只能控制一根线,有可能只切断零线,而相线并未切断,没有达到真正切断电源的目的。

图 1-29 切断电源(拉闸或拔出插头)并用干木棍使人脱离带电电源

② 如果电源开关或电源插头不在触电地点附近,可用有绝缘柄的电工钳或带有干燥木柄的斧头切断电源线,断开电源;或用干木板等绝缘物阻隔触电者,隔断电源。

③ 当电线搭在触电者身上时,可用干燥的衣服、手套、绳索、木板、木棒、绝缘救援钩等绝缘物作为工具,拉开触电者或挑开电线,使触电者脱离电源。绝缘救援钩的使用如图 1-30 所示。

④ 如果触电者的衣服很干燥,且未曾紧缠在身上,可用手抓住触电者的衣服,将其拉离

电源。但触电者的身体是带电的，其鞋子的绝缘也可能遭到破坏，因此救护人员不得接触触电者的皮肤，也不能触摸他的鞋子。

（2）高压触电时脱离电源的方法

① 立即通知有关部门停电，如图 1-31 所示。

图 1-30　用绝缘救援钩使人脱离带电电源

图 1-31　通知有关部门停电

② 戴上绝缘手套，穿上绝缘靴，用相应电压等级的绝缘工具拉开开关。

③ 抛掷裸金属线使线路短路接地，迫使保护装置动作，断开电源。抛掷金属线前，应注意先将金属线一端可靠接地，然后抛掷另一端；被抛掷的一端切不可触及触电者和其他人。

上述使触电者脱离电源的办法，应根据具体情况，以快速为原则选择使用。

2. 触电急救的方法

触电者脱离电源后，应根据触电者的具体情况，迅速采取对症救护措施。

（1）触电者清醒的急救措施

如果触电者神志清醒，但有些心慌、四肢发麻、全身无力，或者触电者在触电过程中一度昏迷，但已经清醒过来，应先让其安静休息，不要走动，并密切观察触电者状况，及时拨打120，请医生前来诊治或送往医院。

（2）触电者昏迷的急救措施

如果触电者已经昏迷，应先让其仰卧，解开衣扣、衣领、腰带等阻碍呼吸的衣物，检查其口腔，清理口腔的黏液，若有假牙，则应取出。细心判断触电者是否有呼吸和心跳，观察其胸部、腹部是否有起伏，把手放在鼻孔处确认是否有气流。判断心跳的方法是：用手摸其颈部或腹股沟处的大动脉是否跳动，或把耳朵放在其左胸区判断是否有心跳。如果触电者心脏跳动和呼吸还存在，应使其在舒适、安静的地方平卧，周围不得围人，保证空气流通，解开其衣物以利于呼吸，如天气寒冷，要注意保温，并迅速拨打 120 请医生诊治或送往医院。如果发现触电者呼吸困难、稀少或发生痉挛，应做好进一步抢救的准备。

（3）触电者心脏跳动停止或呼吸停止的急救措施

如果触电者心脏跳动停止或呼吸停止，或两者都已停止，应立即采取人工呼吸和胸外心脏按压的急救措施，并迅速拨打 120 请医生诊治或送往医院。

① 人工呼吸：这是在触电者呼吸停止后应用的急救方法。在各种人工呼吸法中，以口对口（鼻）人工呼吸法效果最好，而且简单易学，容易掌握。施行人工呼吸前，应迅速将触电

者身上妨碍呼吸的衣扣、衣领、裤带等解开,并取出触电者口腔内妨碍呼吸的食物、脱落的假牙、血块、黏液等,以免堵塞呼吸道。

做口对口(鼻)人工呼吸时,应使触电者仰卧,并使其头部充分后仰(可用一只手托在触电者颈后)至鼻孔朝上,以利于呼吸道畅通。具体操作步骤如下。

● 使触电者鼻(或口)紧闭,救护人深吸一口气后紧贴触电者的口(或鼻)向内吹气,为时约为 2 s。

● 吹气完毕,立即离开触电者的口(或鼻),并松开触电者的鼻孔(或嘴唇),让其自行呼气,为时约为 3 s。

人工呼吸示意图如图 1-32 所示。

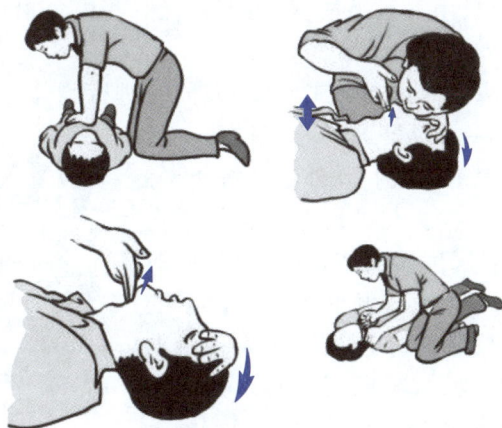

图 1-32 人工呼吸示意图

② 胸外心脏按压:这是触电者心脏跳动停止后的急救方法。做胸外心脏按压时应使触电者仰卧在比较坚实的地方,姿势与口对口(鼻)人工呼吸法相同。具体操作步骤如下。

● 救护人应跪在触电者一侧或骑跪在其腰部两侧,两手相叠,手掌根部放在心窝上方、胸骨下 1/3~1/2 处,如图 1-33 所示。

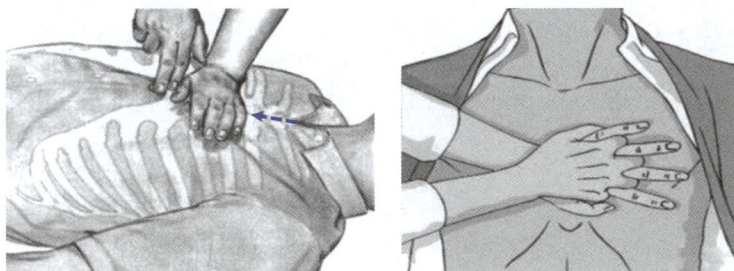

动画:胸外心脏按压术

图 1-33 胸外心脏按压的正确压位和动作

● 掌根用力垂直向下(脊背方向)按压,压出心脏里面的血液。对成人应压陷 3~4 cm,以每秒钟按压一次、每分钟按压 60 次为宜。

● 按压完成后,掌根迅速全部放松,让触电者胸部自动复原,血液充满心脏,放松时掌根不必完全离开胸部。

胸外心脏按压示意图如图 1-34 所示。

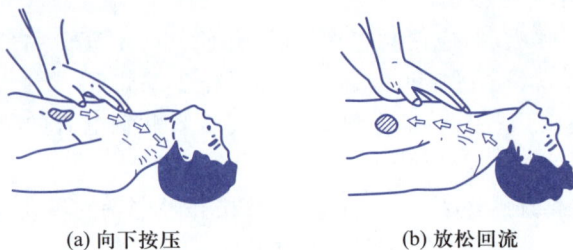

(a) 向下按压　　　　　　　(b) 放松回流

图 1-34　胸外心脏按压示意图

触电者如是儿童，可以只用一只手按压，用力要轻一些以免损伤胸骨，而且每分钟宜按压 100 次。

一旦触电者呼吸停止应立即进行人工呼吸，并同时进行胸外心脏按压。当有两人在场时，一人负责人工呼吸，另一人负责胸外心脏按压。只有一人在场时应交替进行人工呼吸和胸外心脏按压，每次吹气 2~3 次，按压 10~15 次。在进行上述急救工作的同时，应尽快拨打 120，请医生诊治或送往医院，如图 1-35 所示。在急救过程中，如发现触电者皮肤由紫变红，瞳孔由大变小，则说明救治收到了效果；如发现触电者嘴唇稍有开合，或眼皮活动，或喉噪间有咽东西的动作，则应注意其是否有自主心脏跳动和自主呼吸。触电者能开始呼吸时，即可停止人工呼吸。如果人工呼吸停止后，触电者仍不能自主呼吸，则应立即再做人工呼吸。

图 1-35　急救的同时拨打 120

采用人工呼吸或胸外心脏按压收不到效果时仍要坚持不懈，不要半途而废，即使在送往医院的途中也不要停止抢救。实际上，经过人工呼吸、胸外心脏按压急救脱险的触电者很多，事实证明该方法是有效的。

1.2 认识电路

⚙ 话题引入

电路是人们利用电能的必备条件。人们最初接触的电路，可能就是一个小灯泡（白炽灯）、一节电线和一个电池，如图 1-36（a）所示，这三样简单的东西组合起来就能够让小灯泡亮起来，这说明已经利用电能获得了需要的光能，同时也简明地阐述了电路由电源（电池）、负载（小灯泡）和中间环节（导线等）组成。电路复杂时如同网状，称为电网络，如电力网，如图 1-38（b）所示，纵横全国各地乃至跨国。小的电网络如集成电路，如图 1-38（c）所示，如指甲大小或更小,其结构要用显微镜才能看清。

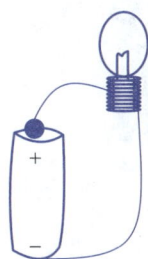

(a) 简单电路   (b) 电力网   (c) 集成电路

图 1-36　电路

1.2.1　电路的基本概念

1. 电路的组成

电路是电流流通的路径,一个基本的电路由电源、负载和中间环节三部分组成。

（1）电源:是电路中电能的来源,向负载提供电能或电信号,常见的电源有电池、发电机和各种信号源等,如图 1-37 所示。

视频:电路
王国的家庭
成员

(a) 干电池   (b) 蓄电池   (c) 发电机

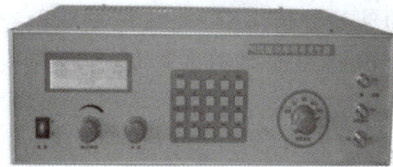

(d) 稳压直流电源   (e) 低频信号发生器

图 1-37　电源

（2）负载:即用电器,将电能或电信号转变为其他形式的能量或信号,如白炽灯、电动机、电炉和扬声器等,如图 1-38 所示。

（3）中间环节:用来将电源和负载连成回路,传输和分配电能并控制电路,通常包括导线、开关和各种电路控制器件,如图 1-39 所示。

2. 电路的作用

（1）实现电能的传输和转换,如从电力系统发电到用户用电的过程。

(a) 白炽灯

(b) 电动机

(c) 电炉

(d) 电暖器

(e) 电阻器

(f) 扬声器

图 1-38 负载

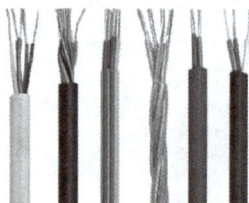
(a) 导线

(b) 熔断器

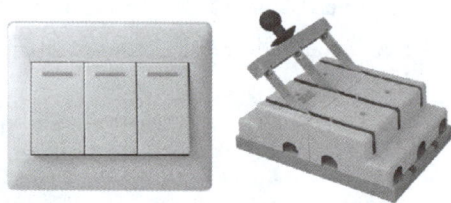
(c) 开关

图 1-39 中间环节

（2）实现信息的传递和处理，如固定电话中信息的传递。

3. 电路模型

为了能够简便地分析电路，通常把实际电路以电路图的形式绘制出来。电路图就是把各种元器件理想化后用电气图形符号连接起来表示实际电路的一种电路模型，简称为电路。图 1-40 所示即为图 1-36（a）简单电路的电路模型。部分常见元器件的电气图形符号见表 1-2。

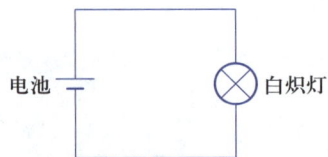
图 1-40 电路模型

表 1-2 部分常见元器件的电气图形符号

元器件名称	电气图形符号	元器件名称	电气图形符号	元器件名称	电气图形符号
电阻	▭	电容	╂╂	电感	⌇
蓄电池	╫	交流电压源	AC ~	开关	╱
接地	⏚	接机壳	⊥	电压表	Ⓥ
电流表	Ⓐ	白炽灯	⊗	电动机	Ⓖ

1.2.2　电流

众所周知,用电器正常工作时必然会有电流流过,可是由于电流属于微观形态,肉眼看不到,对于学习和研究来说过于抽象,而自然界中的水流与电流性质极其相似,因此可以通过水流来更好地理解电流及其特性。

1. 电流的形成

电流是由大量电荷定向运动形成的,电荷所形成的电流可分为以下两类。

(1)金属导体中的电流。金属导体中存在大量的自由电子,如图1-41所示。常态下,这些自由电子在金属原子的缝隙间穿梭,呈现杂乱无章的运动方式。当把金属导体接到电源上形成闭合回路之后,自由电子在电场力作用下,有规则地定向运动就形成电流。带正电荷的金属原子由于体积庞大,相互挤压在一起无法运动,所以金属导体中的电流是由带负电荷的自由电子定向运动形成的。

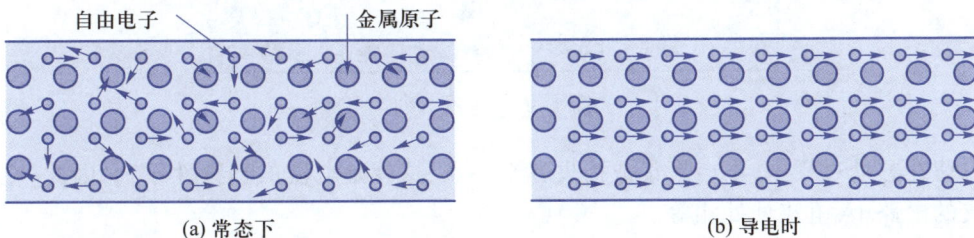

(a) 常态下　　　　　　　　　　　　　　(b) 导电时

图 1-41　电流的形成

(2)电解液或气体电介质中的电流。在电解液或气体电介质中,由于粒子间隙比较大,如图1-42所示,正电荷和负电荷都可以发生运动,因此在电场力的作用下,两种电荷同时向相反方向发生定向运动形成电流。

2. 电流的大小

与水流有大小一样,电流也有大小。例如,通过管道某一截面在一段时间流出水的体积来判断水流的大小,同样,电流的大小也可类似定义为:1 s内通过导体横截面电荷量的多少称为电流强度,它是表征电流大小的物理量。如果1 s内通过的电荷量多则认为电流大;反之则认为电流小。

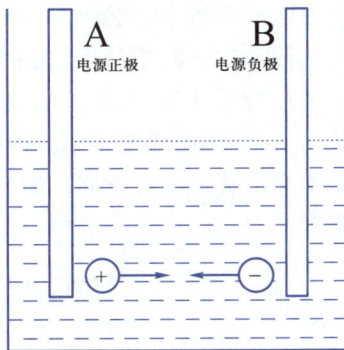

图 1-42　电流的形成

设有一电流流过导体,经过时间 t(s),通过导体横截面的电荷量为 Q(C,库仑,简称库),则该导体的电流 I 定义为

$$I = \frac{Q}{t} \qquad (1-1)$$

如果电流大小随时间变化,式(1-1)可改写为

$$I = \frac{\mathrm{d}q}{\mathrm{d}t} \qquad (1-2)$$

式中,$\mathrm{d}q$ 为在极短时间 $\mathrm{d}t$ 内通过导体横截面的微小电荷量。

3. 电流的单位

电流的单位在国际单位制中是安培，简称安，用字母 A 表示。1 A（安）为每秒通过导体横截面的电荷量为 1 C（库）。

电流单位还有 kA（千安）、mA（毫安）和 μA（微安），它们与 A 的换算关系为

$$1\ kA = 1\ 000\ A \qquad 1\ A = 1\ 000\ mA \qquad 1\ mA = 1\ 000\ μA$$

4. 电流的方向

电流是由电荷定向运动形成的，因此存在不同的电流方向，如图 1-43 所示。由于电流中的电荷可以是正、负电荷，且运动方向相反，因此习惯性地规定正电荷运动的方向为电流的正方向。由于负电荷定向运动与正电荷反向运动效果完全相同，因此也可以说负电荷运动的反方向为电流方向。

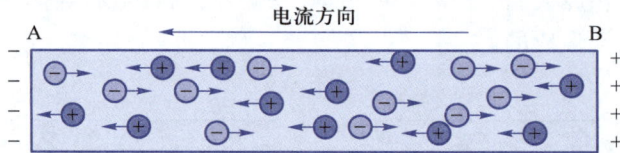

图 1-43　电流方向

电荷在移动过程中，不会聚集或消失在某一点，这就是电流的连续性原则，因此，在一段无分支的电路中，电流处处相等。

电流大小和方向都不随时间发生变化的电流，称为直流电流，用 DC 表示；而大小和方向随时间发生变化的电流称为交流电流，用 AC 表示。

5. 参考方向

在电路分析中，大部分电路不容易直接确定电流方向，所以此时需要对电流方向进行假设。用假设的方向来分析电路，这个假设的方向就是参考方向，并在电路中用实线箭头标出。通过分析计算后，如果电流计算值为正值，说明电流实际方向和参考方向一致；如果计算值为负，则说明电流实际方向与参考方向相反。如图 1-44 所示，实线箭头为参考方向，虚线箭头为电流的实际方向。因为假设的方向不会影响实际电流方向，所示参考方向可以随意选择。

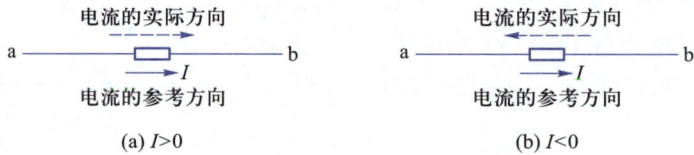

(a) $I>0$　　　　　　　(b) $I<0$

图 1-44　电流的实际方向与参考方向

1.2.3　电压、电位和电动势

1. 电压

水流和电流有着相似的规律，如图 1-45（a）所示，如果认为 C 点为水平面，C 点的高度就为 0 m，假设 A 点的高度为 100 m，B 点的高度为 50 m，那么 A 和 B 两点间 50 m 的高度差就使得水流有了水位差，水流就会从高水位的 A 点流向低水位的 B 点。类似地，如图 1-45（b）所

示,电流如果从 a 流向 b 也需要一个差值,能使得电流流动的差称为电位差,电位就类似于高度,是个相对量,a、b 两点的电位差就称为 a、b 两点间的电压。

（1）定义

在电路中,电荷在电场力的作用下定向运动形成电流(类似水分子在重力的作用下从高处流到低处形成水流),电场力就对电荷做了功。电压就是衡量电场做功能力大小的物理量。假设电场力将电荷 Q 从 a 点运动到 b 点所做的功为 W_{ab},则功 W_{ab} 与电量 Q 的比值就称为 a、b 两点间的电压,用符号 U_{ab} 表示,其表达式为

$$U_{ab} = \frac{W_{ab}}{Q} \tag{1-3}$$

（2）电压的方向

电压由高电位指向低电位,也是电场力移动正电荷做正功的方向,所以在电源外部从电源正极指向电源负极。如图 1-45(b)所示,U_{ab} 不仅表示 a、b 两点间电压值的大小,也表示电压的方向是从 a 点指向 b 点。电压也有参考方向,也是对未知电压方向的假设。

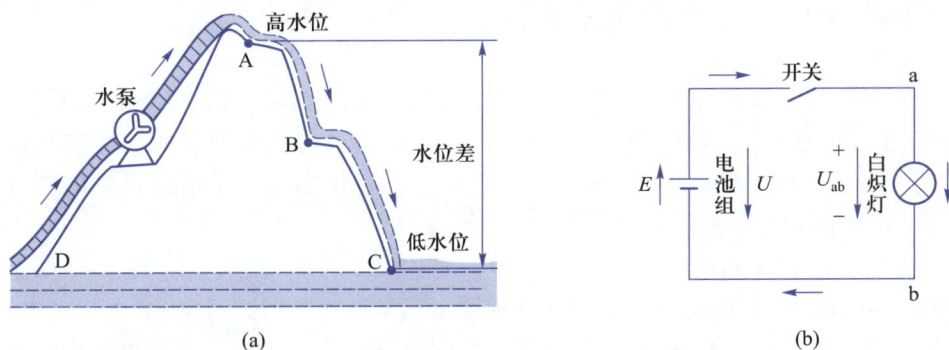

图 1-45　水流和电流的对比

（3）电压的单位

电压的单位在国际单位制中是伏特,简称伏,用字母 V 表示。除伏特外,常用的电压单位还有 kV(千伏)、mV(毫伏)和 μV(微伏),它们与 V 的关系为

$$1\ kV = 1\ 000\ V; \qquad 1\ V = 1\ 000\ mV; \qquad 1\ mV = 1\ 000\ \mu V$$

2. 电位

在分析水流从高处流向低处时,用到了高度的概念,如图 1-45(a)所示,A 点和 B 点的高度是相对于水平面而言的。电位与高度的概念类似,也需要有一个基准,才能确定某点的电位值。

（1）定义

在电路中选一点作为参考点(类似于水平面),并规定为零电位,则电路中任意一点的电位(类似于高度)就是该点到参考点的电压(类似于高度差)。电位用字母 V 表示,如 V_a 表示 a 点的电位。

（2）单位

电位的单位和电压一样,也是 V(伏特),如同高度和高度差的单位都是 m(米)。

在图 1-45(b)中,若选 b 点为参考点,设 $U_{ab} = 5\ V$,则 b 点的电位为 0 V,a 点的电位为

5 V;若选 a 点为参考点,则 b 点的电位为－5 V。

　　若已知 a 点的电位是 7 V,b 点的电位是 2 V,则 a、b 两点间的电压为

$$U_{ab} = V_a - V_b = 7\ \text{V} - 2\ \text{V} = 5\ \text{V}$$

　　由此可见,电位的大小与参考点的选择有关,而电压也就是电位差则与参考点的选择无关。参考点的选择要根据电路具体问题分析,使得计算分析简便。在理想电路中,忽略导线上的电阻,可认为不经过用电器的导线处处电位相同。一般情况下选取大地作为参考点,用符号"⏚"表示。电子仪器或设备通常选取设备外壳或电子电路的公共节点作为参考点,用符号"⊥"表示。

3. 电动势

　　在图 1-45(a)中,如果想要有水源源不断地从山顶流下,则需用水泵将水从山底再送回山顶。同样,如果电流是正电荷形成的,则正电荷从电源正极流出经负载流回电源负极时,就会和电源负极的负电荷中和,使得电源内部电场强度下降,电流就会逐渐减小直至消失。若要使电流持续流动,就需要保持极间电压不变,就要使流回电源负极的正电荷经电源内部重新回到电源正极,就好像水泵把水重新送回山顶一样。

　　（1）定义

　　干电池内部的化学反应能使正电荷由低电位回到高电位,蓄电池、发电机也具有这种能力,这些装置统称为电源。电池中化学能转化为电能,发电机把其他形式的能转化成电能,例如风能、核能等,这种本领称为电源力。电动势就是表征电源产生电能本领的物理量,用符号 E 表示,单位与电压和电位相同,也是 V（伏特）。

　　（2）方向

　　如图 1-45(b)所示,电动势在电源内部使正电荷从低电位回到高电位,电压在电源外部使正电荷从高电位流向低电位,两者对电荷的作用效果相反。在忽略电源内部电阻时,电动势在数值上等于电源的端电压,但方向与电压相反,即

$$E = -U$$

1.2.4　电能和电功率

1. 电能

　　电流流过负载时就会有能量的转换,即电流做功。例如,白炽灯将电能转换为光能和热能,电动机将电能转换为机械能等。电流所做的功称为电能,用字母 W 表示。

　　若一段电路两端电压为 U,流过的电流为 I,则时间 t 内产生或消耗的电能为

$$W = UIt \tag{1-4}$$

电能的单位为焦耳,简称焦,用字母 J 表示。

2. 电功率

　　能量转换的速度(快慢)称为电功率,即电流 1 s 内所做的功。电功率用字母 P 表示,其数学表达式为

$$P = \frac{W}{t} = UI \tag{1-5}$$

　　电功率的单位为瓦特,简称瓦,用字母 W 表示。电功率常用的单位还有 kW（千瓦）、MW（兆瓦）,它们与 W（瓦）的换算关系为

$$1 \text{ kW} = 1\,000 \text{ W}; \qquad 1 \text{ MW} = 10^3 \text{ kW} = 10^6 \text{ W}$$

功率可以有正有负,当功率为正值时,表示该器件消耗电能,当功率为负值时,表示该器件产生电能。

由式(1-5)可得电能与电功率的关系为

$$W = Pt \tag{1-6}$$

在电力电路中,电能的单位也可以用千瓦·时(kW·h)表示,俗称"度",因此电能表也称为电度表。1 kW·h 就等于电功率为 1 kW 的用电器在 1 h 中消耗的电能。

例1-1 某住宅有两个房间,一个房间使用了一只如图1-46(a)所示的节能灯,从节能灯标注上看出,该节能灯额定电压为 220 V,额定功率为 7 W,另一个房间使用了一只如图1-46(b)所示的白炽灯,额定功率为 40 W。若该住户平均每天开灯 4 h,则一年(以 365 天算)两种电灯分别要用多少电?

(a) 节能灯

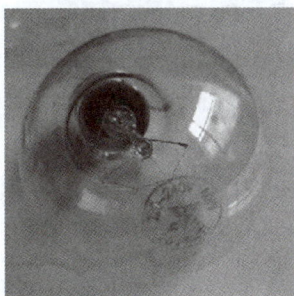
(b) 白炽灯

图 1-46 电灯

解:节能灯一年消耗的电量为

$$W_节 = P_节 t = 7 \text{ W} \times 4 \text{ h} \times 365 = 0.007 \text{ kW} \times 4 \text{ h} \times 365 = 10.22 \text{ kW·h}$$

白炽灯灯泡一年消耗的电量为

$$W_白 = P_白 t = 40 \text{ W} \times 4 \text{ h} \times 365 = 0.04 \text{ kW} \times 4 \text{ h} \times 365 = 58.4 \text{ kW·h}$$

1.3 欧姆定律

⚙ 话题引入

日常中,人们会有这样的生活体验,当水管中的压力大时,水流就大;浇灌菜地时,水管中的压力大则水喷得远。电路中的电流与水管中的水流相似,那是否也有类似的规律呢?经过无数的实验发现,在电阻电路中,电压和电流确实有着类似的规律,这个规律的发现者就是德国的物理学家兼数学家欧姆,因此这个规律称为欧姆定律。

1.3.1　电阻元件

电子在导体中流动时，由于导体中存在阻碍电子流动的杂质或原子团，电子在移动过程中与这些物质发生碰撞，电子的动能因碰撞转换为热能，这就是为什么用电器使用过程中会发热，这种导体对电流流动的阻碍作用就称为电阻，用符号 R 表示，单位为 Ω（欧姆）。不同的材料因内部结构不同导致对电子呈现出的阻碍作用不同，较大的单位有 $k\Omega$（千欧）和 $M\Omega$（兆欧），与 Ω 的换算关系为

$$1\ k\Omega = 1\ 000\Omega; \qquad 1\ M\Omega = 1\ 000\ k\Omega$$

图 1-47　电阻的电气图形符号

把带有电阻特性的实际元件进行理想化后的理想元件称为电阻元件（电阻器，简称电阻），其电气图形符号如图 1-47 所示。图 1-48 所示为一些常见的电阻实物。

1.3.2　欧姆定律与伏安特性

对于线性电阻（电阻值不随外加电压或流过的电流变化而发生变化），电阻中的电流与电阻两端电压成正比，这就是欧姆定律，用数学式表示为

$$U = RI \tag{1-7}$$

式中，U 为电阻两端的电压，单位为 V；I 为流过电阻的电流，单位为 A；R 为电阻元件的电阻值，单位为 Ω。电阻两端电压的参考方向与流过电阻的电流的参考方向相关联。

由式（1-7）可看出，欧姆定律也是对电阻两端电压与流过电流关系的表述，该关系又称为电阻的伏安特性，线性电阻的伏安特性是一条过原点的直线，如图 1-49 所示。

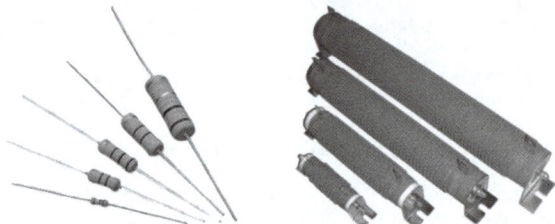

图 1-48　常见的电阻实物

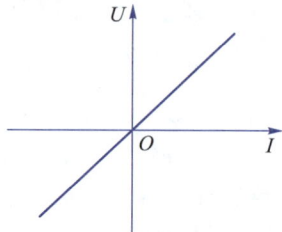

图 1-49　伏安特性曲线

例 1-2　一个电阻值为 5 Ω 的电阻，两端加 10 V 电压，求流过电阻的电流。

解：根据式（1-7）可得

$$I = \frac{U}{R} = \frac{10\ \text{V}}{5\ \Omega} = 2\ \text{A}$$

1.4

基尔霍夫定律

话题引入

电路可分为简单电路和复杂电路。仅用欧姆定律和电阻的串、并联方法就能明确分析

出电路中电流和电压的电路称为简单电路,如图1-36(a)所示的电路就是一个简单电路。还有一类电路应用以上方法无法分析,如图1-50所示,该电路由双电源供电,想知道电阻R_3的电流大小和方向,单凭欧姆定律是无法实现的,这样的电路就是复杂电路,那么就需要寻求新的方法。1845年,德国科学家基尔霍夫提出的基尔霍夫定律就为复杂

图 1-50　复杂电路

电路提供了求解方法,该定律也是电路的基本定律之一,其包含两条内容,分别称为基尔霍夫电流定律和基尔霍夫电压定律。

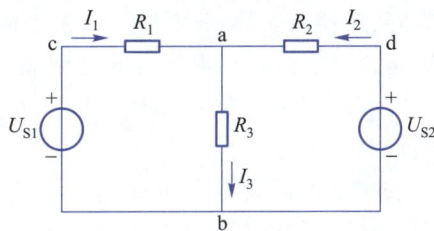

1.4.1　常用的电路术语

(1)支路:电路中流过同一电流、无分支的电路称为支路。图1-50中共有3条支路,即$a-R_1-U_{S1}-b$支路、$a-R_3-b$支路、$a-R_2-U_{S2}-b$支路。

(2)节点:支路末端的分叉点就是节点,也是多条支路的交汇点。图1-50中有a、b两个节点。

(3)回路:电路中任一闭合路径称为回路。图1-50中有abca回路、abda回路和cadbc回路。

(4)网孔:不可再继续分的最小回路称为网孔。图1-50中有abca网孔、abda网孔。

1.4.2　基尔霍夫电流定律

基尔霍夫电流定律(简称KCL)又称为节点电流定律,它反映了电路中任一节点处电流的关系,可表述为:在任意时刻,流入节点电流的总和等于流出节点电流的总和,即

$$\sum I_入 = \sum I_出 \tag{1-8}$$

按照基尔霍夫电流定律列写的节点电流关系式,称为KCL方程,在列KCL方程前要确定电流的参考方向。

例1-3　对于图1-51所示电路节点,$I_1 = 2\ A$,$I_2 = 4\ A$,$I_3 = -5\ A$,求I_4。

解:对该节点列KCL方程得

$$I_1 + I_2 = I_3 + I_4$$
$$2\ A + 4\ A = (-5\ A) + I_4$$
$$I_4 = 2\ A + 4\ A - (-5\ A) = 11\ A$$

应注意,图1-51中的电流方向均为参考方向,电流为负值表示电流实际方向与参考方向相反,只需要按照参考方向列KCL方程即可。

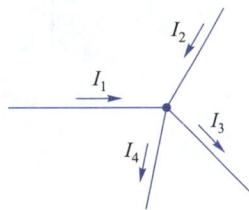

图 1-51　电路节点

1.4.3　基尔霍夫电压定律

基尔霍夫电压定律(简称KVL)反映了回路中各部分电压之间的相互关系,表述为:沿电路中任一回路绕行一周,回路中各段电压的代数和为零,即

$$\sum U = 0 \tag{1-9}$$

图1-52所示为电路中的一个回路,如从A点出发,沿着A-B-C-D-A绕行时,电位有

升有降，但绕行一周回到 A 点时 A 点的电位值不发生变化。也就是说，绕行一周，电位升的总和等于电位降的总和，电位的升降程度就是电位差，即电压。由此可知，回路中所有电压的代数和为零。

图 1-52　电路中某回路

按照基尔霍夫电压定律列写的电压关系式，称为 KVL 方程。在列写方程时，先选取回路的绕行方向（顺时针、逆时针都可），各段电压的参考方向与绕行方向一致的，该电压前取"+"号，相反的取"-"号。

例 1-4　在图 1-52 中，已知 $U_1 = 4\text{ V}$，$U_2 = 2\text{ V}$，$U_3 = 3\text{ V}$，求 U_4。

解:选择绕行方向为顺时针，电压 U_1、U_2、U_4 电压方向与绕行方向一致，也是顺时针方向，前面取"+"，U_3 与绕行方向相反，前面取"-"，列写 KVL 方程式为

$$U_1 + U_2 - U_3 + U_4 = 0$$

$$4\text{ V} + 2\text{ V} - 3\text{ V} + U_4 = 0$$

$$U_4 = 3\text{ V}$$

基尔霍夫电压定律还有另一个表述:电路中所有电压源电压的代数和恒等于所有电阻上电压降的代数和，即

$$\sum U_s = \sum IR$$

例 1-5　如图 1-53 所示为汽车发电机和蓄电池同时为汽车供电的示意图和等效电路，试列写该电路的 KCL 和 KVL 方程。

(a) 汽车供电示意图

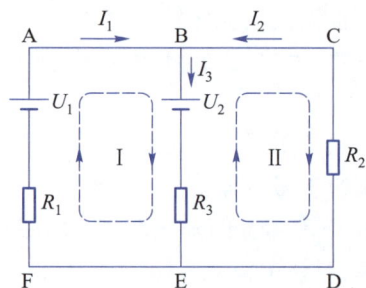

(b) 等效电路

图 1-53　汽车供电电路

解:假定各支路的电流及参考方向表示如图 1-53(b)，针对节点 B 列写 KCL 方程

$$I_1 + I_2 = I_3$$

分析可发现，节点 B 和节点 E 交汇的支路相同，所以节点方程也一样。

针对两个网孔列写 KVL 方程，对于回路 I，选择顺时针绕行方向

$$U_2 - U_1 = I_1 R_1 + I_3 R_3$$

对于回路 II，选择顺时针绕行方向

$$-U_2 = -I_2 R_2 - I_3 R_3$$

欧姆定律和基尔霍夫定律都是电路分析中非常重要的定律，欧姆定律常用于简单电路

分析,仅适用于线性电路;而基尔霍夫定律常用于复杂电路分析,适用于非线性电路和线性电路。

1.5
电路的工作状态

⚙ **话题引入**

生活中,使用的家用电器大多是正常工作的。但偶尔也会遇到这样的情况,比如电热毯突然不热了,这时人们常说有线路断了;电视新闻有时也会播报,某住宅发生火灾的原因是电器短路造成的。常说的短路、断路以及正常工作就是电路的工作状态,通常称为短路、空载和负载状态,就如同看到的现象不同一样,这3种工作状态各有不同的特点,下面从电压、电流和功率3个方面来分析这3种工作状态的特点。

1.5.1　空载状态

如图 1-54 所示,R_0 为电源内阻,当开关 S 断开时,电路断路,电流不能流通,所以电路中无电流,电源不对外释放能量,负载也不消耗能量,电路有以下特征

$$I=0,\quad U=0,\quad U_0=U_S,\quad P=IU=0$$

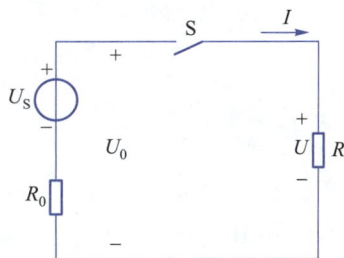

图 1-54　空载状态

1.5.2　负载状态

当图 1-54 中开关 S 闭合时,电源与负载形成闭合的通路,电流能够在电路中流通,也能够将电源的电能传递给负载转化成其他形式的能,如光能,此时就称电路为负载状态,也称为有载工作状态。在此状态下,电路有以下特征

$$I=\frac{U_S}{R_0+R},\quad U=IR=U_S-IR_0,\quad P=IU=U_SI-(R_0I)I=U_SI-R_0I^2$$

由以上表达式可以看出,因为电源内阻的存在,当电流越大时,电源输出的电压越小;当电源内阻 R_0 远远小于负载电阻 R 时,无论电流如何变化,内阻上的电压都远小于负载电压,此时就可认为 $U\approx U_S$,也可以说该电源带负载能力强。

1.5.3　短路状态

如图 1-55 所示,由于某种原因,电源两端未经负载直接连通形成闭合回路的状态,称为电路的短路状态。此时电流不再流经负载,而是经阻碍更小的导线从电源正极直接流回电源负极,电路特征如下

$$I=\frac{U_S}{R_0},\quad U=0,\quad P=0,\quad P_{R0}=P_S=U_SI_S=R_0I_S^2$$

从以上表达式可以看出,当短路时,电源电压全部落在电源内阻上,由于电源内阻很小,故短路电流很大,大电流产生的高温可能导致电源及电气设备的损坏,更严重的可能会引发火灾,因此短路是一种严重的事故,应尽量避免发生。但有时为了满足电路工作的某种需要,会人为地把电路中的某一部分或一个元件两端短路,如图 1-56 所示,当开关 S 闭合时,电流通过旁路开关 S 而不经过电阻 R_2,通常把这种有用的短路称为"短接"。

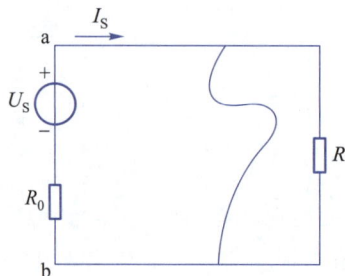

图 1-55　短路状态　　　　　　　　图 1-56　短接

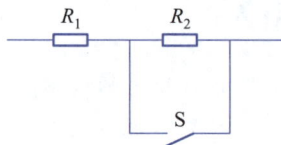

1.6
电气设备的额定值

话题引入

如图 1-57 所示是某电视机的铭牌,从铭牌上能够看出电视机的额定电压为 220 V、额定频率为 50 Hz 和额定功率为 120 W 等。电气设备的额定值通常标注在其铭牌上,使用电气设备时应遵照铭牌上规定的限额和使用条件,以保证电气设备安全、合理、可靠地工作。电气设备的额定值通常包含额定电压 U_N、额定电流 I_N 和额定功率 P_N 等。

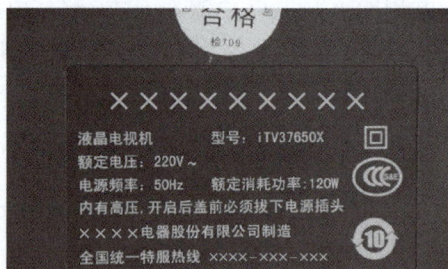

图 1-57　某电视机的铭牌

1.6.1　稳定温度

当电气设备通电时,电流流经电气设备中的电阻或带有电阻性质的元件时部分电能被转化成热能,这些热能使得电气设备温度升高的同时也在向周围介质进行发散,当热能的产生与向周围发散的热能达到动态平衡时,电气设备就维持在某一温度值上,这时的温度值就称为稳定温度。

1.6.2　额定电流

额定电流 I_N 为电气设备长时间连续工作而稳定温度不会超过最高容许温度的电流值。

电气设备工作时的温度如果过高会导致设备的绝缘加速老化或烧坏,为了限制电气设备工作时的温度,电气设备应在额定电流下工作。由于温度的升高需要时间,故电气设备偶尔短时间超过额定电流也是允许的。

1.6.3　额定电压

电气设备所加电压过高时,流过其的电流也相应增大,易使电气设备工作温度过高,过高的电压也可能击穿电气设备的绝缘材料造成严重事故。为了避免以上情况发生,电气设备的工作电压应限定一个最大值,这个最大值就是额定电压 U_N。

1.6.4　额定功率

当电气设备工作在额定电压和额定电流下时,该电气设备的输出功率就是额定功率,用 P_N 表示。通常,电气设备在工作中,当实际使用值等于额定值时,这种工作状态称为额定(或满载)状态,即 $P=P_N$,此时经济合理、安全可靠;当实际使用值大于额定值时,电气设备的工作状态称为过载(或超载)状态, 即 $P>P_N$,此时可能损坏电气设备;当实际使用值小于额定值时,电气设备的工作状态称为轻载(或欠载)状态, 即 $P<P_N$,此工作状态不经济,也可能损坏电气设备。

1.7
案例分析

1.7.1　案例1:电视机的接线

1. 案例叙述

如图 1-58 所示为常见电视机连接线及插座,根据电路的作用,试分析电视机应该怎么样与插座连接才能正常工作。

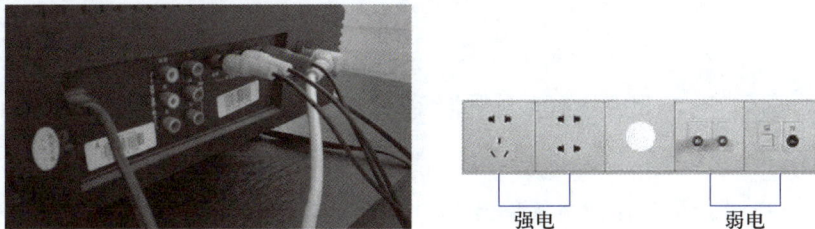

图 1-58　电视机连接线及插座

2. 案例分析

电视机最左边的黑色电线是电视机的电源线,为电视机电路提供电能,这些电能一部分转换为热能,一部分转换为屏幕的光能,在连接时,接插座的强电部分。

电视机右边并排的黄、白、红 3 根圆柱形插线是 AV 线,为电视机传递声音和图像信号,其中黄色传递视频信号,白色和红色传递左、右声道音频信号。

最右边白色的线称为 ANT 线,也就是俗称的"天线",是电视机最早的一种视频线,如果用的是有线数字机顶盒,那么这个线没什么用,如果用的是传统有线电视,或者收看 DTMB 地面波数字电视(外接天线接收信号),就要用到这个线。

AV 线和 ANT 线都是为电视机提供信号的,在接线时接插座的弱电部分。

1.7.2　案例2:地磅秤电路

1. 案例叙述

在高速公路收费站,你一定见到过这样的场景:在收费站的入口,有一个大的数字显示屏,上面显示着每辆汽车的重量。你可能会好奇,收费站是如何知道汽车有多重的呢？其实,收费站使用的是地磅秤,它是一种放在地面上的大型电子秤,也称为汽车衡,主要是用来称量汽车所载货物的重量,以便计算收费金额和检查是否超载超重。下面来分析它是如何工作的。

2. 案例分析

如图 1-59 所示,当一辆汽车驶上地磅秤时,它的重力就会作用在承重传力机构上,使其产生微小的形变。承重传力机构这种微小的形变使得与它相连的滑动变阻器(应变计)的电阻改变,汽车越重,滑动变阻器的电阻值越大。根据欧姆定律,电路中电阻值增加,其两端的电压增大,这样汽车的重量就转换成了一个与其成正比的电压信号,这个信号经过放大、滤波、模拟/数字转换等处理后,就会被送到称重显示仪中。称重显示仪内部有一个微处理器,它可以根据信号大小和传感器的灵敏度等参数来计算出汽车的准确重量,并在数字显示屏上显示出来。

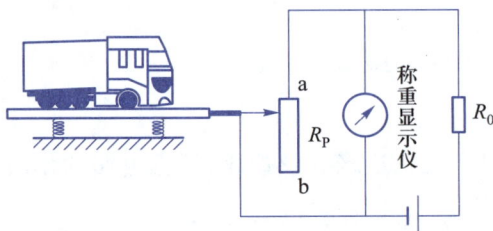

图 1-59　地磅秤电路原理图

1.7.3　案例3:自动保温电饭煲状态分析

1. 案例叙述

如图 1-60 所示为自动保温电饭煲及其主要部分电路图,试判断,当开关 S 处于断开和闭合时,电饭煲分别处于哪种状态?

2. 案例分析

由于加在电饭煲两端的电压不变,当 S 断开时,电阻 R_1 和电阻 R_2 串联,总电阻为 $R = R_1 + R_2$,根据功率计算公式 $P = UI = \dfrac{U^2}{R}$ 可知此时功率较小,所以处于保温状态;当 S 闭合时电阻 R_1 被短接,总电阻减少,仅为 R_2,所以电饭煲消耗功率较大,为加热状态。

图 1-60 自动保温电饭煲及其主要部分电路图

1.8
技能训练

1.8.1 技能训练 1:色环电阻的识读

1. 实训目标

（1）认识色环电阻。

（2）正确识读色环电阻的电阻值。

2. 实训设备及器材

色环电阻若干。

3. 准备知识

色环电阻又称为彩色环电阻或编码电阻,在家用电器、电子仪表、电子设备中常常可以见到,用于限制电流、调节电压等。它的外观类似于普通电阻,但在电阻封装上(即电阻表面)印有一组有色的环带,如图 1-61 所示,每个环带颜色代表一个数字,不同位置的环带组合起来,用于表示电阻的电阻值和误差。

当环带颜色代表数值:黑色表示 0、棕色表示 1、红色表示 2、橙色表示 3、黄色表示 4、绿色表示 5、蓝色表示 6、紫色表示 7、灰色表示 8、白色表示 9。

图 1-61 色环电阻实物

当环带颜色表示倍数:其值表示 10 的幂数。黑色表示 0、棕色表示 1、红色表示 2、橙色表示 3、黄色表示 4、绿色表示 5、蓝色表示 6、紫色表示 7、灰色表示 8、白色表示 9、金色表示 -1、银色表示 -2。

当环带颜色表示误差:灰色表示 ±0.05%、蓝色表示 ±0.25%、绿色表示 ±0.5%、棕色表示 ±1%、红色表示 ±2%、金色表示 ±5%、银色表示 ±10%、无色表示 ±20%。

以四色环和五色环电阻为例,其识读方法如图 1-62 所示。

4. 实训步骤

（1）首先,观察电阻上的彩色环带,确定颜色的顺序。一般来说,从左到右依次为第一环、第二环、第三环和第四环等。

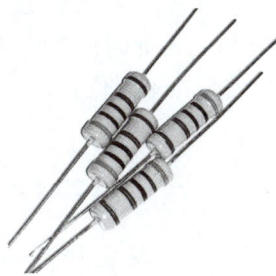

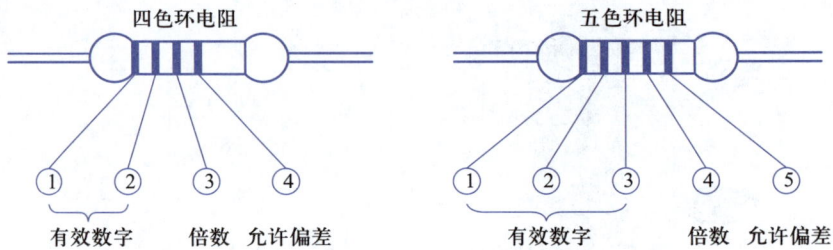

图 1-62 环带读数方法

（2）根据环带的顺序，确定每个颜色对应的数字。

（3）根据颜色对应的数字，确定电阻的电阻值。

（4）最后，根据第四环或第五环（依据电阻环数而定）的颜色确定电阻的误差等级。

例如：四色环电阻，环带为橙色（3）、绿色（5）、黄色（10^4）、金色（±5%），根据四色环读取方法，其电阻值为 $35×10^4\ \Omega = 350\ k\Omega$，误差为±5%。

1.8.2 技能训练2:两地控制一盏灯电路

1. 实训目标

（1）了解两地控制一盏灯电路的基本原理。

（2）掌握电路连接及调试方法。

2. 实训设备及器材

电工实训电路板 1 块、一开双控开关 2 个、3 V 白炽灯 1 只、万用表 1 块、5 号干电池 2 节、导线和线槽若干。

3. 实训原理

两地控制一盏灯电路图如图 1-63 所示。图中状态下，在开关 S1 和 S2 控制下，此时白炽灯未通电，为熄灭状态。当任意按动一个开关，电路将变为导通状态，白炽灯点亮，如图 1-64 所示。此时任意按动一个开关，则电路会再次变为断路状态，白炽灯熄灭。两个开关可以安装在不同位置，从而实现两地控制一盏灯。

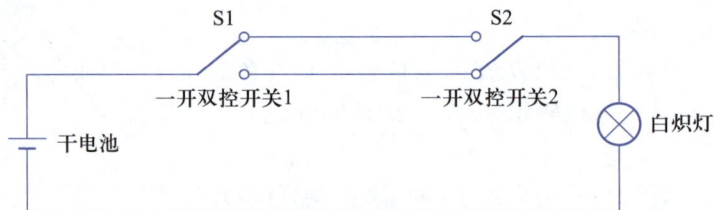

图 1-63 两地控制一盏灯电路图

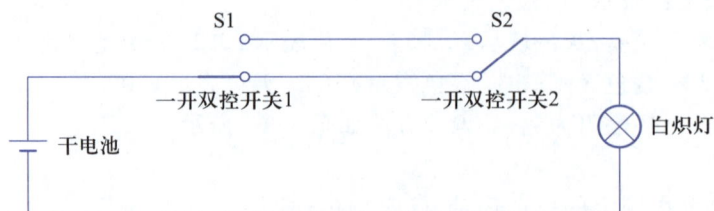

图 1-64 两地控制一盏灯导通状态

4. 实训步骤

按照实训设备及器材要求准备好实训所需器件,再根据电路图完成电路连接。在通电前需先测量电路是否存在短路或断路再通电测试。

思考题

一、选择题

1. 下列哪种设备不具备绝缘性能,主要用于防止停电检修时事故的发生?(　　)

　　A. 一般防护安全用具　　　　　　　　B. 基本安全用具

　　C. 绝缘安全用具　　　　　　　　　　D. 辅助安全用具

2. 下列哪种电压不会让人发生电击危险?(　　)

　　A. 短路电压　　　　　　　　　　　　B. 安全电压

　　C. 跨步电压　　　　　　　　　　　　D. 故障电压

3. 下列哪种设备主要用于接通或断开隔离开关、装卸便携型接地线以及带电测量和试验等工作?(　　)

　　A. 验电器　　　　　　　　　　　　　B. 绝缘杆

　　C. 绝缘夹钳　　　　　　　　　　　　D. 绝缘手套

4. (　　)的作用是用于拉线的连接、紧固和调节。

　　A. 支持金具　　　　　　　　　　　　B. 连接金具

　　C. 拉线金具　　　　　　　　　　　　D. 保护金具

5. 下列哪种灭火器是利用硫酸或硫酸铝与碳酸氢钠作用放出二氧化碳的原理制成的?(　　)

　　A. 二氧化碳灭火器　　　　　　　　　B. 干粉灭火器

　　C. 泡沫灭火器　　　　　　　　　　　D. "1211"灭火器

6. 电流对人体的伤害可以分为(　　)两种类型。

　　A. 电伤、电击　　　　　　　　　　　B. 触电、电击

　　C. 电伤、电烙印　　　　　　　　　　D. 触电、电烙印

7. 电线接地时,人体距离接地点越近,跨步电压越高,距离越远,跨步电压越低,一般情况下距离接地点(　　),跨步电压可看成是零。

　　A. 20 m 以内　　　　　　　　　　　B. 20 m 以外

　　C. 30 m 以内　　　　　　　　　　　D. 30 m 以外

8. 下列不属于一般防护安全用具的是(　　)。

　　A. 安全带　　　　　　　　　　　　　B. 安全帽

　　C. 便携型接地线　　　　　　　　　　D. 电笔

9. 若遇电气设备冒烟起火,用来灭火的错误方法为(　　)。

　　A. 沙土　　　　　　　　　　　　　　B. 二氧化碳

　　C. 四氯化碳　　　　　　　　　　　　D. 水

10. 触电的危险程度与人体内阻有关。在不同的状况下,人体电阻是不同的,以下哪种情况人体阻抗是最大的?(　　)

　　A. 人浸在水中　　　　　　　　　　　B. 潮湿的皮肤,潮湿的环境,低电阻的地面

　　C. 干燥的皮肤,干燥的环境,高电阻的地面　　D. 阴冷的天气环境

二、填空题

1. 电流所通过的路径称为_____,它具有通路、断路和_____3 种状态。

2. 电源是一种_____装置,它可将_____转换为电能。

3. 负载是一种_____设备，它可将_____转换为其他形式的能量。

4. 电流的实际方向指_____移动的方向。

5. 当选择不同的参考点时，电路中各点电位的大小_____，而任意两点间的电压大小_____。

6. 已知某电路中 A 点的电位 $V_A = 10$ V，B 点的电位 $V_B = 0$ V，则 A、B 两点电压 $U_{AB} = $ _____ V。

7. 电流通过导体使其发热的现象称为_____。

8. 通电导体的发热量与_____、导体的电阻、_____三者的乘积成正比。

9. 当电源电压一定时，若负载电阻减小，则负载消耗的功率_____；当通过负载的电流一定时，若负载电阻减小，则负载消耗的功率_____。

10. 额定电压相同的照明用白炽灯，额定功率大的白炽灯电阻_____。

模块二

直流电路王国

■ **知识目标**

1. 了解电阻的串联、并联及其混联的基本形式。
2. 理解电压源、电流源及其等效互换。
3. 掌握支路电流法、节点电压法、叠加原理和戴维南定理。

■ **技能目标**

能运用支路电流法、节点电压法、叠加原理和戴维南定理对实际电路进行分析。

■ **育人目标**

养成从表象认识到探求自然界事物本质,发现普遍规律的习惯。

2.1
电阻的串联、并联及混联

话题引入

为了实现既定的电路功能,常见的实际电路往往是将多个电阻组合起来,用导线连接成一定的结构形式,用以实现电路功能。这就涉及多个电阻的排列组合,可以将其归纳分类为串联、并联和混联。

2.1.1　电阻的串联

若干个电阻依次连接,中间无任何其他支路,各电阻上流过同一个电流,这种连接方式称为电阻的串联,如图 2-1 所示。

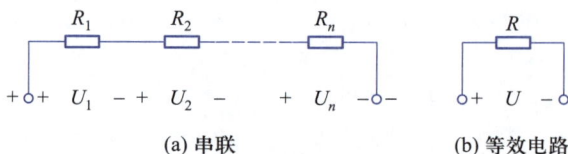

(a) 串联　　　　　　　　(b) 等效电路

图 2-1　电阻的串联及其等效电路

串联电路中,串联后的总电阻可以用一个等效电阻 R 来表示,串联电路的等效电阻等于各电阻之和,即

$$R = \sum_{k=1}^{n} R_k \tag{2-1}$$

在图 2-1 中,各电阻上流过同一电流,串联电路总的端电压 U 为各电阻电压的代数和(为了便于分析,电压参考方向选为相同且和电流为关联参考方向),即

$$U = U_1 + U_2 + \cdots + U_n \tag{2-2}$$

对于每一个电阻,根据欧姆定律,可得

$$U_1 = IR_1; \quad U_2 = IR_2; \quad \cdots; \quad U_n = IR_n \tag{2-3}$$

对于串联电路的等效电阻 R,其与总电压 U、电流 I 的关系为

$$U = IR \tag{2-4}$$

于是有

$$U = IR = IR_1 + IR_2 + \cdots + IR_n = I(R_1 + R_2 + \cdots + R_n) \tag{2-5}$$

可得

$$R = R_1 + R_2 + \cdots + R_n \tag{2-6}$$

即电阻串联网络的等效电阻等于各电阻之和。

由式(2-3)同时可以推导出串联电路的另一个规律:串联电路各电阻上的电压比等于

电阻比,即

$$U_1 : U_2 : \cdots : U_n = R_1 : R_2 : \cdots : R_n \qquad (2\text{-}7)$$

2.1.2　电阻的并联

若干个电阻并排连接,这样各个电阻承受同一电压,这种连接方式称为电阻的并联,如图 2-2 所示。

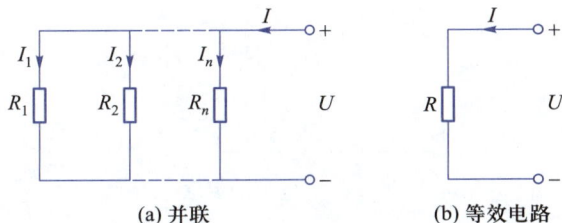

（a）并联　　　　　　（b）等效电路

动画:电阻
的并联

图 2-2　电阻的并联及其等效电路

并联电路中,并联后各电阻承受同一电压,这时并联后的总电阻也可以用一个等效电阻 R 来表示,并且,并联电路的等效电阻的倒数等于各电阻倒数之和,即

$$\frac{1}{R} = \sum_{k=1}^{n} \frac{1}{R_k} \qquad (2\text{-}8)$$

在图 2-2 中,$I_1, I_2, \cdots, I_n$ 为流经各个电阻支路的电流,I 为总电流。按图中所示电流参考方向,总电流 I 为流入节点,各支路电流为流出节点,则根据基尔霍夫电流定律,有

$$I = I_1 + I_2 + \cdots + I_n \qquad (2\text{-}9)$$

对于每一个电阻,根据欧姆定律,可得

$$I_1 = \frac{U}{R_1} \qquad\qquad I_n = \frac{U}{R_n} \qquad (2\text{-}10)$$

对于并联电路的等效电阻 R,其与总电压 U、电流 I 的关系为

$$I = \frac{U}{R} \qquad (2\text{-}11)$$

于是有

$$\frac{U}{R} = \frac{U}{R_1} + \frac{U}{R_2} + \cdots + \frac{U}{R_n} \qquad (2\text{-}12)$$

可得

$$\frac{1}{R} = \frac{1}{R_1} + \frac{1}{R_2} + \cdots + \frac{1}{R_n} \qquad (2\text{-}13)$$

即并联电路的等效电阻的倒数等于各电阻倒数之和。

如果应用电导的概念,将 $1/R$ 用电导 G 来表示,则

$$G = G_1 + G_2 + \cdots + G_n \qquad (2\text{-}14)$$

由式(2-10)同时可以推导出并联电路的另一个规律:并联电路各电阻上的电流比等于电阻的反比,即

$$I_1 : I_2 = R_2 : R_1 \qquad (2\text{-}15)$$

2.1.3 电阻的混联

实际中,电阻网络更多不是简单的串联、并联关系,而是既有串联,又有并联,这样的电路称为电阻的混联,如图 2-3 所示。

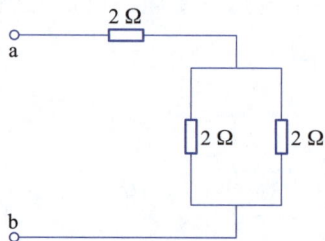

图 2-3 电阻的混联

2.2
电压源、电流源及其等效变换

话题引入

在自然界,能量不会凭空产生。对于电路来讲,保证它的正常工作就要有提供能量的电源,电源就是电路正常工作中电能的源泉。当对一个电路进行分析时,为了便于计算,往往用两种形式表示电源模型,用电压的形式表示则称为电压源,用电流的形式表示则称为电流源。

2.2.1 电压源

电压源如图 2-4 所示,它由理想电压源 U_S 和内阻 R_0 相串联共同来表示。其中,电压源内阻很小,当在分析过程中忽略这一小小的电压源内阻,认为其为零时,则称这一电压源为理想电压源或恒压源,如图 2-5 所示。

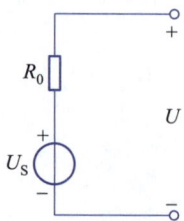

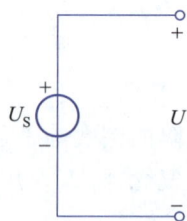

图 2-4 电压源   图 2-5 理想电压源

对于理想电压源,其特点是电源的输出电压与外界电路无关,即理想电压源无论接什么样的外电路,输出电压总保持为某一给定值或某一给定的时间常数,其伏安特性曲线如

图 2-6 所示。

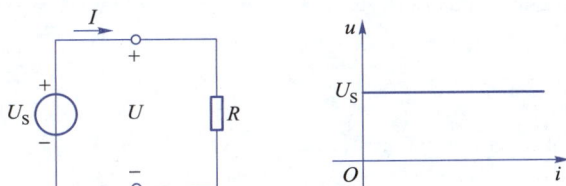

图 2-6　理想电压源伏安特性曲线

实际工程中,理想电压源是不存在的,但实际电压源内阻较小,因此在分析电路时,如果负载电阻远远大于电压源内阻,实际电压源可用理想电压源模型表示。

2.2.2　电流源

电流源如图 2-7 所示,它由 I_S 和内阻 R_S 相并联共同来表示。其中,电流源的内阻 R_S 越大,I_S 在内阻 R_S 所处支路的分流就越小,输出电流 Z 就越接近 I_S。当在分析过程中认为内阻 R_S 为无穷大时(R_S 所处支路为开路),则称这一电流源为理想电流源或恒流源,如图 2-8 所示,其输出电流与端电压无关,$I = I_S$。

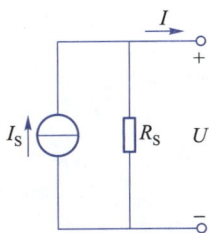

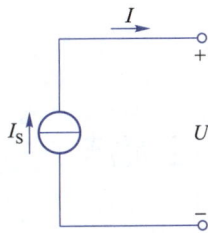

图 2-7　电流源　　　　　　　图 2-8　理想电流源

对于理想电流源,其特点是电源的输出电流与外界电路无关,即理想电流源无论接什么样的外电路,输出电流总保持为某一给定值或某一给定的时间常数,其伏安特性曲线如图 2-9 所示。

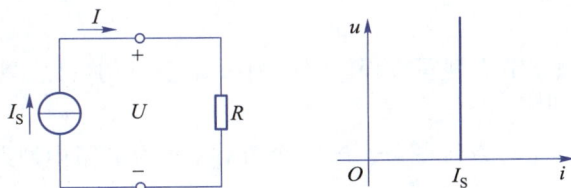

图 2-9　理想电流源伏安特性曲线

实际工程中,理想电流源是不存在的,但实际电流源内阻较大,分析电路时,如果负载电阻远远小于电流源内阻,实际电流源可用理想电流源模型表示。

2.2.3　两种实际电源模型的等效变换

对外电路而言,如果将同一负载 R 分别接在两个电源上,R 上得到相同的电流、电压,则两个电源对 R 而言是等效的。之前讲过,一个实际的电源对外电路供电,既可以看成是一个电压源,也可以看成是一个电流源,因此,在一定条件下它们可以等效变换。图 2-10 所示为两种实际电源向同一外电路供电的情况,需满足 $I_s = U_s/R_0$ 这一条件两源模型才能等效变换。

图 2-10　两种电源模型的等效变换

在图 2-10 中,对电压源

$$U = \frac{R}{R+R_0} \cdot U_s, \quad I = \frac{U_s}{R+R_0} \tag{2-16}$$

对电流源

$$U = \frac{R_0}{R+R_0} \cdot I_s \cdot R, \quad I = \frac{R_0}{R+R_0} \cdot I_s \tag{2-17}$$

显然,当满足 $I_s = U_s/R_0$ 时,式(2-16)和式(2-17)可相互转换。

2.3 支路电流法

支路电流法是将支路电流假设为待求的未知量,应用 KCL 和 KVL 列写出相对应的电路方程组,进而求解出各支路电流的方法。支路电流法示意图如图 2-11 所示。

采用支路电流法求解的步骤如下。

(1) 假设电路图各支路电流的参考方向及网孔的参考绕行方向(在电路图中标出)。

(2) 应用 KCL 对独立节点列写方程。对于有 n 个节点的电路,只能列出 $(n-1)$ 个独立的 KCL 方程式。

(3) 应用 KVL 对独立回路列写 $b-(n-1)$ 个方程。b 为电路中回路个数,一般选网孔列 KVL 方程更便于计算。

(4) 通过将所立的方程联立求解,即可得出各支路电流。

例 2-1　在图 2-11 中,$U_{S1} = 21$ V,$U_{S2} = 3$ V,$R_1 = 3 \ \Omega$,$R_2 = 4.5 \ \Omega$,$R_3 = 12 \ \Omega$,用支路电流法求各支路电流。

解:在图 2-11 所示的电路中,假设左、右两个网孔沿顺时针方向绕行(可在图 2-11 中标注顺时针方向)。

对底端中心节点列写 KCL 方程,可得

$$I_1 + I_2 + I_3 = 0$$

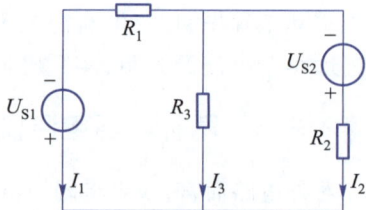

图 2-11　支路电流法示意图

对左侧网孔列写 KVL 方程,可得

$$-I_1R_1+I_3R_3+U_{S1}=0$$

对右侧网孔列写 KVL 方程,可得

$$I_2R_2-I_3R_3-U_{S2}=0$$

代入具体参数,可得方程组

$$I_1+I_2+I_3=0$$
$$-3I_1+12I_3=-21$$
$$4.5I_2-12I_3=3$$

经过化简可得

$$I_1=3\ \text{A},\quad I_2=-2\ \text{A},\quad I_3=-1\ \text{A}$$

2.4
节点电压法

对于 b 条支路、n 个节点的电路,用支路电流法需要列写 b 个方程,由于方程维数较高,所以求解不便。某些情况下,也可以用节点电压法对所求电路进行分析,以节点电压为待求量列写方程。节点电压法示意图如图 2-12 所示。

采用节点电压法求解的步骤如下。

(1)选定参考节点并标出节点序号,将独立节点电压设为未知量,其参考方向由独立节点指向参考节点。

图 2-12 中,选⓪为参考节点,并假设各独立节点电压为 U_{n1}、U_{n2}(方向指向参考节点)。

(2)列写节点电压方程(自电导总为正,互电导总为负,电流源电流指向该节点为正,背离为负)。

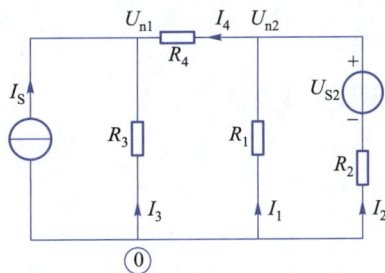

图 2-12 节点电压法示意图

例 2-2 试用节点电压法分析图 2-12 所示电路中各电流、电压关系。

对每个独立节点列写 KCL 方程,可得

$$I_3+I_4+I_S=0$$
$$I_1+I_2-I_4=0$$

其中

$$I_1=-\frac{U_{n2}}{R_1}\qquad I_2=-\frac{U_{n2}-U_{S2}}{R_2}$$

$$I_3=-\frac{U_{n1}}{R_3}\qquad I_4=\frac{U_{n2}-U_{n1}}{R_4}$$

代入独立节点的 KCL 方程,可得

$$\left(\frac{1}{R_3}+\frac{1}{R_4}\right)U_{n1}-\frac{1}{R_4}U_{n2}=I_S$$

$$\left(\frac{1}{R_1}+\frac{1}{R_4}+\frac{1}{R_2}\right)U_{n2}-\frac{1}{R_4}U_{n1}=\frac{U_{S2}}{R_2}$$

此时,为方便计算,可变换一种形式,将电阻用电导表示,可得

$$(G_3+G_4)U_{n1}-G_4U_{n2}=I_S$$
$$(G_1+G_4+G_2)U_{n2}-G_4U_{n1}=U_{S2}G_2$$

(3)求解各节点电压。

(4)用节点电压求解支路电流。

例 2-3　如图 2-13 所示电路,$R_1=R_2=R_3=1.5\ \Omega$,$U_{S2}=6\ V$,$I_S=3\ A$,试用节点电压法求电流 I_1。

解:在图 2-14 所示节点电压图中,对底端中心节点①列写 KCL 方程,可得

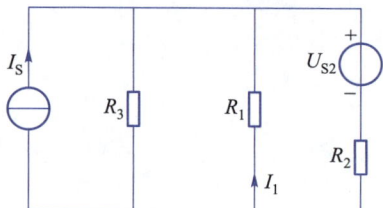

图 2-13　例 2-3 图

图 2-14　例 2-3 节点电压图

$$\left(\frac{1}{R_1}+\frac{1}{R_2}+\frac{1}{R_3}\right)U_{n1}=I_S+\frac{U_{S2}}{R_2}$$

代入具体参数,可得方程

$$2U_{n1}=3\ V+\frac{6}{1.5}\ V$$

则

$$U_{n1}=3.5\ V$$

此时

$$I_1=-\frac{U_{n1}}{R_1}=-2.3\ A$$

2.5
叠加定理

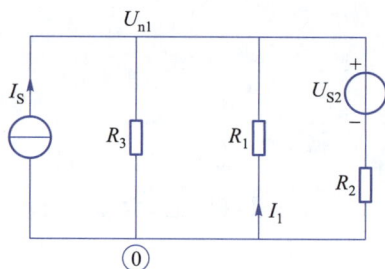

动画:叠加定理

在线性电路中,如果有多个电源共同作用,任何一支路的电压(电流)等于每个电源单独作用在该支路上所产生的电压(电流)的代数和。

此时满足

$$I=I'+I''\qquad\qquad(2-18)$$

需要注意,当每个电源单独作用时,其他电源一定要除去,这一过程称为

"除源"。在除源过程中,当电压源不起作用时,应视其原处部位为短路;而电流源不起作用时,应视其原处部位为开路,如图 2-15 所示。

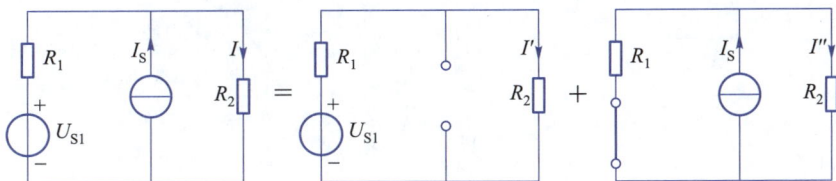

图 2-15　电路的叠加定理

例 2-4　在图 2-16 所示电路中,$U_{S1} = 18\ V$,$U_{S2} = 6\ V$,$R_1 = R_2 = R_3 = 4\ \Omega$,求 I 的大小。

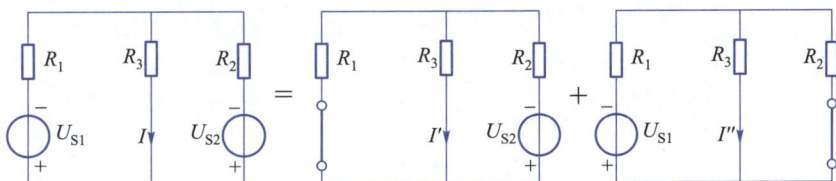

图 2-16　例 2-4 图

解:在图 2-16 所示电路中,应用叠加定理。

当 U_{S2} 单独作用时,视 U_{S1} 原处部位为短路,可得

$$I' = -\cfrac{U_{S2}}{R_2 + \cfrac{R_1 R_3}{R_1 + R_3}}\cdot\frac{R_1}{R_1 + R_3} = -1 \times \frac{1}{2}\ A = -0.5\ A$$

当 U_{S1} 单独作用时,视 U_{S2} 原处部位为短路,可得

$$I'' = -\cfrac{U_{S1}}{R_1 + \cfrac{R_2 R_3}{R_2 + R_3}}\cdot\frac{R_2}{R_2 + R_3} = -3 \times \frac{1}{2}\ A = -1.5\ A$$

于是　　　　　　　　　　　　$I = I' + I'' = -2\ A$

2.6

戴维南定理

戴维南定理由法国科学家戴维南提出,即任一线性含源的二端网络,对外电路或负载而言,都可以等效为一理想电压源与电阻串联的电压源支路,如图 2-17 所示。理想电压源的电压等于原二端网络的开路电压,其串联电阻(内阻)等于原二端网络化成无源网络(电压源短路、电流源开路)后,从端口看进去的等效电阻。

例 2-5　在图 2-18 所示电路中,$U_S = 10\ V$,$R_1 = 6\ \Omega$,$I_S = 5\ A$,$R_0 = 4\ \Omega$,求负载电流 I。

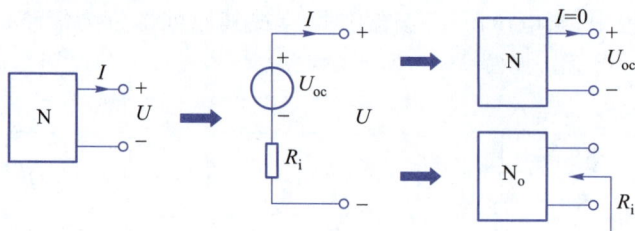

图 2-17 戴维南定理

解: 在图 2-18 所示电路中, 应用戴维南定理, 外电路 a、b 间开路电压 U_{oc} 为

$$U_{oc} = U_S + I_S R_1 = 10 \text{ V} + 5 \times 6 \text{ V} = 40 \text{ V}$$

求等效内阻时, 令 U_S 处短路, 令 I_S 处开路, 可得

$$R_i = R_1 = 6 \ \Omega$$

于是

$$I = \frac{U_{oc}}{R_i + R_0} = \frac{40}{6+4} \text{ A} = 4 \text{ A}$$

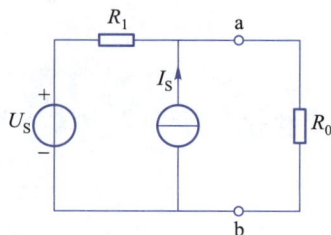

图 2-18 例 2-5 图

2.7
案例分析

2.7.1 案例 1:照明灯点亮后亮度不足, 无法正常工作

1. 案例叙述

某房间安装了两盏相同功率(俗称瓦数)的照明灯, 安装完毕后发现, 打开开关, 两盏灯均可以点亮, 亮度相同但均较暗, 测量发现, 两盏灯两端的电压均为供电电压的一半。

2. 案例分析

如图 2-19 所示, 照明灯等家用电器在工作时是并联在电源上的, 从而保证每个电器工作的额定电压相同且可以进行单独控制。

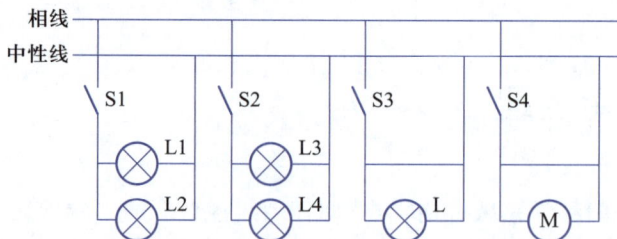

图 2-19 照明灯等家用电器并联工作示意图

家用电器在正常并联工作时, 电源电压相同且为供电电压。本案例中, 两盏灯的端电压均为电源电压的一半, 显然是将本应并联连接的两个照明灯, 错误地连接成了串联。由于两

盏灯功率相同,则可视为其电阻相同,串联后,两盏灯的电压相同,但由于串联分压,因此每盏灯的电压均只有电源电压的一半,且由于工作电压较低,两盏灯亮度均比较暗。

2.7.2 案例 2:干电池也会没有电

1. 案例叙述

使用干电池的手电筒,在正常使用一段时间后,灯光开始变暗,逐渐因没电而无法使用,试分析其变化过程。

2. 案例分析

使用干电池供电的手电筒,如果忽略开关,其电路图等效于在图 2-5 所示电压源两端接一个灯泡,即内阻与灯泡串联接在一个理想电压源上,且理想电压源电压基本保持不变。当电池刚开始使用时,干电池内阻很小,内阻上的电压也很小,灯泡可以获得足够的电压而点亮。随着干电池的不断使用,其内阻不断变大,内阻上消耗的电压也越来越多,且随着电路总电阻增大,电流减小,灯泡逐渐变暗。当电阻过大时,消耗的电压过多、电流过小,灯泡熄灭,干电池即为没电状态。

2.8
技能训练

2.8.1 技能训练 1:叠加定理的验证

1. 实训目标

通过实训验证叠加定理,巩固理论知识的学习和理解。

2. 实训设备及器材

直流双路稳压电源 1 台、1 kΩ 电阻 3 个、直流毫安电流表 1 块、导线若干。

3. 实训步骤

叠加定理的验证如图 2-20 所示。

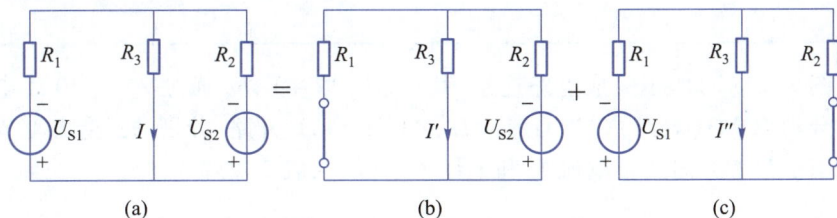

图 2-20 叠加定理的验证

（1）按图 2-20(a)所示完成电路连接,其中,U_{S1} 取 12 V,U_{S2} 取 6 V,电阻 $R_1 \sim R_3$ 均取 1 kΩ,通过直流毫安电流表按该图示电流参考方向测量电流 I 的大小。

（2）按图 2-20(b)所示电路,将电源 U_{S1} 归零(将其从原电路断开,对应位置用导线短路),其他元件取值不变,通过直流毫安电流表按该图示电流参考方向测量电流 I' 的大小。

（3）按图 2-20（c）所示电路，将电源 U_{S2} 归零（将其从原电路断开，对应位置用导线短路），其他元件取值不变，通过直流毫安电流表按该图示电流参考方向测量电流 I'' 的大小。

（4）将 I' 和 I'' 进行求和，验证叠加定理 $I = I' + I''$，并分析误差存在的原因。

2.8.2　技能训练 2：戴维南定理的验证

1. 实训目标

通过实训验证戴维南定理，巩固理论知识的学习和理解。

2. 实训设备及器材

直流可调稳压电源 1 台、1 kΩ 电阻 4 个、330 Ω 电阻 3 个、470 Ω 电阻 1 个、680 Ω 电阻 1 个、直流毫安电流表 1 块、万用表 1 块、导线若干。

3. 实训步骤

戴维南定理的验证如图 2-21 所示。

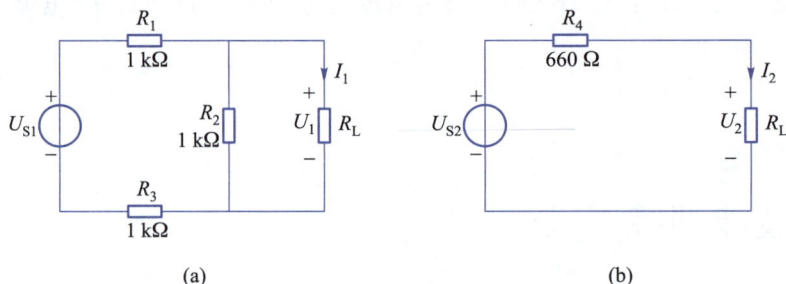

图 2-21　戴维南定理的验证

（1）按图 2-21（a）所示完成电路连接，其中，U_{S1} 取 12 V，电阻 R_L 分别取 0 Ω（短路）、330 Ω、470 Ω、680 Ω、1 kΩ、开路，分别通过直流毫安电流表和万用表按该图示参考方向测量电流 I_1 和电压 U_1 并填入表 2-1 中。

表 2-1　戴维南定理记录表

R_L/Ω	0	330	470	680	1 000	开路
I_1/mA						
U_1/V						

（2）按图 2-21（b）所示完成电路连接，其中，U_{S2} 取 4 V，R_4 通过 2 个 330 Ω 电阻串联得到，电阻 R_L 分别取 0 Ω（短路）、330 Ω、470 Ω、680 Ω、1 kΩ、开路，分别通过直流毫安电流表和万用表按该图示参考方向测量电流 I_2 和电压 U_2 并填入表 2-2 中。

表 2-2　有源二端网络记录表

R_L/Ω	0	330	470	680	1 000	开路
I_2/mA						
U_2/V						

（3）比较表 2-1 和表 2-2 中对应数据，二者是否相等，以此验证戴维南定理准确性并分

析误差存在的原因。

思考题

一、选择题

1. 若把电路中原来电位为-5 V的一点作为参考点,则电路中各点电位比原来(　　)。

A. 升高 　　　　　B. 降低 　　　　　C. 不变 　　　　　D. 不确定

2. 由欧姆定律列出一计算公式,$U_{ab}=-(4\times3)$ V,其中负号表示(　　)。

A. 电压的参考方向与实际方向相反

B. 电流的参考方向与实际方向相反

C. 电压与电流为非关联参考方向

D. 电压与电流为关联参考方向

3. 4个阻值相同的电阻串联,其总电阻等于一个电阻阻值的(　　)。

A. 1/4倍 　　　　B. 4倍 　　　　C. 2倍 　　　　D. 1/2倍

4. 若干个电阻串联接入电路,当它们电阻阻值不相等时,则各电阻中电流的关系为(　　)。

A. 电阻阻值大的电流小 　　　　　　　B. 电阻阻值小的电流小

C. 电流相等 　　　　　　　　　　　　D. 电流不等

5. 若干个电阻串联接入电路,当它们电阻阻值不相等时,则各电阻上电压的关系为(　　)。

A. 电阻阻值大的电压小 　　　　　　　B. 电阻阻值小的电压小

C. 电压相等 　　　　　　　　　　　　D. 电压大小与电阻阻值无关

6. 若干个电阻并联接入电路,当它们电阻阻值不相等时,则各电阻上功率的关系为(　　)。

A. 电阻阻值大的功率小 　　　　　　　B. 电阻阻值小的功率小

C. 功率相等 　　　　　　　　　　　　D. 功率大小与电阻阻值无关

7. 阻值为 10 Ω 与 30 Ω 的两个电阻,并联后的等效电阻值为(　　),串联后的等效电阻值为(　　)。

A. 30 Ω 　　　　B. 40 Ω 　　　　C. 20 Ω 　　　　D. 7.5 Ω

8. 白炽灯 A"220 V,100 W"与白炽灯 B"220 V,40 W"串联到 220 V 电源上,则较亮的是(　　)。

A. A 　　　　　　B. B 　　　　　　C. 无法判断

9. 实际电压源开路时开路电压 U 与电压源 U_s 的关系为(　　)。

A. $U>U_s$ 　　　　B. $U<U_s$ 　　　　C. $U=U_s$ 　　　　D. 不确定

10. 理想电压源和理想电流源之间(　　)。

A. 有等效变换关系

B. 没有等效变换关系

C. 在一定条件下有等效变换关系

二、填空题

1. 电源和负载的本质区别是:电源是把_____能转换成_____能的设备,负载是把_____能转换成_____能的设备。

2. 对于电阻负载而言,当电压一定时,负载电阻越小,则负载越_____,通过负载的电流和负载上消耗的功率就越_____;反之,负载电阻越大,说明负载越_____。

3. 实际电路中的元件,其电特性往往是_____而_____的,而理想电路元件的电特性则是_____和_____的。

4. 常见的无源电路元件有_____、_____、_____;常见的有源电路元件有_____、_____。

5. 元件上电压和电流关系成正比变化的电路称为_____电路。此类电路中各支路上的_____和

_____均具有叠加性,但电路中的_____不具有叠加性。

6. 电流沿电压降低的方向取向称为_____方向,这种方向下计算的功率为正值时,说明元件_____能量;电流沿电压升高的方向取向称为_____方向,这种方向下计算的功率为正值时,说明元件_____能量。

7. 电源向负载提供最大功率的条件是_____与_____的数值相等,这种情况称为电源与负载相_____。

8. _____是产生电流的根本原因。电路中任意两点之间电位的差值等于这两点间的_____。电路中某点到参考点间的_____称为该点的电位,电位具有_____性。

9. 线性电阻元件上的电压、电流关系,任意瞬间都受_____定律的约束;电路中各支路电流任意时刻均遵循_____定律;回路上各电压之间的关系则受_____定律的约束。这三大定律是电路分析中应牢固掌握的三大基本定律。

10. 一个输出电压几乎不变的设备有载运行,当负载增大时,是指电源输出的电流_____。

单相正弦交流电路王国

■ 知识目标

1. 掌握正弦交流电路及其三要素的基本概念。

2. 掌握正弦交流电的解析式、波形图和相量图表示方法及其相互转换关系。

3. 理解正弦交流电路中电阻、电容和电感元件电压与电流的关系,理解感抗、容抗的概念并掌握其计算方法。

4. 理解有功功率、无功功率和视在功率的物理意义,掌握其计算方法。

5. 掌握电阻、电容和电感串联交流电路的分析方法,了解电压三角形、阻抗三角形和功率三角形的画法及应用,理解正弦交流电路的三种性质。

6. 掌握交流电路串联谐振、并联谐振的概念及其应用。

7. 理解交流电路功率因数的概念,掌握提高功率因数的常用方法。

■ 技能目标

1. 能够使用万用表测量交流电路的电压、电流。

2. 能够测定电阻、电容和电感串联电路的有功功率、无功功率、视在功率。

3. 能够安装开关和插座。

4. 能够安装声控开关控制白炽灯电路。

■ 育人目标

1. 具备安全意识、集体意识,建立团队合作精神。

2. 树立精益求精的大国工匠精神。

3.1

直流电的强劲对手——正弦交流电

⚙ 话题引入

交流电和直流电的纷争

尼古拉·特斯拉与托马斯·爱迪生,两位历史上的传奇人物、天才的发明家,在 19 世纪 80 年代末,就直流电还是交流电是未来的主流问题,展开了著名的"电流之战"。

争论之一:为什么交流电比直流电好?

交流电中,电流方向会发生周期性变化。迈克尔·法拉第和波利特·皮克西最早发现了交流电,并于 1832 年制造出历史上第一台交流电机。同样,直流电的出现也为人类文明进步做出了巨大贡献,但是直流电无法进行远距离输送,当时的极限距离差不多只有 1 公里。此外,升高或降低直流电压也需要复杂的电路。相比而言,交流电不仅可以远距离传输,还可以通过变压器方便地进行升压和降压。因此,交流电可以更有效地传输电能。

争论之二:为什么直流电比交流电好?

与交流电不同,直流电的大小和方向都不会发生变化,不具有周期性,电流只会在固定电压下单向流动,而且直流电易于转化为热能而损耗能量。尽管直流电有缺点,但是半导体的时代迫使它回归。直流电主要用于电子或小型设备,如电池、LED、晶体管以及其他半导体设备等。

3.1.1　交流电的基本概念

在直流电路中,电压和电流的大小、方向不随时间变化,如图 3-1 所示。而交流电路中,电压、电流和电动势的大小、方向随时间做周期性变化,分别称为交流电压、交流电流和交流电动势,统称为交流电。交流电在一个周期内的平均值为 0。在交流电作用下的电路称为交流电路。

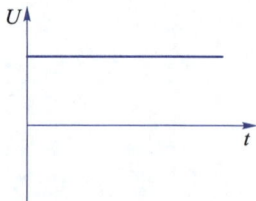

交流电可分为正弦交流电和非正弦交流电两类。其中,大小和方向均按正弦规律变化的交流电称为正弦交流电,其波形如图 3-2(a)所示。其他类型的交流电则统称为非正弦交流电,其波形如图 3-2(b)、(c)所示。其中,正弦交流电在实际生产和日常生活中被广泛使用。本模块只讨论应用最为广泛的正弦交流电。

图 3-1　直流电波形示意图

3.1.2　单相正弦交流电的产生

单相正弦交流电通常是由单相交流发电机产生的。图 3-3 所示为交流发电机内部结构示意图,通常分有电刷式和无电刷式两种,其核心部分为固定有定子绕组的定子部分和在外驱动力(如水力发电机的涡轮等)驱动下进行旋转的转子两部分。

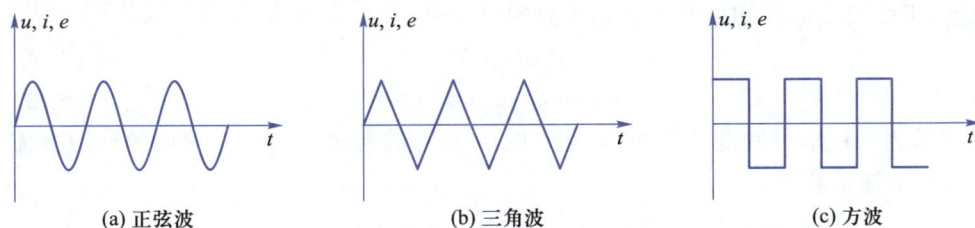

(a) 正弦波   (b) 三角波   (c) 方波

动画: 单相正弦交流电的产生

图 3-2　交流电波形示意图

图 3-3　有电刷式和无电刷式交流发电机内部结构示意图

交流发电机的定子绕组在外电源作用下产生按正弦规律分布的磁场 B,即

$$B = B_m \sin \alpha = B_m \sin(\omega t + \varphi_0) \tag{3-1}$$

交流发电机结构示意图如图 3-4 所示,其中 abb'a' 为转子线圈,为了方便理解,将定子绕组及其产生的交变磁场直接用 N 极和 S 极表示。

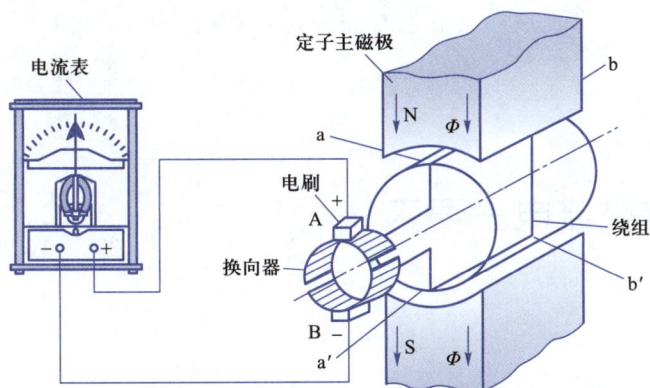

图 3-4　交流发电机结构示意图

交流发电机外接的原动机带动线圈以线速度 v 沿逆时针方向旋转,线圈有效边 ab 和 a'b' 切割磁感线产生感应电动势 e'、e'',根据电磁感应定律,有

$$e' = e'' = B_m L v \sin(\omega t + \varphi_0) \tag{3-2}$$

则线圈产生的总电动势为

$$e = e' + e'' = 2B_{\mathrm{m}}Lv\sin(\omega t + \varphi_0) = E_{\mathrm{m}}\sin(\omega t + \varphi_0) \tag{3-3}$$

以此类推,正弦交流电压和电流的表达式分别为

$$u = U_{\mathrm{m}}\sin(\omega t + \varphi_u) \tag{3-4}$$

$$i = I_{\mathrm{m}}\sin(\omega t + \varphi_i) \tag{3-5}$$

图 3-5 所示为一种水力发电站结构示意图,图 3-6 所示为水力发电站常用的灯泡贯流式水轮发电机组结构示意图。

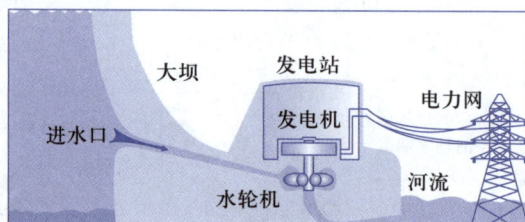

图 3-5　水力发电站结构示意图

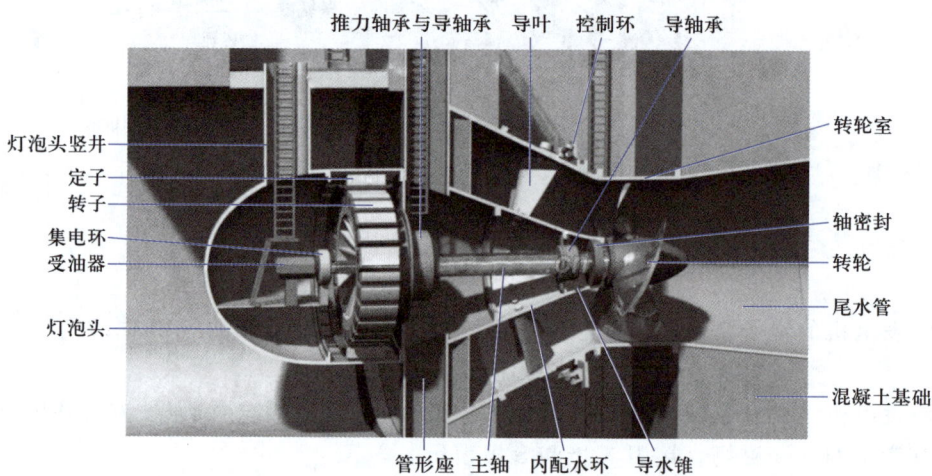

图 3-6　灯泡贯流式水轮发电机组结构示意图

3.2
正弦交流电三要素

话题引入

交流电和直流电的区别

直流电的表达通常是对其电压值或电流值直接进行测量而标注出来。例如,一部手机标注的充电电压和电流为 DC 5 V-3 A,则表示其直流电额定电压为 5 V,额定电流为 3 A。然而,交流电不同于直流电,它每时每刻都在变化,因此不能用表达直流电的方法同样描述

交流电。为了正确反映交流电的变化情况,方便交流电的测量和使用,有必要规定交流电的基本物理量。通常情况下,可以通过正弦交流电的最大值、角频率和初相位来描述正弦交流电,这就是正弦交流电的三要素。

3.2.1 瞬时值、最大值和有效值

1. 瞬时值

正弦交流电随时间按正弦规律变化,把正弦交流电在任意时刻的数值称为瞬时值。其中,正弦交流电动势、电压、电流的瞬时值分别用 e、u、i 表示,见式(3-3)~式(3-5),瞬时值可以为正、负或零值。

2. 最大值

最大的瞬时值称为最大值,也称为交流电的振幅。正弦交流电动势、电压、电流的最大值分别用 E_m、U_m、I_m 表示。一般最大值用绝对值表示。正弦交流电的最大值即其波形的最高点处对应的电压值(或电动势值、电流值),如图3-7所示。

3. 有效值

应用电能的目的是做功,为衡量不同交流电之间做功能力的大小,引入了交流电有效值的概念。如果让交流电和直流电分别通过阻值完全相同的电阻,在相同的时间内,两种电流产生的热量相等,则将此直流电的数值称为该交流电的有效值。如图3-8所示,将正弦交流电动势和直流电动势分别接通阻值相同的电阻,如果在一个周期内,两种电压产生的热量相等,则将此直流电动势的数值称为该交流电动势的有效值。

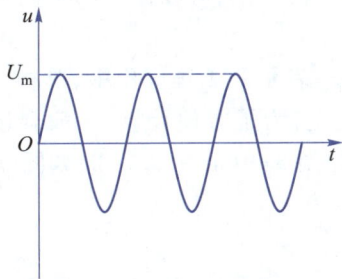

图3-7 最大值在正弦交流电压波形中的位置 　　图3-8 交流电的有效值

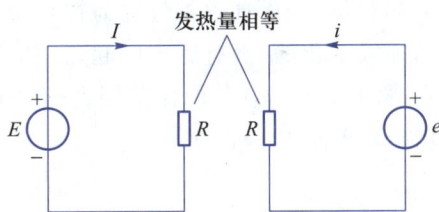

正弦交流电动势、电压和电流的有效值分别用 E、U、I 表示,可以证明,有效值和最大值之间存在如下关系

$$E = \frac{E_m}{\sqrt{2}} = 0.707E_m \qquad U = \frac{U_m}{\sqrt{2}} = 0.707U_m \qquad I = \frac{I_m}{\sqrt{2}} 0.707I_m \qquad (3-6)$$

如无特别说明,交流电的大小一般是指有效值的大小。在实际应用场合中,电器、仪器仪表等所标注的交流电压、电流等数值一般也是指有效值。我国工业和民用交流电源电压为220 V,即有效值为220 V,则电路中电压的最大值为 $220\ V \times \sqrt{2} \approx 311\ V$。

3.2.2 周期、频率和角频率

周期、频率和角频率都是表示交流电随时间变化快慢的物理量。

(1)周期:交流电完成一次周期性变化所需的时间,用 T 表示,单位为 s(秒),其他常用

单位还有 ms(毫秒)、μs(微秒)、ns(纳秒),其换算关系为

$$1 \text{ s} = 10^3 \text{ ms} = 10^6 \text{ μs} = 10^9 \text{ ns} \qquad (3-7)$$

(2)频率:交流电在 1 s 内完成周期性变化的次数,用 f 表示,单位为 Hz(赫兹),其他常用单位还有 kHz(千赫)、MHz(兆赫)、GHz(吉赫),其换算关系为

$$1 \text{ Hz} = 10^{-3} \text{ kHz} = 10^{-6} \text{ MHz} = 10^{-9} \text{ GHz} \qquad (3-8)$$

根据周期和频率的定义可知,周期和频率互为倒数关系,即

$$f = \frac{1}{T} \quad \text{或} \quad T = \frac{1}{f} \qquad (3-9)$$

我国工业和民用交流电的频率为 50 Hz(习惯上称为工频),其周期为 0.02 s(20 ms)。

(3)角频率:交流电每秒所变化的电角度(弧度制),用 ω 表示,单位为 rad/s(弧度/秒)。工频交流电的频率为 50 Hz,即 1 s 内变化 50 次,则电角度正好变化了 $50 \times 2\pi$ rad,则工频交流电的角频率为: $\omega = 50 \times 2\pi$ rad/s。根据定义,角频率和频率、周期间的关系如下

$$\omega = \frac{2\pi}{T} \quad \text{或} \quad \omega = 2\pi f \qquad (3-10)$$

3.2.3 相位、初相位、相位差

(1)相位:当正弦交流电随时间变化时,它的角度变化为 $\omega t + \varphi_0$,这称为正弦交流电的相位。从物理意义上讲,相位反映了正弦交流电的变化进程,当 $\omega t + \varphi_0 = \dfrac{\pi}{2}$ 时,正弦交流电为最大值;当 $\omega t + \varphi_0 = \pi$ 时,正弦交流电为零。通过相位这个物理量,可以比较两个同频率正弦量谁先达到最大值或谁先到达零。

(2)初相位: $t = 0$ 时的相位称为初相位,一般用 φ_0 表示。工程应用中,单相正弦交流电是随时间连续变化的,没有固定的起点(初相位)或终点,为了方便计算,一般会选取一个时间的起点,即初相位 φ_0,其取值范围为 $-\pi \leqslant \varphi_0 \leqslant \pi$。如图 3-9(a)中, $\varphi_0 = 0$;如图 3-9(b)中, $\varphi_0 > 0$;如图 3-9(c)中, $\varphi_0 < 0$。

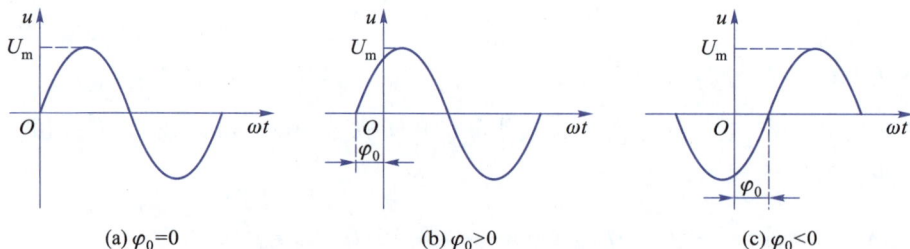

(a) $\varphi_0 = 0$ (b) $\varphi_0 > 0$ (c) $\varphi_0 < 0$

图 3-9 正弦交流电的初相位

(3)相位差:两个频率相同的交流电的相位之差,用 $\Delta\varphi$ 表示,即

$$\Delta\varphi = (\omega t + \varphi_{01}) - (\omega t + \varphi_{02}) = \varphi_{01} - \varphi_{02} \qquad (3-11)$$

由相位差的定义可知,只能计算两个同频率正弦量的相位差,相位差 $\Delta\varphi$ 的大小与时间 t 和角频率 ω 无关,仅取决于两个同频率正弦量的初相位。相位差的取值范围为: $-\pi \leqslant \Delta\varphi \leqslant \pi$。

如图 3-10 所示,根据相位差 $\Delta\varphi$ 的不同,可将两个正弦交流电的相位关系分为以下几种情况。

① $\Delta\varphi = 0$,则称两个正弦交流电同相。

② $\Delta\varphi = \pm\pi$，则称第 1 个正弦交流电与第 2 个正弦交流电反相。

③ $\Delta\varphi = \pm\dfrac{\pi}{2}$，则称第 1 个正弦交流电与第 2 个正弦交流电正交。

④ $\Delta\varphi > 0$，则称第 1 个正弦交流电比第 2 个正弦交流电超前 $\Delta\varphi$。

⑤ $\Delta\varphi < 0$，则称第 1 个正弦交流电比第 2 个正弦交流电滞后 $\Delta\varphi$。

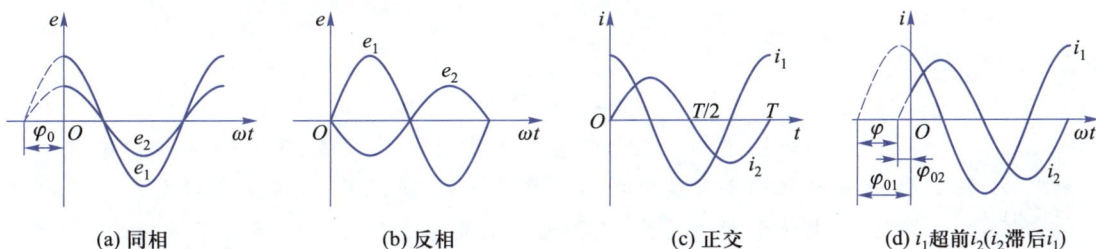

(a) 同相　　　　　　(b) 反相　　　　　　(c) 正交　　　　(d) i_1 超前 i_2(i_2 滞后 i_1)

图 3-10　正弦量的相位关系

例 3-1　已知两正弦交流电电动势分别为 $e_1 = 311\sin\left(100\pi t + \dfrac{\pi}{3}\right)$ V，$e_2 = 100\sin\left(100\pi t - \dfrac{\pi}{6}\right)$ V，试求：（1）最大值；（2）有效值；（3）频率；（4）相位；（5）初相位；（6）相位差，并说明两者的相位关系。

解：

（1）最大值为　　　　　$E_{1m} = 311$ V　　　　　　　　$E_{2m} = 100$ V

（2）有效值为　　$E_1 = \dfrac{E_{1m}}{\sqrt{2}} = \dfrac{311}{\sqrt{2}}$ V ≈ 220 V　　$E_2 = \dfrac{E_{2m}}{\sqrt{2}} = \dfrac{100}{\sqrt{2}}$ V ≈ 70.7 V

（3）频率为　　　　　　$f_1 = f_2 = \dfrac{\omega}{2\pi} = \dfrac{100\pi}{2\pi}$ Hz $= 50$ Hz

（4）相位为　　　　　$\alpha_1 = 100\pi t + \dfrac{\pi}{3}$　　　　　　$\alpha_2 = 100\pi t - \dfrac{\pi}{6}$

（5）初相位为　　　　　$\varphi_{01} = \dfrac{\pi}{3}$　　　　　　　　$\varphi_{02} = -\dfrac{\pi}{6}$

（6）相位差为　　　$\Delta\varphi = \varphi_{01} - \varphi_{02} = \dfrac{\pi}{3} - \left(-\dfrac{\pi}{6}\right) = \dfrac{\pi}{2}$

e_1 超前于 e_2，此时两正弦交流电正交。

例 3-1 中，电动势 e_1 的有效值为 220 V、频率为 50 Hz，即国内目前普遍使用的工业和民用交流电，亦称单相电源工频电压。

图 3-11 所示为某电器铭牌，其电源标识为：220 V/50 Hz。在实际应用中，对于单相交流负载，如家用照明灯、电冰箱等，一般不关注其单相交流电的初相位，只关注其相位关系，因此对单相正弦交流电源的标注，在实际应用中标注电压和频率即可，且电压为有效值。

××冰箱×××-208B/HC
总有效容积：208L
冷冻室有效容积：97L
冷冻能力：5.25kg/24h
电源：220V/50Hz
额定输入功率：140W
耗电量：1.00kWh/24h
净重：58kg

图 3-11　某电器铭牌

3.3

正弦交流电的表示方法

⚙ 话题引入

视频：单相
正弦交流电
路王国初探

　　如前所述，单相交流电的参数至少包括最大值、角频率和初相位 3 个要素，但是如果两个交流电之间需要进行加、减运算，或者某交流电路中需要计算电压、电流之间的关系，直接通过三要素进行运算显然是不方便的。此时，需要将正弦交流电用适当的方式表示出来。正弦交流电常用的表示方法有 3种：解析式表示法、波形图表示法和相量表示法。其中，解析式表示法是最直观、简便的表示方法，相量表示法可以将交流电之间的运算进行简化。

3.3.1　解析式表示法

解析式表示法是表示正弦交流电最简洁同时也是最精确的表示法即

$$u = U_m \sin(\omega t + \varphi_0) \quad i = I_m \sin(\omega t + \varphi_0) \quad e = E_m \sin(\omega t + \varphi_0) \tag{3-12}$$

已知交流电的有效值（或最大值）、频率（或周期、角频率）和初相，就可写出它的解析式，从而也可算出交流电任意瞬时的瞬时值。

　　例 3-2　已知某正弦交流电流的最大值是 2 A，频率为 100 Hz，设初相位为 60°，则该电流的瞬时表达式为

$$i = I_m \sin(\omega t + \varphi_0) = 2\sin(2\pi \times 100t + 60°) \text{ A} = 2\sin(200\pi t + 60°) \text{ A}$$

3.3.2　波形图表示法

　　解析式表示法在表示正弦交流电时非常直观，但如果需要清晰地展示交流电随着时间的变化规律，则需要用到波形图表示法。以时间 t 或 ωt 为横坐标，以交流电的瞬时值 u, e, i 为纵坐标所绘制的交流电的波形图，称为交流电的波形图表示法，如图 3-12 所示，从波形图中可直观地看出正弦交流电的最大值、初相位 φ_0 和角频率 ω。

3.3.3　相量表示法

　　既有大小又有方向的物理量称为矢量，如风，既有大小（如 2 级风）又有方向（如东南）。相量是用以表示正弦量大小和相位的矢量。

　　正弦交流电的相量是在大写字母上加"·"表示，如最大值的相量符号为 $\dot{E}_m$、$\dot{U}_m$、$\dot{I}_m$；有效值的相量符号为 $\dot{E}$、$\dot{U}$、$\dot{I}$。以式（3-12）为例，则正弦交

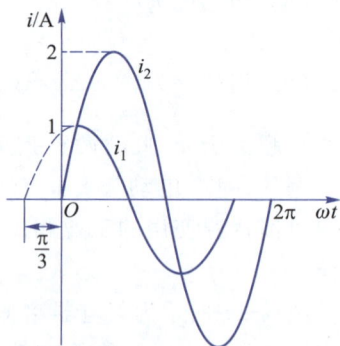

图 3-12　正弦交流电的波形图表示法

流电的相量分别可表示为

$$\dot{U}_m = U_m \underline{/\varphi_u} \quad \dot{I}_m = I_m \underline{/\varphi_i} \quad \dot{E}_m = E_m \underline{/\varphi_e} \tag{3-13}$$

$$\dot{U} = U \underline{/\varphi_u} \quad \dot{I} = I \underline{/\varphi_i} \quad \dot{E} = E \underline{/\varphi_e} \tag{3-14}$$

由式（3-13）可知，正弦交流电最大值相量的模值表示了正弦交流电的最大值，其辐角 φ 表示了正弦交流电的初相位。

按照各正弦量的大小和相位关系，用有向线段画出的若干相量的图形称为相量图。在相量图上能形象地看出各正弦量的大小和相互间的相位关系。

如图 3-13 所示，以正弦交流电最大值的相量为例，画法如下。

（1）用虚线表示基准线，即 x 轴。

（2）确定并画出有向线段的长度单位。

（3）从原点出发，有几个正弦量就画出几条有向线段，它们与基准线的夹角分别为各自的初相位。规定逆时针方向的角度为正，顺时针方向的角度为负。

（4）按画好的长度单位和各正弦量的最大值取各线段的长度，在线段末端加箭头。

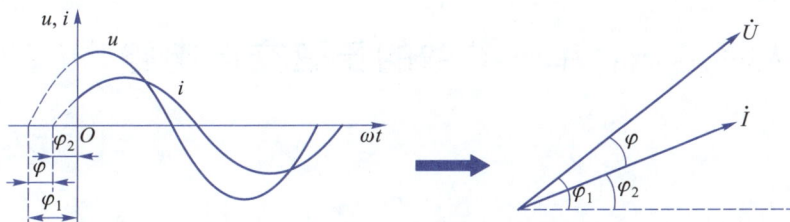

图 3-13 正弦交流电相量图的绘制

从相量图上可判断两个正弦交流电的相位关系，图 3-13 中，逆时针在前的为超前，则图示相位关系为：电压 u 超前电流 i 角 φ。

例 3-3 已知两交变电流的解析式分别为 $i_1 = 4\sin\left(\omega t + \dfrac{\pi}{4}\right)$ A，$i_2 = 3\sin\left(\omega t - \dfrac{\pi}{4}\right)$ A，试画出相量图并求其相量和。

解：（1）求出 i_1、i_2 各自的相量，即

$$\dot{I}_{1m} = 4 \underline{/\dfrac{\pi}{4}} \text{ A} \qquad \dot{I}_{2m} = 3 \underline{/-\dfrac{\pi}{4}} \text{ A}$$

（2）根据上述方法，画出电流 i_1，i_2 的相量图如图 3-14 所示，图中 OA 为 $\dot{I}_{1m}$，OB 为 $\dot{I}_{2m}$。

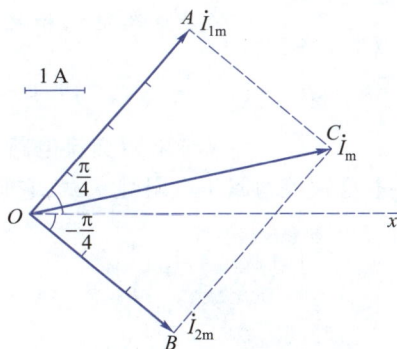

图 3-14 例 3-3 相量图

（3）求解电流 i_1，i_2 的总电流大小，即

$$i = i_1 + i_1 = 4\sin\left(\omega t + \dfrac{\pi}{4}\right) \text{ A} + 3\sin\left(\omega t - \dfrac{\pi}{4}\right) \text{ A}$$

$$= 4\left(\sin\omega t\cos\dfrac{\pi}{4} + \cos\omega t\sin\dfrac{\pi}{4}\right) \text{ A} + 3\left(\sin\omega t\cos\dfrac{\pi}{4} - \cos\omega t\sin\dfrac{\pi}{4}\right) \text{ A}$$

$$= 4\left(\frac{\sqrt{2}}{2}\sin \omega t + \frac{\sqrt{2}}{2}\cos \omega t\right) A + 3\left(\frac{\sqrt{2}}{2}\sin \omega t - \frac{\sqrt{2}}{2}\cos \omega t\right) A$$

$$= \frac{7\sqrt{2}}{2}\sin \omega t\ A + \frac{\sqrt{2}}{2}\cos \omega t\ A = 5\left(\frac{7\sqrt{2}}{10}\sin \omega t + \frac{\sqrt{2}}{10}\cos \omega t\right) A$$

$$= 5\sin(\omega t + 8.1°)\ A$$

则相量和为 $\dot{I} = 5 \underline{/8.1°}$ A,其相量图如图 3-14 中 OC 所示。

由图 3-14 可知,和相量 $\dot{I}$ 是以两个相量 $\dot{I}_1$、$\dot{I}_2$ 为边所组成的平行四边形从原点出发的对角线,即两个相量相加,其和相量是以两个相量为边所组成的平行四边形的对角线。此方法在求解两个同频率正弦量加法和减法中应用非常广泛。

需要注意,由于相量图中没有体现正弦交流电的频率,因此只有相同频率的正弦交流电才能画在同一相量图中。

3.4

大将之一：单一参数的正弦交流电路

⚙ 话题引入

正弦交流电路中,常见的电路元件有电阻、电容和电感等。对于只含有单一元件的正弦交流电路,称为单一参数的正弦交流电路。单一参数的正弦交流电路的分析是计算正弦交流电路的基础,本部分主要讨论单一参数的正弦交流电路电压和电流的关系。

视频: 大将之一: 单一参数的正弦交流电路

3.4.1 纯电阻交流电路

纯电阻交流电路是最简单的交流电路,日常生活中接触到的白炽灯、电炉、电烙铁等均属于电阻性负载,它们与电源连接组成的电路为纯电阻交流电路。图 3-15

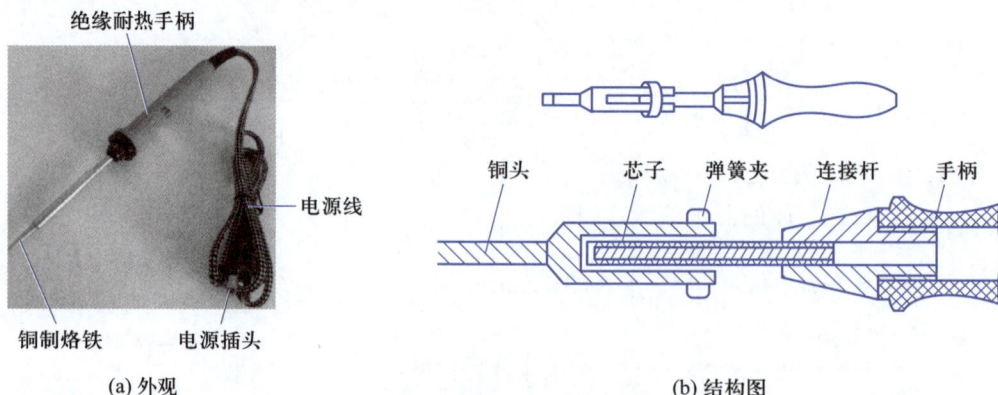

绝缘耐热手柄
电源线
铜制烙铁
电源插头
(a) 外观

铜头 芯子 弹簧夹 连接杆 手柄
(b) 结构图

图 3-15 电烙铁的外观及结构图

所示为电烙铁的外观及结构图。电烙铁的核心部分为与电源相连接的发热元件：芯子。发热元件是电烙铁中的能量转换部分，一般是将镍铬发热电阻丝缠在云母、陶瓷等耐热、绝缘材料上构成的，可以视为纯电阻性负载。

图 3-16 所示为纯电阻电路及其电压、电流的波形图和相量图。

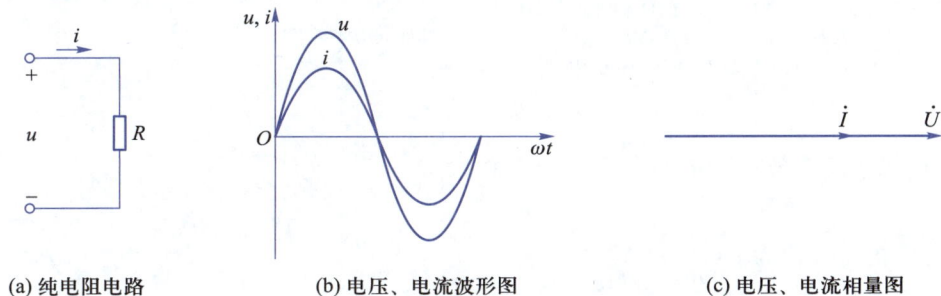

(a) 纯电阻电路   (b) 电压、电流波形图   (c) 电压、电流相量图

图 3-16　纯电阻电路及其电压、电流的波形图和相量图

1. 电压与电流的关系

在图 3-16 中，设加在电阻两端的交流电压为

$$u_R = U_{Rm} \sin \omega t \tag{3-15}$$

在任意时刻，电阻上电压与电流的瞬时值符合欧姆定律，即

$$i_R = \frac{u_R}{R} = \frac{U_{Rm}}{R} \sin \omega t = I_{Rm} \sin \omega t \tag{3-16}$$

对比式（3-15）和式（3-16）可知，在仅含有电阻的正弦交流电路中有以下结论。

（1）电压与电流最大值和有效值的关系为

$$I_{Rm} = \frac{U_{Rm}}{R}, \quad I_R = \frac{U_R}{R} \tag{3-17}$$

即电压和电流的最大值和有效值之间均符合欧姆定律。

（2）电阻的电压与电流频率相同。

（3）电压与电流的相位相同，即电压与电流同相（见图 3-16）。

2. 电路中的功率

根据功率的定义，在任意时刻，纯电阻正弦交流电路中，电阻消耗的瞬时功率为

$$p = u_R i_R = U_{Rm} \sin \omega t \cdot I_{Rm} \sin \omega t = = U_{Rm} I_{Rm} (1 - \cos 2\omega t) \tag{3-18}$$

式中，u_R、i_R 为电阻上电压、电流的瞬时值；U_{Rm}、I_{Rm} 为电阻上电压、电流的最大值。

根据式（3-18），绘制纯电阻电路的瞬时功率波形图如图 3-17 所示。

由图 3-17 可知，在一个完整周期内，尽管电阻上的电压和电流值可能为负值，但其功率始终为正值（零值除外）。从功率的定义可知，不论电阻中电压、电流大小和方向如何，交流电路中的电阻总是在从电源吸收能量，因此电阻是一种耗能元件。

为了便于测量和计算交流电路的功率，将交流电的功率定义为一个周期内瞬时功率的平均值，即平均功率，用符号 P 表示，单位为 W（瓦）或 kW（千瓦）。

$$P = \int_0^T p \, dt = \int_0^T U_{Rm} I_{Rm} (1 - \cos 2\omega t) \, dt$$

$$= \frac{1}{2} U_{Rm} I_{Rm} = U_R I_R = I_R^2 R = \frac{U_R^2}{R} \tag{3-19}$$

式中，U_R，I_R为电阻上电压、电流的有效值。

由式(3-19)可知，在交流电路中，电阻消耗的平均功率为电阻上电流和电压有效值的乘积，也是电流和电压最大值乘积的一半，因此平均功率又称有功功率，简称功率。通常电气设备上所标的功率均是指平均功率，平均功率反映了电阻元件实际消耗的功率。

例 3-4　将一个阻值为 110 Ω 的电阻丝，接到电源 $u = 220\sqrt{2}\sin 314t$ V 上，试求电阻的电流及功率。

解： 电源电压有效值为 $U = \dfrac{220\sqrt{2}}{\sqrt{2}}$ V = 220 V，

电阻中电流的有效值为 $I = \dfrac{U}{R} = 2$ A。

由于电阻中电流频率及初相位与电压相同，因此电流解析式为

$$i = 2\sqrt{2}\sin 314t \text{ A}$$

电阻的平均功率为 $P = U \cdot I = 440$ W。

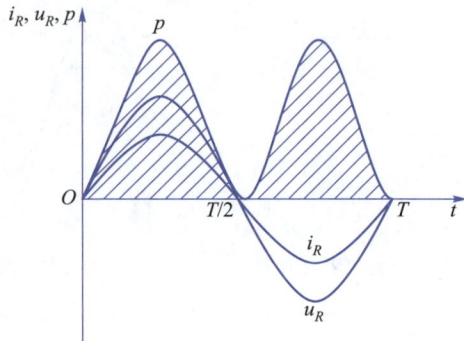

图 3-17　纯电阻电路的电压、电流、功率波形图

3.4.2　纯电感交流电路

在直流电路中，如果只存在电感元件，这种情况可以被视为短路，因此可以说电感对直流电不存在阻碍作用。图 3-18 所示为某小型电动机线圈实物图，一个线圈可以等效为一个电阻与一个电感的串联，因为电阻较小，如果将线圈的电阻略去不计，则线圈仅含有电感，这种线圈被认为是纯电感线圈。日常中接触到的如电动机、变压器的线圈等均属于电感元件。然而电感在交流电路中却不能被视为短路，在学习交流电路中电感元件的性质之前，首先要了解纯电感交流电路中电压、电流的关系以及功率是如何分析计算的。

图 3-18　某小型电动机线圈实物图

图 3-19 所示为纯电感电路及其电压、电流的波形图和相量图。

1. 电压与电流的关系

在图 3-19 中，设加在电感两端的交流电流为

$$i_L = I_{Lm}\sin \omega t \tag{3-20}$$

在任意时刻，电感 L 上电压与电流的瞬时值符合电感上电压与电流基本关系 $u_L = L \cdot \dfrac{\mathrm{d}i_L}{\mathrm{d}t}$，即

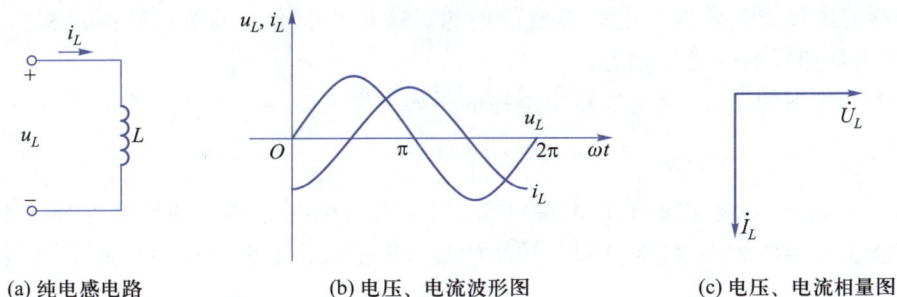

(a) 纯电感电路　　(b) 电压、电流波形图　　(c) 电压、电流相量图

图 3-19　纯电感电路及其电压、电流的波形图和相量图

$$u_L = L \cdot \frac{\mathrm{d}(I_{Lm}\sin\omega t)}{\mathrm{d}t} = \omega L I_{Lm}\cos\omega t$$

$$= \omega L I_{Lm}\sin(\omega t + 90°) = U_{Lm}\sin(\omega t + 90°) \tag{3-21}$$

对比式（3-20）和式（3-21）可知，在仅含有电感的正弦交流电路中有以下结论。

（1）电压与电流最大值和有效值的关系为

$$U_{Lm} = \omega L I_{Lm} = X_L I_{Lm}, \quad U_L = \omega L I_L = X_L I_L \tag{3-22}$$

式中，$X_L = \omega L = 2\pi f L$ 称为感抗，单位为 Ω（欧姆），表示线圈对交流电阻碍作用的大小。由式（3-22）可知，感抗的数值随着交流电源频率的升高而增大，因此在交流电路中电感具有通低频阻高频的特性。直流电路中，电源频率为 0，感抗为 0，即电感对直流电路没有阻碍作用，可视为短路。

（2）电压与电流的频率相同。

（3）电压的相位超前电流相位 90°（见图 3-20）。

2. 电路中的功率

根据功率的定义，在任意时刻，纯电感正弦交流电路中，电感消耗的瞬时功率为

$$p = u_L i_L = U_{Lm}I_{Lm}\sin\omega t\sin(\omega t + 90°)$$

$$= U_{Lm}I_{Lm}\sin\omega t\cos\omega t = \frac{U_{Lm}I_{Lm}}{2}\sin 2\omega t$$

$$= U_L I_L \sin 2\omega t \tag{3-23}$$

式中，u_L、i_L 为电感上电压、电流的瞬时值；U_{Lm}、I_{Lm} 为电阻上电压、电流的最大值；U_L、I_L 为电阻上电压、电流的有效值。

根据式（3-23），绘制电感的瞬时功率波形图如图 3-20 所示。

由图 3-20 可知，在第一个和第三个 1/4 周期，随着电流逐渐增大，电感中的磁场开始建立，瞬时功率 p 为正值（u_L 和 i_L 的瞬时值正、负号相同），电感从电源吸收能量，并转换为磁场能量；在第二个和第四个 1/4 周期内，随着电流减小，p 为负值（u_L 和 i_L 的瞬时值一正一负），磁场在减弱，

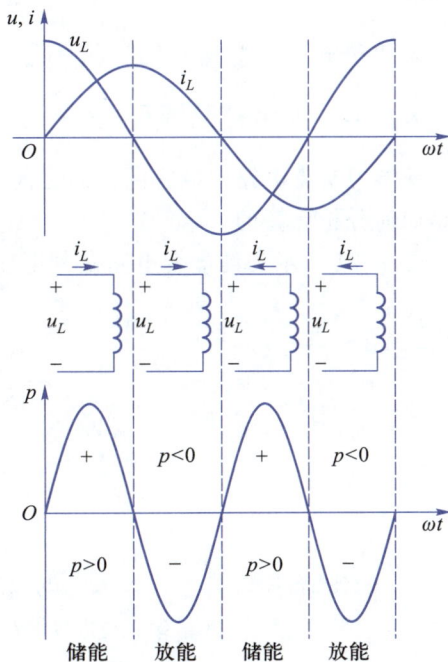

图 3-20　纯电感电路的电压、电流、功率波形图

61

电感将储存的磁场能量转换为电能释放给电源。这是一个可逆的能量转换过程,在一个周期内,电感吸收和释放的能量相等。

根据平均功率的定义,交流电路中电感的平均功率为

$$P = \int p\,\mathrm{d}t = 0 \tag{3-24}$$

由式(3-24)可知,电感不消耗电源能量,但是它与电源之间存在能量互换。工程中为衡量电感能量互换的大小,将电感瞬时功率的最大值定义为电感的无功功率,用 Q 表示,即

$$Q = U_L I_L = I_L^2 X_L = \frac{U_L^2}{X_L} \tag{3-25}$$

无功功率的单位是 var(乏)、kvar(千乏)。

应当注意,"无功"表示的是"交换",它是相对于"有功"的"消耗"而言,不能简单理解为"无用",具有电感性质的变压器、电动机等都是通过电磁转换的原理工作的。

例 3-5 已知一电感 $L = 80$ mH,外加电压 $u_L = 50\sqrt{2}\sin(314t+65°)$ V。试求:(1)感抗 X_L;(2)电感中的电流 i_L;(3)电路的有功功率和无功功率。

解:

感抗 $\qquad\qquad X_L = \omega L = 314 \times 0.08\ \Omega = 25\ \Omega$

电感中电流有效值 $\qquad I_L = \dfrac{U}{X_L} = \dfrac{50}{25}\ \mathrm{A} = 2\ \mathrm{A}$

电流初相位 $\qquad\qquad \varphi_{iL} = \varphi_{uL} - 90° = -25°$

电流 $\qquad\qquad i_L = 2\sqrt{2}\sin(314t-25°)\ \mathrm{A}$

电感元件不消耗功率,因此有功功率

$$P_L = 0\ \mathrm{W}$$

无功功率 $\qquad Q_L = U_L I_L = 50 \cdot 2\ \mathrm{var} = 100\ \mathrm{var}$

3.4.3　纯电容交流电路

在学习交流电路中电容的性质之前,首先要了解纯电容电路中电压、电流的关系以及功率是如何分析计算的。

图 3-21 所示为纯电容电路及其电压、电流的波形图和相量图。

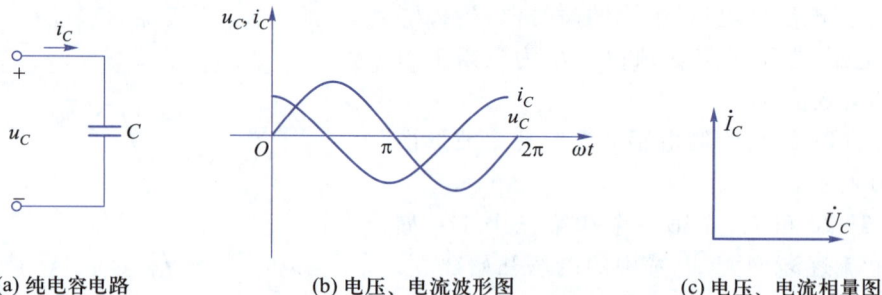

(a) 纯电容电路　　　(b) 电压、电流波形图　　　(c) 电压、电流相量图

图 3-21　纯电容电路及其电压、电流的波形图和相量图

1. 电压与电流的关系

在图 3-21 中,设加在电容两端的交流电压为

$$u_C = U_{Cm}\sin \omega t \tag{3-26}$$

在任意时刻,电容上电压与电流的瞬时值符合电容上电压与电流基本关系 $i_C = C\dfrac{\mathrm{d}u_C}{\mathrm{d}t}$,即

$$i_C = C\frac{\mathrm{d}(U_{Cm}\sin \omega t)}{\mathrm{d}t}$$

$$= \omega CU_{Cm}\cos \omega t = \omega CU_{Cm}\sin(\omega t+90°) = I_{Cm}\sin(\omega t+90°) \tag{3-27}$$

对比式(3-26)和式(3-27)可知,在纯电容电路中有以下结论。

(1)电压与电流最大值和有效值的关系为

$$U_{Cm} = \frac{1}{\omega C}\cdot I_{Cm} = X_C I_{Cm}$$

$$U_C = \frac{1}{\omega C}\cdot I_C = X_C I_C \tag{3-28}$$

式中,$X_C = \dfrac{1}{\omega C} = \dfrac{1}{2\pi fC}$ 称为容抗,单位为 Ω(欧姆),表示电容对交流电起阻碍作用。由式(3-28)可知,容抗的数值随着交流电源频率的升高而减小,因此在交流电路中电容具有通高频阻低频的特性。直流电路中,由于电源频率为 0,容抗为无穷大,因此电容在直流电路中可视为断路。

(2)电压与电流的频率相同。

(3)电压的相位滞后电流相位 90°(见图 3-22)。

2. 电路中的功率

根据功率的定义,在任意时刻,纯电容正弦交流电路中,电容消耗的瞬时功率为

$$p = u_C i_C = U_{Cm}\sin \omega t\cdot I_{Cm}\sin(\omega t+90°) = U_{Cm}\cdot I_{Cm}\sin \omega t\cos \omega t$$

$$= \frac{1}{2}U_{Cm}\cdot I_{Cm}\sin 2\omega t = U_C I_C\sin 2\omega t \tag{3-29}$$

式中,u_C,i_C 为电容上电压、电流的瞬时值;U_{Cm},I_{Cm} 为电容上电压、电流的最大值;U_C,I_C 为电容上电压、电流的有效值。

根据式(3-29),绘制纯电容电路的瞬时功率波形图如图 3-22 所示。

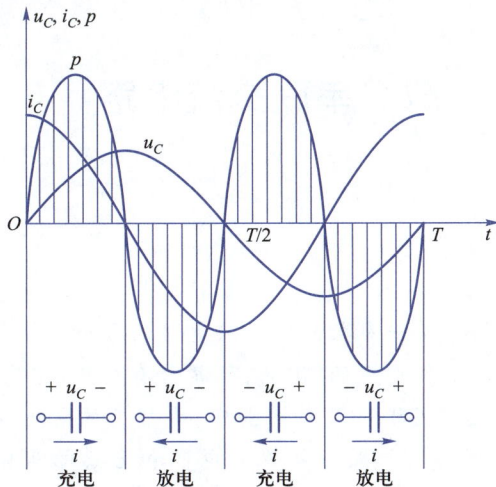

图 3-22 纯电容电路的电压、电流、功率波形图

由图 3-22 可知,在第一个和第三个 1/4 周期,电容两端的电压值从 0 开始增大(电压方向不同,但数值变化相同),电容吸收电能并转换为电场能,瞬时功率 p 为正值(电容两端电压和电流的方向相同);在第二个和第四个 1/4 周期内,电容两端的电压值开始降低,电容将储存的电场能量转换为电能释放给电源,此时瞬时功率 p 为负值(电容两端电压和电流的方向相反)。这是一个可逆的能量转换过程,在一个周期内,电容吸收和释放的能量相等。

根据平均功率的定义,交流电路中电容的平均功率为

$$P = \int p\,dt = 0 \tag{3-30}$$

由式(3-30)可知,电容不消耗电源能量,但是电容中与电源之间存在电场能量互换。为衡量能量互换的大小,将电容瞬时功率的幅值(最大值)定义为电容元件的无功功率,用 Q 表示,即

$$Q = \frac{1}{2}U_{Cm} \cdot I_{Cm} = U_C \cdot I_C = I_C^2 X_C = \frac{U_C^2}{X_C} \tag{3-31}$$

例 3-6　已知一电感 $C = 127$ pF,外加电压 $u_c = 20\sqrt{2}\sin(314t+20°)$ V。试求:(1) 容抗 X_C;(2) 电容中的电流 i_c;(3) 电路的有功功率和无功功率。

解:容抗

$$X_C = \frac{1}{\omega C} = \frac{1}{314 \times 127 \times 10^{-6}}\ \Omega = 25\ \Omega$$

电容中电流有效值

$$I_C = \frac{U}{X_C} = \frac{20}{25}\ \text{A} = 0.8\ \text{A}$$

电流初相位　　　　　$\varphi_{iC} = \varphi_{uC} + 90° = 110°$

电流　　　　　$i_c = 0.8\sqrt{2}\sin(314t+110°)$ A

电容不消耗功率,因此有功功率　　$P_C = 0$ W

无功功率　　　　　$Q_C = U_C I_C = 20 \times 0.8$ var $= 16$ var

3.5

大将之二：RLC 串联交流电路

话题引入

视频: 大将之二: RLC 串联交流电路

前述讨论了单一参数正弦交流电路的分析方法,但实际电路的模型往往是由多个电路元件组成的,因此,研究含有电阻、电感和电容的多参数电路更具有实际意义。实际的用电设备中,更常见的是电阻、电感和电容的串联场景,如电机的线圈,一般可简化为电阻和电感的串联,因此本部分主要讲解 RLC 串联交流电路分析方法,对于 RLC 并联交流电路,其分析方法与 RLC 串

联类似, 由于实际中应用较少, 这里不做分析。

图 3-23 所示为 *RLC* 串联交流电路。

1. 电流与电压关系

图 3-23 中, 设电路中电流的初相位为零, 即

$$i = I_m \sin \omega t \qquad (3-32)$$

由式 (3-15)、式 (3-16)、式 (3-20)、式 (3-21)、式 (3-26) 和式 (3-27) 可知, 电阻两端电压 u_R、电感两端电压 u_L 和电容两端电压 u_C 分别为

$$u_R = U_{Rm} \sin \omega t = R I_m \sin \omega t \qquad (3-33)$$

$$u_L = U_{Lm} \sin\left(\omega t + \frac{\pi}{2}\right) = X_L I_m \sin(\omega t + 90°) \qquad (3-34)$$

$$u_C = U_{Cm} \sin\left(\omega t - \frac{\pi}{2}\right) = X_C I_m \sin(\omega t - 90°) \qquad (3-35)$$

则总电压为

$$
\begin{aligned}
u &= u_R + u_L + u_C \\
&= R I_m \sin \omega t + X_L I_m \sin(\omega t + 90°) + X_C I_m \sin(\omega t - 90°) \\
&= U_m \sin(\omega t + \varphi)
\end{aligned} \qquad (3-36)
$$

为简化计算, 通过相量进行运算, i、u_R、u_L、u_C 的相量式分别如下

$$
\begin{aligned}
\dot{I} &= I \underline{/0°} \\
\dot{U}_R &= R\dot{I} = RI \underline{/0°} \\
\dot{U}_L &= X_L \dot{I} = X_L I \underline{/90°} \\
\dot{U}_C &= X_C \dot{I} = X_C I \underline{/-90°}
\end{aligned} \qquad (3-37)
$$

则总电压的相量为

$$\dot{U} = \dot{U}_R + \dot{U}_L + \dot{U}_C = RI \underline{/0°} + X_L I \underline{/90°} + X_C I \underline{/-90°} \qquad (3-38)$$

总电压 U 的相量图及电压三角形如图 3-24 所示。

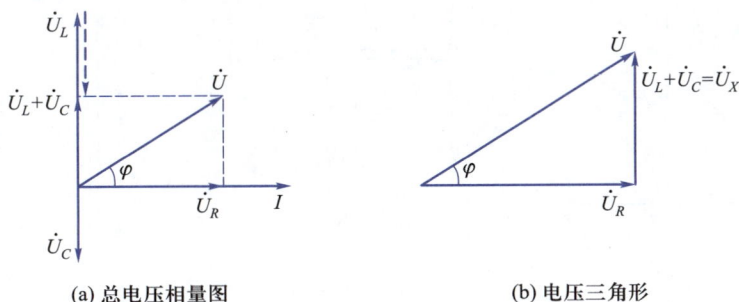

(a) 总电压相量图   (b) 电压三角形

图 3-24 总电压 *U* 的相量图及电压三角形

总电压的有效值为

$$
\begin{aligned}
U &= \sqrt{U_R^2 + U_X^2} = \sqrt{U_R^2 + (U_L + U_C)^2} \\
&= \sqrt{(RI)^2 + (X_L I + X_C I)^2} = I \sqrt{R^2 + (X_L + X_C)^2}
\end{aligned} \qquad (3-39)
$$

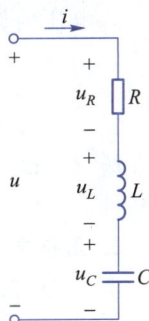

图 3-23 *RLC* 串联交流电路

总电压的初相位为

$$\varphi = \arctan \frac{U_L - U_C}{U_R} = \arctan \frac{X_L - X_C}{R} \tag{3-40}$$

$\dot{U}_L$、$\dot{U}_C$ 相位相反,两者之和称为 $\dot{U}_X$,$\dot{U}$、$\dot{U}_R$、$\dot{U}_X$ 之间可组成电压三角形,夹角 φ 为总电压初相位。

2. 阻抗之间的关系

由式(3-36)可知,总电压 U 与总电流 I 有效值的比值为

$$|Z| = \frac{U}{I} = \sqrt{R^2 + (X_L - X_C)^2} = \sqrt{R^2 + X^2} \tag{3-41}$$

式中,$|Z|$ 包含了电阻和电抗,称为交流电路的阻抗;X 为感抗和容抗之差,称为电抗。阻抗是交流电路中电阻、电感、电容对交流电的阻碍作用的统称,阻抗的大小与电路频率有关,随着电路频率的变化而变化。电抗表示的是交流电路中的电容及电感对电流的阻碍作用并引起电路中电流与电压的相位变化,电抗也随着交流电路频率变化而变化。阻抗和电抗的单位均为 Ω（欧姆）。如图3-25所示,电阻、电抗、阻抗之间可组成阻抗三角形,夹角 φ 为总电压初相位,显然,电压三角形和阻抗三角形为相似直角三角形。

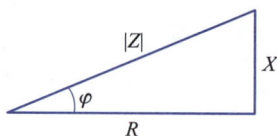

图 3-25　阻抗三角形

3. 电路的3种性质

如式(3-38)所示,电压的初相位 φ 角(即电压与电流的相位差),其正负和大小由电路电抗的性质决定,具体有以下3种形式。

（1）当 $X_L > X_C$ 时,$\varphi > 0$,总电压 u 的相位超前电流 i,如图3-26(a)所示,这种电路称为电感性电路,也可称电路呈感性。

（2）当 $X_L < X_C$ 时,$\varphi < 0$,总电压 u 的相位滞后电流 i,如图3-26(b)所示,这种电路称为电容性电路,也可称电路呈容性。

（3）当 $X_L = X_C$ 时,$\varphi = 0$,总电压 u 的相位与电流 i 同相,如图3-26(c)所示,这种电路称为电阻性电路,也可称电路呈阻性。电阻性电路是电路的特殊情况,称为电路的谐振现象。

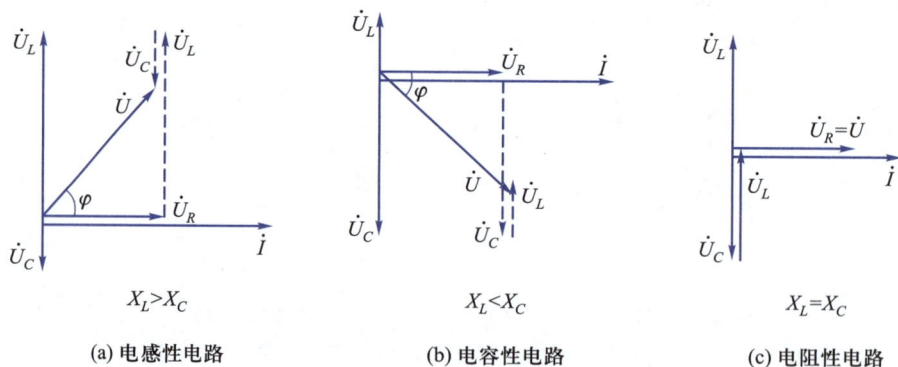

(a)电感性电路　　(b)电容性电路　　(c)电阻性电路

图 3-26　电路的3种性质

4. 电路中的功率

根据前述内容可知,电气设备及负载都要提供或吸收一定的功率。由于电路中负载性

质不同,它们的功率性质及大小也各自不同,因此要对电路中的不同功率进行分析。

RLC 串联交流电路中,既存在实际消耗电能并将电能转换为热能的电阻,也存在与电源进行能量互换的电感和电容,同时对于实际的电类负载,如电动机,还会将电能转换为动能或势能,因此在交流电路中,既存在有功功率,又存在无功功率,需要根据不同功率分别进行计算和分析。

（1）瞬时功率 p

RLC 串联交流电路的瞬时功率为

$$p = u \cdot i = (u_R + u_L + u_C)i = u_R i + u_L i + u_C i = p_R + p_L + p_C \tag{3-42}$$

式中,p_R、p_L、p_C 分别表示电阻、电感和电容的瞬时功率。显然,任意时刻,电源提供的能量,一部分被电阻消耗,一部分与电感和电容进行能量互换。

（2）有功功率 P

在 *RLC* 串联交流电路中,由于电感和电容只进行能量互换,未消耗功率,则串联电路中一个周期内消耗的平均功率为

$$P = \frac{1}{T}\int_0^T (u_R + u_L + u_C)i\,\mathrm{d}t = \frac{1}{T}\int_0^T u_R i\,\mathrm{d}t = U_R I = I^2 R = \frac{U_R^2}{R} \tag{3-43}$$

由图 3-24（b）所示的电压三角形可知,电阻上电压有效值 U_R 为

$$U_R = U\cos\varphi \tag{3-44}$$

由式（3-43）和式（3-44）可知

$$P = UI\cos\varphi \tag{3-45}$$

式中,$\cos\varphi$ 称为交流电路的功率因数,角度 φ 称为功率因数角。

（3）无功功率 Q

图 3-27 所示为电感、电容功率曲线,由图可知,电感和电容均与电源进行能量交换。在 *RLC* 串联电路中,电感和电容中的电流为同一电流,电感电压 u_L 与电容电压 u_C 反相,则当电感的无功功率 Q_L 为正值（吸收功率）时,电容的无功功率 Q_C 为负值（释放功率）,当电感的无功功率 Q_L 为负值（释放功率）时,电容的功率 Q_C 为正值（吸收功率）,因此,*RLC* 串联交流电路总无功功率为 Q_L 与 Q_C 之差,即

$$Q = Q_L - Q_C = U_L I - U_C I = (U_L - U_C)I = U_X I \tag{3-46}$$

由图 3-24（b）所示的电压三角形可知,U_X 为

$$U_X = U\sin\varphi \tag{3-47}$$

由式（3-46）和式（3-47）可知

$$Q = UI\sin\varphi \tag{3-48}$$

由式（3-46）可知以下结论。

在感性电路中,$U_L > U_C$,则 $Q = Q_L - Q_C > 0$,无功功率为正值。

在容性电路中,$U_L < U_C$,则 $Q = Q_L - Q_C < 0$,无功功率为负值。

在阻性电路中,$U_L = U_C$,则 $Q = Q_L - Q_C = 0$,无功功率为零。

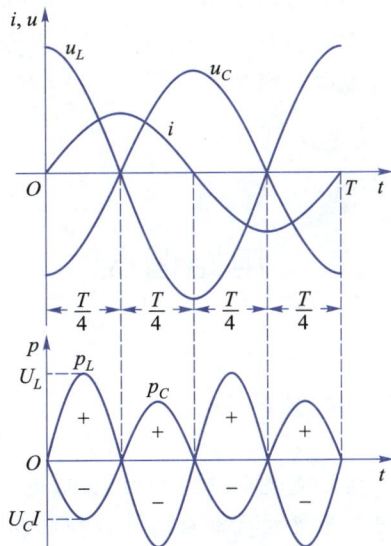

图 3-27 电感、电容功率曲线

（4）视在功率 S

在交流电路中,将电压有效值与电流有效值的乘积定义为视在功率,用符号 S 表示,单位为 V·A（伏安）,即

$$S = UI \tag{3-49}$$

由式（3-45）、式（3-48）和式（3-49）可知,有功功率 P、无功功率 Q 和视在功率 S 可组成一个功率三角形,如图 3-28 所示,显然,功率三角形、电压三角形和阻抗三角形互为相似直角三角形。

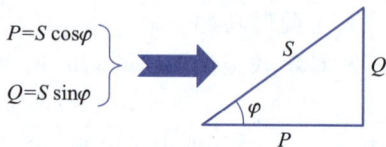

图 3-28 功率三角形

例 3-7 在 RLC 串联交流电路中,交流电源电压 $U = 220$ V,频率 $f = 50$ Hz,电阻 $R = 30$ Ω,电感 $L = 455$ mH,电容 $C = 32$ μF,试求:（1）电路中电流 I;（2）总电压与电流的相位差;（3）各元件上的电压;（4）电路的有功功率、无功功率、视在功率。

解:（1）感抗 $X_L = \omega L = 2\pi fL = 2 \times 3.14 \times 50 \times 455 \times 10^{-3}$ Ω ≈ 140 Ω

容抗 $$X_C = \frac{1}{\omega C} = \frac{1}{2\pi fC} = \frac{1}{2 \times 3.14 \times 50 \times 32 \times 10^{-6}} \text{ Ω} \approx 100 \text{ Ω}$$

电抗 $$|Z| = \sqrt{R^2 + (X_L - X_C)^2} = \sqrt{30^2 + 40^2} \text{ Ω} = 50 \text{ Ω}$$

电流 $$I = \frac{U}{|Z|} = 4.4 \text{ A}$$

（2）相位差 $$\varphi = \arctan\frac{X_L - X_C}{R} = \arctan\frac{40}{30} = 53.1°$$

（3）电阻电压 $$U_R = IR = 132 \text{ V}$$

电感电压 $$U_L = IX_L = 616 \text{ V}$$

电容电压 $$U_C = IX_C = 440 \text{ V}$$

（4）有功功率 $$P = U_R I = 132 \times 4.4 \text{ W} = 580.8 \text{ W}$$

无功功率 $$Q = (U_L - U_C)I = (616 - 440) \times 4.4 \text{ var} = 774.4 \text{ var}$$

视在功率 $$S = UI = 220 \times 4.4 \text{ V·A} = 968 \text{ V·A}$$

3.6
电路谐振

⚙ **话题引入**

实际交流电路通常由电阻、电容和电感共同组成,其总电压与总电流一般情况下存在相位差。如果交流电路的电源频率和电路参数满足一定条件,那么总电压和总电流会形成同相位,此时电路呈阻性,这种现象称为电路的谐振状态,这种电路称为谐振电路。谐振电路在工业生产和日常生活中有着广泛的应用,如用于高频淬火、高频加热以及收音机和电视机中。谐振电路有其特殊的性质和分析方法,按照电路元件之间连接方式的不同可将其分为

串联谐振和并联谐振。

3.6.1 串联谐振

图 3-29 所示为串联谐振电路及其电压、电流相量图。

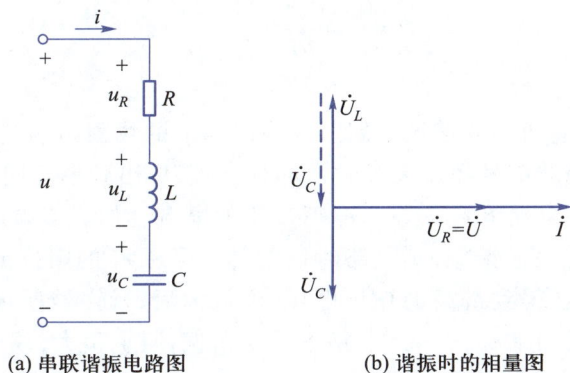

(a) 串联谐振电路图   (b) 谐振时的相量图

图 3-29 串联谐振电路及其电压、电流相量图

此时,电路中电容电压 u_C 与电感电压 u_L 大小相等、相位相反,亦即容抗与感抗相等,电路总电抗为零,即

$$\omega_0 L = \frac{1}{\omega_0 C} \tag{3-50}$$

可求得

$$\omega_0 = \frac{1}{\sqrt{LC}} \qquad\qquad f_0 = \frac{1}{2\pi\sqrt{LC}} \tag{3-51}$$

式中,f_0 称为电路的谐振频率,又称固有频率。

串联电路的谐振频率只与 L、C 的大小有关,与电阻 R 的大小无关,因此,电路频率 f 一定时,若要使电路发生谐振,可改变电路参数 L、C,使得电路的固有频率 f_0 等于电压频率 f。

串联谐振电路具备以下性质。

(1) 总电压与总电流同相位,阻抗角 $\varphi = 0$,电路呈阻性,电路的无功功率为 0。

(2) 电路阻抗最小,电流最大。串联谐振时,电抗 $X = 0$,因此阻抗取最小值,为

$$|Z| = \sqrt{R^2 + (X_L - X_C)^2} = R \tag{3-52}$$

此时,电路的电流取得最大值,称为谐振电流,其值为

$$I = I_0 = \frac{U}{R} \tag{3-53}$$

(3) 由图 3-29 所示的电压、电流相量图可知,电感端电压与电容端电压大小相等,相位相反;电阻端电压等于外加电压。

(4) 电感和电容的端电压有可能大大超过外加电压。

谐振时,电感电压与电容电压的有效值分别为

$$U_L = IX_L = \frac{U}{R} \cdot X_L \qquad\qquad U_C = IX_C = \frac{U}{R} \cdot X_C \tag{3-54}$$

当 $X_L = X_C > R$ 时,$U_L = U_C > U$。若电压过高,可能击穿电感线圈或电容的绝缘层,因此在

电力工程中,一般需要尽量避免电路发生串联谐振;而在无线电工程中,一般需要利用串联谐振获得高电压。由于谐振时电感和电容上的电压通常会高于电源电压,因此串联谐振一般又称为电压谐振。

谐振时,电感或电容端电压与外电压的比值,通常用 Q 表示,且

$$Q = \frac{U_L}{U} = \frac{X_L I}{RI} = \frac{X_L}{R} = \frac{\omega_0 L}{R} \tag{3-55}$$

Q 称为谐振电路的品质因数。

图 3-30 所示为收音机串联谐振电路。绕在磁棒上的线圈两端接上可变电容 C。当各个电台频率不同的电磁波信号经过天线时,线圈中便感应出频率不同的电动势。电路中的电流是各个频率不同的电动势 e_1、e_2、$\cdots$、e_n 所产生的电流叠加。如果调节可变电容 C,使之与某电台的信号频率 f_1 发生谐振,则电路对该电台信号源 e_1 的阻抗最小,该频率的信号电流最大,电感 L 两端便会得到最高的输出电压,经放大后,扬声器便可播出该电台的节目。而对于其他电台的信号频率 e_2、$\cdots$、e_n,电路不发生谐振,阻抗很大,故电流受到抑制,电感 L 上输出的电压就很小。因此,调节可变电容 C 的数值,电路就会对不同的频率发生谐振,从而达到选择电台的目的。谐振电路的 Q 值越大,则选频特性越好。

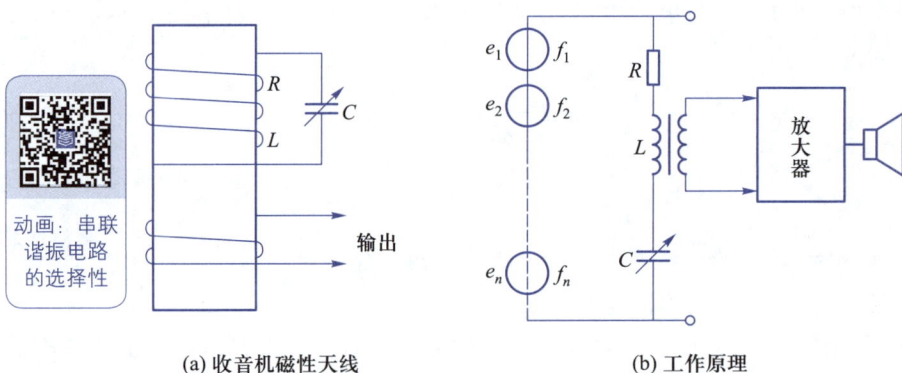

(a) 收音机磁性天线　　　　　　(b) 工作原理

图 3-30　收音机串联谐振电路

例 3-8　图 3-30 所示收音机串联谐振电路中,电感 $L = 3$ mH,可变电容 C 的可调范围为 $100 \sim 350$ pF。求该收音机可收听的频率范围。

解: 当 $C = 100$ pF 时,有

$$f_{01} = \frac{1}{2\pi\sqrt{LC}} = \frac{1}{2\pi\sqrt{3\times10^{-3}\times100\times10^{-12}}} \text{ Hz} \approx 291 \text{ kHz}$$

当 $C = 350$ pF 时,有

$$f_{01} = \frac{1}{2\pi\sqrt{LC}} = \frac{1}{2\pi\sqrt{3\times10^{-3}\times350\times10^{-12}}} \text{ Hz} \approx 155 \text{ kHz}$$

因此,该收音机可收听的频率范围为 $155 \sim 291$ kHz。

3.6.2　并联谐振

图 3-31 所示为并联谐振电路及谐振时电压、电流的相量图。

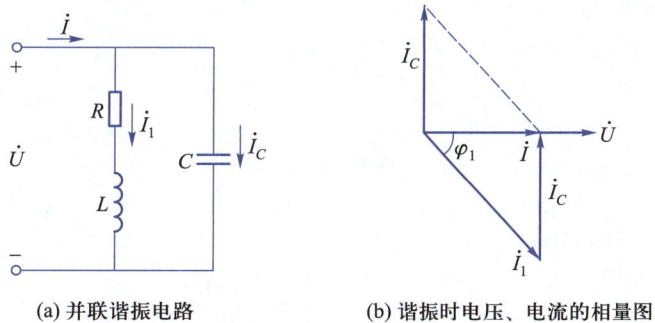

(a) 并联谐振电路   (b) 谐振时电压、电流的相量图

图 3-31 并联谐振电路图及谐振时电压、电流相量图

根据谐振条件,当电路参数和电源频率满足一定条件时,总电压与总电流相位相同,则此时整个电路呈阻性,这种谐振状态称为并联谐振。

为了计算并联谐振的条件,先计算电阻 R 与电感 L 串联支路中的电流和初相位 φ_1、电阻 R 与电感 L 串联的总阻抗 $|Z_1|$ 和电流 I_1,即

$$\varphi_1 = \arctan \frac{X_L}{R} \qquad |Z_1| = \sqrt{R^2 + X_L^2} \qquad I_1 = \frac{U}{|Z_1|} = \frac{U}{\sqrt{R^2 + X_L^2}} \tag{3-56}$$

由图 3-31 可知,串联谐振时,电路呈阻性,即

$$\sin \varphi_1 = \frac{I_C}{I_1} = \frac{(U/X_C)}{U/\sqrt{R^2+X_L^2}} = \frac{\sqrt{R^2+X_L^2}}{X_C} \tag{3-57}$$

由式(3-56)可知

$$\sin \varphi_1 = \sin\left(\arctan \frac{X_L}{R}\right) = \frac{X_L}{\sqrt{R^2+X_L^2}} \tag{3-58}$$

结合式(3-57)和式(3-58)可知,并联谐振时

$$\frac{\sqrt{R^2+X_L^2}}{X_C} = \frac{X_L}{\sqrt{R^2+X_L^2}} \tag{3-59}$$

通常,并联谐振一般发生在电感与电容并联,此时电感的电阻 R 很小,线圈的感抗 $X_C \gg R$,故式(3-59)可直接取 $R=0$,即

$$X_L \approx X_C, \quad \omega L \approx \frac{1}{\omega C} \tag{3-60}$$

进而可以计算出并联谐振时的角频率 ω_0 和谐振频率 f_0 分别为

$$\omega_0 \approx \frac{1}{\sqrt{LC}}, \quad f_0 \approx \frac{1}{2\pi\sqrt{LC}} \tag{3-61}$$

由此可见,电阻很小时,并联与串联的谐振条件基本相同,即同样的电感和电容把它们接成并联或串联时,谐振频率几乎相等。

并联谐振电路有以下性质。

(1)电流与电压同相位,电路呈阻性。

(2)并联谐振电路的阻抗最大,当电源电压一定时,电路总电流最小。

图 3-31 中,总电流为

$$I = I_1 \cdot \cos \varphi_1 = \frac{U}{\sqrt{R^2 + X_L^2}} \cdot \cos\left(\arctan \frac{X_L}{R}\right)$$

$$= \frac{U}{\sqrt{R^2 + X_L^2}} \cdot \frac{R}{\sqrt{R^2 + X_L^2}} = \frac{U}{\frac{R^2 + X_L^2}{R}} = \frac{U}{Z_0} \tag{3-62}$$

并联谐振时,电路的总阻抗 Z_0 为

$$Z_0 = \frac{R^2 + X_L^2}{R} \approx \frac{X_L^2}{R} = \frac{(\omega L)^2}{R} \tag{3-63}$$

此时,若 $R \to 0$,即 $Z_0 \to \infty$,则 $I_0 \to 0$,即并联谐振电路不允许频率为 f_0 的电流通过。

（3）电感电流与电容电流近似大小相等,相位相反。

（4）电感或电容支路的电流大小有可能大大超过总电流的大小。

并联谐振中,电感支路(或电容支路)的电流与总电流有效值的比值称为电路的品质因数 Q,则 Q 为

$$Q = \frac{I_1}{I_0} \approx \frac{\frac{U}{\omega_0 L}}{\frac{U}{Z_0}} = \frac{\frac{(\omega_0 L)^2}{R}}{\omega_0 L} = \frac{\omega_0 L}{R} \tag{3-64}$$

Q 值一般可达几十至几百,故并联谐振又称电流谐振。

并联谐振也可用来选频。图 3-32 所示为一个信号源 i_s 与电感 L 和电容 C 并联电路连接。当并联电路对其中某一频率的信号发生谐振时,会对其呈现出高阻抗,从而在信号源两端得到高电压,而对其他频率的信号则呈现低阻抗,电压很低。因此,通过更改信号源频率可以在并联谐振电路的两端把所需频率的信号选出来,其他频率的信号被抑制掉,这样就达到了选频的目的。选频特性的好坏同样由 Q 值决定。

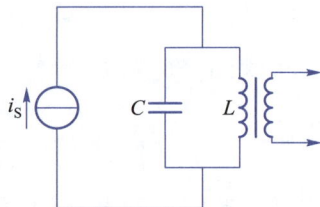

图 3-32　并联谐振选频电路

3.7

功率因数

⚙ 话题引入

在交流电路中,视在功率表示负载需要从电源获取的电能情况,有功功率表示实际被消耗的功率部分,无功功率表示储存在电感和电容中与电源进行能量互换的部分。根据负载的不同,可能存在有功功率相同但视在功率不同的情况,为了区分不同负载对电能的消耗和需求情况,引入了功率因数的概念,以此描述电气设备的工作效率。

3.7.1 功率因数的概念

交流电路中,将有功功率与视在功率的比值,定义为交流电路的功率因数 $\cos\varphi$,即

$$\frac{P}{S}=\frac{UI\cos\varphi}{UI}=\cos\varphi\leqslant 1 \tag{3-65}$$

式中,φ 称为功率因数角。

显然,当电路为阻性时,功率因数为 1,其余情况下,功率因数一般小于 1。

功率因数是衡量电气设备效率高低的一个系数。功率因数低,说明电路用于能量转换的无功功率大,从而降低电气设备的利用率,增加了供电线路损失。因此,为了提高电气设备利用率,降低线路供电损失,一般需要提高交流电路的功率因数。

例 3-9 试求例 3-7 中电路的功率因数。

解:

有功功率 $\qquad\qquad P=U_RI=132\times4.4\ \text{W}=580.8\ \text{W}$

视在功率 $\qquad\qquad S=UI=220\times4.4\ \text{W}=968\ \text{W}$

功率因数为 $\qquad\qquad \dfrac{P}{S}=\dfrac{580.8}{968}\approx 0.6$

3.7.2 提高功率因数的意义

1. 提高电源设备的利用率

电路中,用电设备实际消耗的功率是有功功率,有功功率越大,则用电设备消耗的电功率越多。用电设备从电源设备中获取的电功率为视在功率,相同的有功功率下,用电设备的功率因数越小,其视在功率越大,需要从电源设备获取的电功率就越多;反之,功率因数越大,需要从电源设备获取的电功率就越小。当功率因数为 1 时,视在功率与有功功率相等,此时视在功率取得最小值。

2. 减少线路供电损失

用电设备的电压 U、电流 I、有功功率 P 和功率因数 $\cos\varphi$ 之间的关系为

$$I=\frac{P}{U\cos\varphi} \tag{3-66}$$

显然,当有功功率 P 和电源电压 U 一定时,功率因数越大,电路中的电流越小,此时电路中传输线路等的损耗相应减小。

3.7.3 提高功率因数的方法

常用的交流电路用电设备一般为感性负载,如电动机等,为了提高其功率因数,通常有以下两种方法。

1. 并联补偿电容

图 3-33 所示为感性电路并联补偿电容电路。

电路参数一定时,补偿后的功率因数 $\cos\varphi_1$ 和补偿前的功率因数 $\cos\varphi$ 及并联电容 C 的大小的关系为

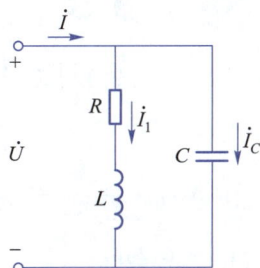

图 3-33 感性电路并联补偿电容电路

$$C = \frac{P}{2\pi f U^2}(\tan \varphi_1 - \tan \varphi) \tag{3-67}$$

2. 提高设备功率因数

工业生产中,最常用的感性负载为电动机。电动机的功率要选择合适,电动机的功率太小,不能满足生产机械的需要,太大则又会引起功率因数降低。为了提高功率因数,不要用大功率的电动机来带动小功率的负载(即不要大马拉小车)。同时,应尽量避免电动机空转。

例 3-10 某供电电源的容量 $S_N = 20 \text{ kV} \cdot \text{A}$,额定电压 $U_N = 220 \text{ V}$,频率 $f = 50 \text{ Hz}$。求:(1) 该电源的额定电流;(2) 若通过该电源给额定功率为 40 W、功率因数为 0.5 的荧光灯供电,则最多可点亮多少盏灯?此时线路中的电流是多少?(3) 若通过该电源给额定功率为 40 W、功率因数为 0.9 的荧光灯供电,则最多可点亮多少盏灯?此时线路中的电流是多少?

解:(1) 电源额定电流

$$I_N = \frac{S_N}{U_N} = \frac{20\,000}{220} \text{ A} \approx 90.9 \text{ A}$$

(2) 设最多可点亮功率因数 $\cos \varphi_1 = 0.5$ 的荧光灯为 n_1 盏,则

$$n_1 P = S_N \cos \varphi_1$$

即
$$40n_1 = 20\,000 \times 0.5$$

$$n_1 = 250 \text{ 盏}$$

此时,电路电流即为电源额定电流,即

$$I_1 = 90.9 \text{ A}$$

(3) 设最多可点亮功率因数 $\cos \varphi_2 = 0.9$ 的荧光灯为 n_2 盏,则

$$n_2 P = S_N \cos \varphi_2$$

即
$$40n_2 = 20\,000 \times 0.9$$

$$n_2 = 450 \text{ 盏}$$

此时,电路电流即为电源额定电流,即 $I_1 = 90.9 \text{ A}$

从上例可知,当功率因数提高后,同样容量的电源,能带动的负载功率和数量大幅提升,电源设备的利用率也会大幅度提高。

3.8

案例分析

3.8.1 案例 1:荧光灯如何被点亮

1. 案例叙述

图 3-34 所示的灯管称为荧光灯(或日光灯),同学们经常会在教室、图书馆等地方见到这样的灯,因其管线柔和、结构简单、光效高、寿命长等特点常被用在家庭、办公、医疗等场

所。大家是否注意过,荧光灯在开启时不像白炽灯那样直接点亮,而是闪烁几次才能亮起来,这是为什么呢?打破荧光灯,也看不到像白炽灯一样的灯丝,空空的灯管里只看到灯壁上有一层白色的粉末,那它又是如何亮起来的呢?

图 3-34 荧光灯

2. 案例分析

荧光灯是一种利用气体放电而发光的电光源,灯管被抽成真空后充入一定量氩气和少量水银蒸气,灯管两端各装有一个灯丝作电极,管的内壁涂有荧光粉。

荧光灯电路如图 3-35 所示,除了灯管,电路中还需要启辉器和镇流器,它们与灯管串联。启辉器是一个充有氖气的玻璃泡。玻璃泡内还装有一个固定的静触片和用双金属片制成的 U 形动触片,如图 3-36 所示。传统的镇流器可理解为一个电感线圈,其实物图如图 3-37 所示。

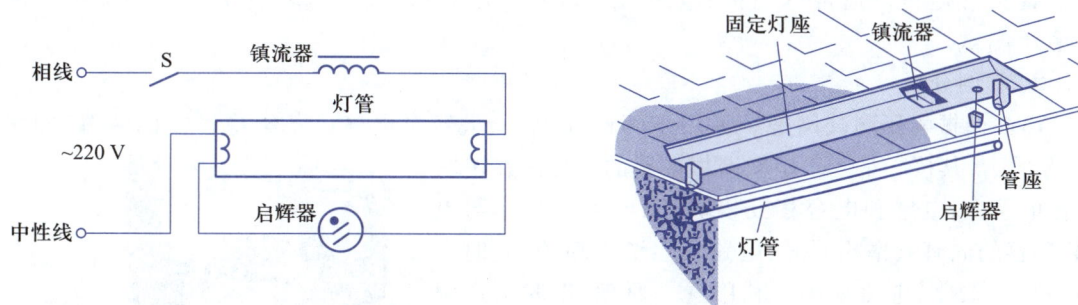

图 3-35 荧光灯电路

图 3-36 启辉器实物图和结构示意图

图 3-37 镇流器实物图

当合上开关后,220 V 交流电压全部加在启辉器的动、静触片之间而使之产生辉光放电。

放电所产生的热量使双金属片伸展而与静触片接触,电路被接通,于是有电流流过镇流器和灯管,使灯管加热并发射电子。这时启辉器辉光放电停止(启辉器分压少,辉光放电无法进行,不工作),双金属片冷却缩回,两触片分开,使镇流器因突然断电而产生较高的自感电动势,与电源电压叠加在一起,加在灯管两端,于是灯管附近的电子在高压下加速运动,使管内的氩气电离而导电,进而使管内的水银变为蒸气。最后水银蒸气也被电离导电,辐射出紫外线,激励管内壁的荧光粉发出接近日光的光线。

荧光灯正常发光后,由于交流电不断通过镇流器的线圈,线圈中产生自感电动势,自感电动势阻碍线圈中的电流变化。这时镇流器起降压限流的作用,使电流稳定在灯管的额定电流范围内,灯管两端电压也稳定在额定工作电压范围内。

随着科技发展,近些年荧光灯电路多采用电子镇流器。新型电子镇流器电路由电源电路、高频振荡器和 *LC* 串联输出电路组成,内部的电容既能起到滤波的作用,又起到功率因数的补偿和调整作用,谐振电路则可以代替启辉器,产生一个很高的电压,所以近些年的荧光灯电路就比较少见启辉器了。

3.8.2　案例2:耐压测试仪

1. 案例叙述

耐压测试是电气工程中非常重要的一项测试,其通过检验设备是否能够承受规定的工作电压,保证设备不会因为过高的电压而烧毁或者引起危害人身安全的事故。同时,耐压测试还有利于发现设备的绝缘性能是否符合规范要求,从而提前排除故障,确保设备正常运行。通常电动机、电缆、断路器、变压器、插头、插座、开关等设备都需要进行耐压测试。

2. 案例分析

串联谐振耐压测试仪是一种用于测试高电压、大容量电气设备绝缘性能的装置,如图3-38所示,其核心是基于串联谐振电路的原理。在串联谐振电路中,电感和电容相互串联,当电路的频率与电感、电容的固有频率相同时,电路发生谐振现象,此时电路的阻抗最小,电流最大。利用这一原理,串联谐振耐压测试仪可以在被测品上施加较高的电压,从而检测其绝缘性能。

串联谐振耐压测试仪主要由电源、励磁变压器、电抗器和电容分压器等部分组成。电源的作用是提供电能,励磁变压器将电源的高电压降低到适合被测品的电压等级,电抗器则与被测品电容形成串联谐振回路,电容分压器则用于测量被测品上的电压值。

图3-38　串联谐振耐压测试仪

在串联谐振状态下,被测品上的电压与电源电压的比值是一个常数,因此可以通过测量电容分压器上的电压来推算出被测品上的电压。同时,由于串联谐振电路的阻抗很小,因此可以在被测品上施加较高的电压,从而更好地检测其绝缘性能。

3.9 技能训练

3.9.1 技能训练 1:开关的安装

1. 实训目标

（1）了解常见开关原理及使用注意事项。

（2）掌握常见开关安装方法。

2. 实训设备及器材

电工实训电路板 1 块、一开单控开关 1 个、一开双控开关 1 个、万用表 1 块、螺钉旋具 1 套、剥线钳 1 把、导线和线槽若干。

3. 开关认知

（1）一开单控开关

图 3-39 所示为一开单控开关。一开单控开关有两个接线端子,使用时将其串联到电路中即可。

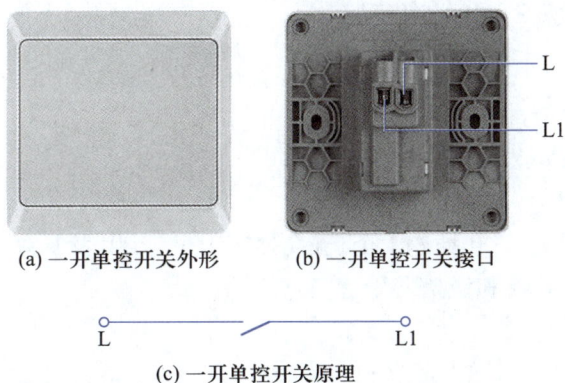

(a) 一开单控开关外形　　(b) 一开单控开关接口

(c) 一开单控开关原理

图 3-39　一开单控开关

（2）一开双控开关

图 3-40 所示为一开双控开关。一开双控开关有 3 个连接端子:静触点 L、动触点 L1 和 L2。一开双控开关在安装时需严格区分其静、动触点,不同型号开关其触点位置可能不同,需按照标识进行区分。一开双控开关也可以作为一开单控开关使用,选择静触点和其中一个动触点即可。

4. 实训步骤

（1）一开单控开关的安装及测试

取出绝缘导线 2 根,将其两端分别剥出约 5 mm 长度,通过螺钉旋具将接线端子 L 和 L1 处拧松,再用导线进行安装即可。安装完成后通过万用表蜂鸣挡进行测量,确认在按动开关后 L 和 L1 处连接线是否在接通和断开两种状态切换。

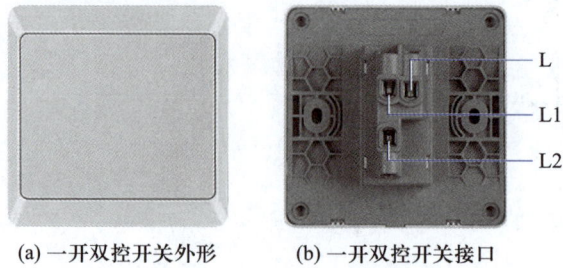

(a) 一开双控开关外形　　(b) 一开双控开关接口

(c) 一开双控开关原理

图 3-40　一开双控开关

（2）一开双控开关的安装及测试

取出绝缘导线 3 根，将其两端分别剥出约 5 mm 长度，通过螺钉旋具将接线端子 L 和 L1、L2 处拧松，再用导线进行安装即可。安装完成后通过万用表蜂鸣挡进行测量，确认在按动开关后 L 和 L1 处连接线及 L 和 L2 处连接线是否在接通和断开两种状态切换，且端子 L 在同一时刻下只会接通 L1 和 L2 其中的一个端子。

3.9.2　技能训练 2:插座的安装

1. 实训目标

（1）了解常见插座原理及使用注意事项。

（2）掌握常见插座安装方法。

2. 实训设备及器材

电工实训电路板 1 块、三孔插座 1 个、五孔插座 1 个、万用表 1 块、低压验电笔 1 把、螺钉旋具 1 套、剥线钳 1 把、导线和线槽若干。

3. 插座认知

（1）三孔插座

图 3-41 所示为一种常见的三孔插座前面板及接线孔图，三孔插座接线原则为"左零右火"，即左边插孔为零线，右边插孔为相线（火线），中间插孔为保护地线。

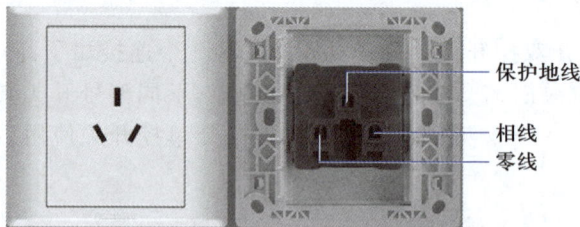

图 3-41　三孔插座

（2）五孔插座

图 3-42 所示为一种常见的五孔插座前面板及接线孔图，与三孔插座相同，其接线原则为"左零右火"，即左边插孔为零线、右边插孔为相线（火线），中间插孔为保护地线。

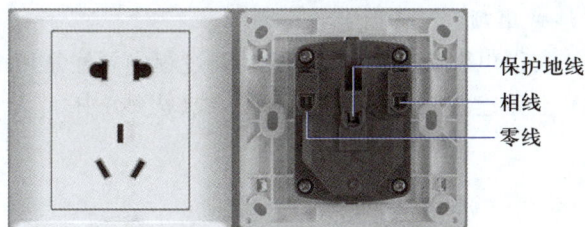

图 3-42　五孔插座

4. 实训步骤

插座的安装主要需要区分零线、相线和保护地线,一般可从导线颜色上进行区分:黄色、绿色、红色中的任意一种都是相线,淡蓝色的是零线,黄绿双色的是保护地线。插座安装完成后需要通过低压验电笔和万用表进行测试,测试方法如下。

(1)使用低压验电笔测试插孔,无论是两孔插座还是三孔插座,应只有右边插孔可点亮低压验电笔。

(2)通过万用表测量右边插孔与左边插孔之间电压,应显示为交流 220 V。相线与保护地线或零线与保护地线之间应无电压。

3.9.3　技能训练 3:声控开关控制白炽灯电路

1. 实训目标

(1)了解声控开关控制白炽灯的基本原理。

(2)掌握单相交流电路连接及调试方法。

2. 实训设备及器材

电工实训电路板 1 块、声控开关 1 个、白炽灯 1 盏、白炽灯底座 1 个、万用表 1 块、导线和线槽若干。

3. 实训原理

声控开关控制白炽灯电路如图 3-43 所示。图 3-44 所示为声控开关外形图。声控开关的特点是在接收到声音信号时,开关会自动由断开变成闭合状态,电路导通,白炽灯点亮。

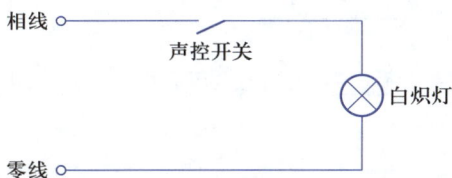

图 3-43　声控开关控制白炽灯电路

图 3-44　声控开关外形图

4. 实训步骤

按照实训设备及器材要求准备好实训所需器件,再根据实训原理电路图完成电路连接。在通电前需先测量电路是否存在短路或断路再通电测试。

5. 注意事项

（1）实训电源为 220 V 电源，实训过程中要注意用电安全，谨防触电。

（2）电路连接时开关应连接到相线（火线）中。

科研先锋：
让中国潜艇
真正拥有
"中国心"

思考题

一、选择题

1. 已知工频电压有效值和初始值均为 380 V，则该电压的瞬时值表达式为（　　）V。

A. $u=380\sin 314t$ B. $u=537\sin(314t+45°)$

C. $u=380\sin(314t+90°)$ D. $u=537\sin(314t+90°)$

2. RLC 并联交流电路中，$I_R=3$ A，$I_L=1$ A，$I_C=5$ A，则总电流为（　　）。

A. 8 A   B. 5 A   C. 4 A   D. 6 A

3. 一个电热器，接在 10 V 的直流电源上，产生的功率为 P。把它改接在正弦交流电源上，使其产生的功率为 $P/2$，则正弦交流电源电压的最大值为（　　）V。

A. 5   B. 10   C. 15   D. 20

4. 已知电压的瞬时值表达为 $u=380\sin(314t+90°)$ V，则该电压的周期为（　　）。

A. 2 s   B. 0.2 s   C. 0.02 s   D. 0.002 s

5. 某电阻的额定数据为 "1 kΩ、250 W"，正常使用时允许流过的最大电流为（　　）。

A. 500 mA   B. 25 mA   C. 250 mA   D. 不确定

6. 在交流电路中提高感性负载功率因数的方法是（　　）。

A. 负载串联电感   B. 负载串联电容

C. 负载并联电感   D. 负载并联电容

7. 已知交流电路中，某元件的阻抗与频率成反比，则该元件是（　　）。

A. 电阻   B. 电感   C. 电容   D. 电源

8. 已知电流的瞬时值表达式为 $i=141\sin(314t+60°)$ A，则该电流的有效值为（　　）。

A. 100 A   B. 141 A   C. 220 A   D. 380 A

9. 我国在收取电费时通常以"度"为单位，其与（　　）相等。

A. A   B. W   C. J   D. kW·h

10. 纯电容交流电路中，电压有效值不变，当频率增大时，电路中电流将（　　）。

A. 增大   B. 减小   C. 不变   D. 都不是

二、填空题

1. 我国工农业生产及生活中使用的工频交流电的频率为_____，周期为_____。

2. 两个同频率正弦量的相位差为 180° 时，称它们为_____。

3. 正弦交流电的有效值为最大值的_____倍。

4. 在纯电阻交流电路中，电流与电压的频率关系为_____，电流与电压的相位_____，电流与电压的有效值符合欧姆定律。

5. 有功功率又称_____，用符号 P 表示，单位为_____。

6. 某白炽灯工作时电阻值为 484 Ω，当其两端加有 220 V 的电压时，此白炽灯的有功功率应为_____W。

7. 在纯电感交流电路中，电流与电压的频率_____，电压相位_____电流相位 90°。

8. 电感对交流电的阻碍作用称为_____，用符号 X_L 表示，单位是_____。

9. 感抗与电源频率成_____比。

10. 在纯电容交流电路中，电流与电压的频率关系为_____，电压相位_____电流 90°。

三相正弦交流电路王国

■ **知识目标**

1. 了解三相电的产生。
2. 掌握三相交流电源的联结方式。
3. 掌握三相负载的联结方式及简单三相电路的计算。
4. 掌握三相电路功率的计算方法。

■ **技能目标**

1. 能够根据三相电源和三相负载的情况正确选择电源和负载的联结方式。
2. 安装单相及三相电能表。

■ **育人目标**

1. 具备安全意识,养成团队合作精神。
2. 具有自信心与民族自豪感。

话题引入

图 4-1 和 4-2 所示分别为常见的高压配电线路和高压输电线路,可以看出,高压配电线路共有 3 根线,高压输电线路为 5 根线。高压输电线路中,高处的两根线为避雷线,低处的 3 根线与高压配电线的 3 根线相同,均为相线,称为三相交流电。三相交流电在实际的生产生活中有着十分广泛的应用,如大部分的生产机床、大功率加工设备等,均通过三相交流电供电。那么,三相交流电的 3 根相线之间存在什么关系,其负载电流和功率应该如何计算,它与单相正弦交流电路有什么联系,本模块将针对上述内容进行讨论。

图 4-1　高压配电线路

图 4-2　高压输电线路

4.1
三相正弦交流电动势

话题引入

单相交流电路由单相交流发电机产生,那么产生三相交流电的三相交流发电机有什么特殊的结构和特征,三相交流电的 3 根相线中的交流电又存在什么样的关系?

三相交流电路在日常生活和工业生产中应用广泛,目前电能的生产、输送和分配,几乎全部采用三相交流电路。因此,在单相交流电路的基础上,进一步研究三相交流电路具有重要意义。

4.1.1 三相正弦交流电动势的产生

三相对称电动势是由三相交流发电机产生的。图 4-3 所示为一简单的三相交流发电机示意图。同单相交流发电机一样,三相交流发电机内磁感应强度 B 沿电枢表面按正弦规律分布。在旋转电枢上装有 3 个独立的绕组 U1U2、V1V2、W1W2,分别称其为 U 相绕组、V 相绕组和 W 相绕组。三相绕组的 3 个首端分别以 U1、V1、W1 表示,末端以 U2、V2、W2 表示。每相绕组的几何形状、尺寸和匝数均相同,但其 3 个首端或末端在电枢上的分布互差 120°(2π/3)的机械角度。当电枢由原动机驱动并按顺时针方向匀速旋转时,3 个绕组中就分别产生正弦交流电动势。这 3 个电动势有如下 3 个特点。

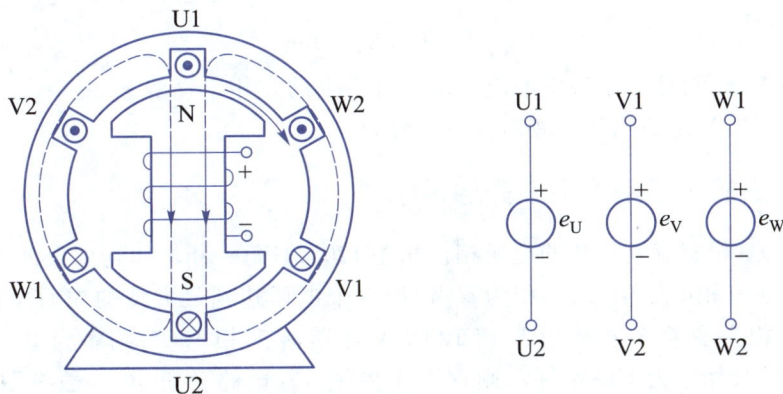

图 4-3 三相交流发电机示意图

(1)由于三相绕组以同一速度切割磁力线,所以电动势的频率相同。

(2)由于每相绕组的几何形状、尺寸和匝数均相同,因此电动势的最大值(或有效值)彼此相等。

(3)由于三相绕组的空间位置互差 120°的机械角,所以 3 个由首端指向末端的电动势之间相互存在着 120°的相位差。

三相交流发电机绕组中产生的感应电动势有两个不同的方向,规定由首端指向末端的电动势为电动势的正方向。它们的瞬时值分别用 e_U、e_V、e_W 表示,有效值则用 E_U、E_V、E_W 表示。假设 U 相中的电动势初相位为 0,则 3 个电动势的解析式表示如下

$$e_U = E_m \sin \omega t$$
$$e_V = E_m(\sin \omega t - 120°)$$ (4-1)
$$e_W = E_m(\sin \omega t - 240°) = E_m(\sin \omega t + 120°)$$

三相对称电动势的相量图和波形图如图 4-4 所示。

由图 4-4 可知,三相对称正弦交流电的特征是:U、V、W 三相电动势最大值相等、频率相等、相位相差 120°,且满足

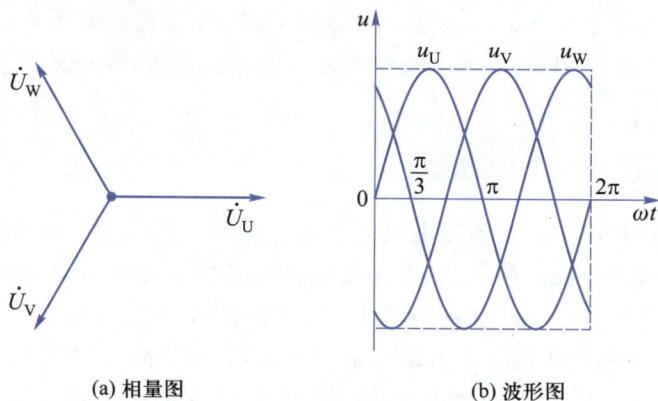

(a) 相量图　　　　　　　　　(b) 波形图

图 4-4　三相对称电动势的相量图和波形图

$$e_{U}+e_{V}+e_{W}=0$$

$$\dot{E}_{U}+\dot{E}_{V}+\dot{E}_{W}=0 \tag{4-2}$$

工程应用中,将满足上述条件的三相发电机产生的三相电动势 e_{U}、e_{V}、e_{W} 定义为三相对称电动势。以下所讨论的均为三相对称电动势。

4.1.2　三相正弦交流电动势的相序

图 4-4 中,三相交流电动势的电压相位相差 120°,且每一相电压达到最大值的时间都有先后的问题。在三相电压中,取一相为参考,把 3 个电压达到最大值的先后顺序称为相序。正相序为以 U 相为参考,V 相落后 U 相 120°,W 相落后 V 相 120°,相序为 U→V→W;如将 V、W 的位置对调,相序为 U→W→V,则称为逆相序。在电路分析中,一般按图 4-4 所示的正相序进行分析。在供电电路中,相序一旦确定,不可随意改动,因为当工作在三相交流电路中的电动机相序改变后,电动机的旋转方向会发生变化,可能造成重大安全事故。为了更好地区分三相正弦交流电动势的相序,三相电在进行布线时,会通过颜色进行区分。一般 U 相使用黄色导线,V 相使用绿色导线,W 相使用红色导线。

4.2

三相电源的联结方式

⚙ 话题引入

如图 4-5 所示,如果把三相绕组的两端分别接上负载,构成互不连接的 3 个单相电路,显然,用这样的方式来供给电能,仍需 6 根导线,这就显示不出三相电的优越性。因此,实际上并不采用这种电路,而是把三相发电机的三相绕组接成星形或三角形联结对负载进行供电。

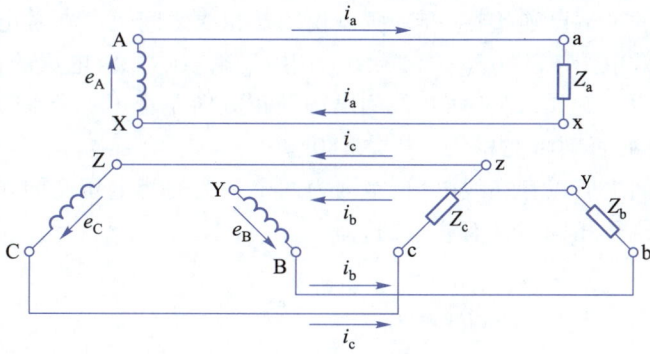

图 4-5 3 个互不相接的单相电路

4.2.1 三相电源的星形联结

如图 4-6 所示,如果把三相发电机绕组的末端连在一起,成为一公共点 N,则这种连接方式就称为三相电压的星形联结。同时把 3 个负载的一端也连在一起,成为 N′点,于是 N 与 N′点之间的 3 根导线可用一根导线来代替。这样,就把互不连接的 3 个单相电路,连成了三相四线制电路。虽然省去了两根导线,但对负载的工作却毫无影响,各相负载所承受的电压仍与图 4-5 中相同。

公共点 N 又称为中性点,从中性点引出的导线称为中性线(也称零线或地线),从 3 个首端 U1、V1、W1 分别引出的导线称为相线(也称端线或火线),如图 4-7 所示。

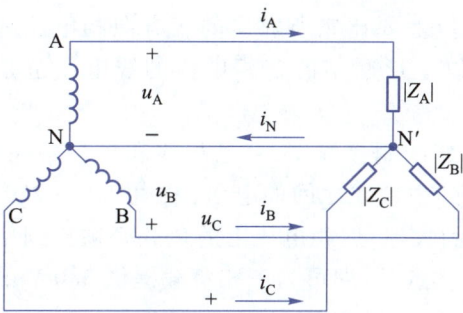

图 4-6 三相电源的星形联结

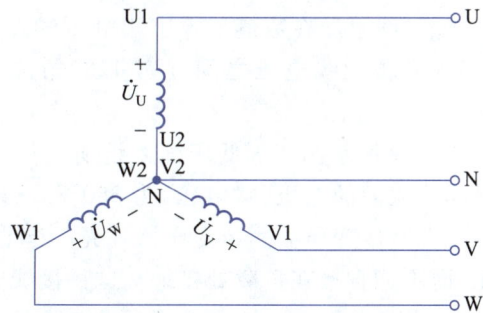

图 4-7 三相电源星形结结的表现形式

三相电源星形联结的三相四线制系统可以向负载提供两种电压:相电压和线电压。相线与中性线之间的电压,即各相绕组的首端与末端之间的电压,称为相电压,其有效值用 U_U、U_V、U_W 或统一用 U_P 来表示。发电机三相绕组内的电压一般较小,如果略去不计,则各个相电压就可以看作和各该相绕组内的感应电动势相等,即 $U_U = E_U$,$U_V = E_V$,$U_W = E_W$,且在各个相电压的相位上也互差 120°,其相量图如图 4-8 所示。规定相电压的正方向是从相线指向中性线,显然,3 个相电压对称,各相电压之间相位相差 120°。

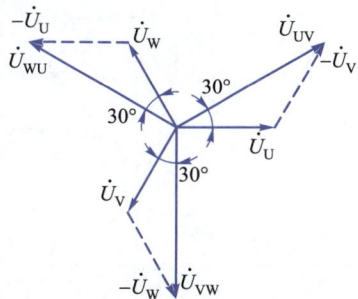

图 4-8 三相电源星形连接时相电压和线电压的相量图

由于三相绕组的末端已连接在一起,所以相线与相线之间也存在着电压,此电压称为线电压。线电压的有效值用 U_{UV}、U_{VW}、U_{WU} 或统一用 U_L 来表示。线电压的正方向由下角标字母的先后次序来标明。例如,U、V 两相线间电压的正方向是由 U 线指向 V 线,用 U_{UV} 表示,书写时不能任意颠倒,否则将在相位上相差 $180°$。

任意两根相线间之所以存在线电压,是因为两个有关的相电压共同作用的结果。所以,线电压和相电压是既不相同但又有联系的,即

$$
\begin{aligned}
u_{UV} &= u_U - u_V & \dot{U}_{UV} &= \dot{U}_U - \dot{U}_V \\
u_{VW} &= u_V - u_W & \dot{U}_{VW} &= \dot{U}_V - \dot{U}_W \\
u_{WU} &= u_W - u_U & \dot{U}_{WU} &= \dot{U}_W - \dot{U}_U
\end{aligned}
\tag{4-3}
$$

如式(4-3)所示,可根据相量图的加法,绘出 $\dot{U}_{UV}$、$\dot{U}_{VW}$、$\dot{U}_{WU}$ 的相量图(见图 4-8),在相量图中利用几何关系可得线电压与对应的相电压的关系

$$
\begin{aligned}
\dot{U}_{UV} &= \sqrt{3}\,\dot{U}_U \underline{/30°} \\
\dot{U}_{VW} &= \sqrt{3}\,\dot{U}_V \underline{/30°} \\
\dot{U}_{WU} &= \sqrt{3}\,\dot{U}_W \underline{/30°} \\
U_L &= \sqrt{3}\,U_P
\end{aligned}
\tag{4-4}
$$

显然,线电压在数值上等于相电压的 $\sqrt{3}$ 倍,相位上要比它所对应的正方向相电压超前 $30°$,3 个正方向线电压之间互有 $120°$ 相位差,所以星形联结的三相电源的线电压也是对称的。

图 4-9 所示为我国低压配系统所采用的三相四线制接线图,三条相线和一条中性线。三条相线之间的电压(线电压)为 380 V,三条相线到中性线之间的电压(相电压)为 220 V。中性线在降压变压器侧与变压器外壳一起直接接到大地,但相电压上的负载必须接到中性线上,而不能直接在负载处接地。这种接线方式的优点是:即可为三相负载提供 380 V 的线电压(三相电),也可为单相负载提供 220 V 的相电压(单相电)。

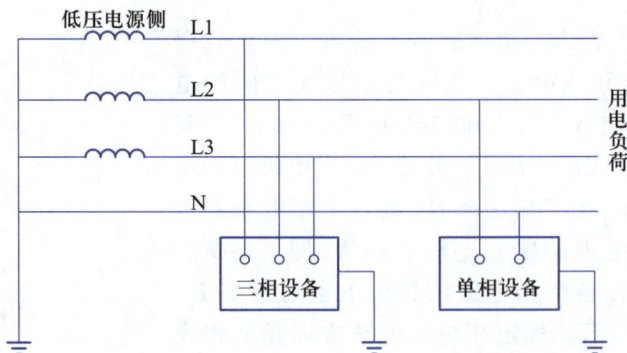

图 4-9　低压配电系统三相四线制接线图

4.2.2 三相电源的三角形联结

图 4-10 所示为三相电源的三角形联结方式,它将发电机三相绕组首尾端依次连接,3 个连接点作为三相电源输出点。

此时,三相电源向负载提供的电压 u_{UV}、u_{VW}、u_{WU} 既是每一相的相电压,也是两相之间的线电压,即在三相电源三角形联结的供电电路中

$$U_L = U_P \qquad (4-5)$$

根据三相对称交流电的性质,有

$$\dot{U}_U + \dot{U}_V + \dot{U}_W = 0 \qquad (4-6)$$

在三相电源三角形联结时,若要计算绕组中的电压值,根据其联结方式,显然绕组中的电压为 $u_U + u_V + u_W$,由式(4-6)可知,$u_U + u_V + u_W = 0$,即连接正确的三角形回路中应无电压或电流。但若有一相接反,则导致相量和不为零而是某一相电压的两倍,此时由于发电机绕组电阻很小,可能会直接烧毁发电机绕组。

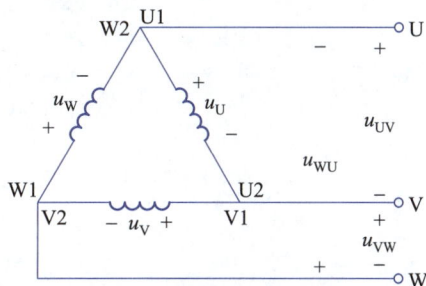
图 4-10 三相电源的三角形联结

4.2.3 供配电系统

图 4-11 所示为国内供配电系统示意图。一般三相交流发电机发出的电压为 6.3~18 kV,再经过升压变压器升高至 35~500 kV 后,通过高压输电线向远方输送。到达目的地后,通过降压变压器降为 6~10 kV(该电压称为高压配电电压),再由高压配电线进行配电,可供大型企业的高压用电设备使用。高压配电电压在经过高压配电线传输至低压变压器后,可再次降压,降低至 380 V/220 V 三相四线制交流电,供给各类低压设备、生活照明灯使用。

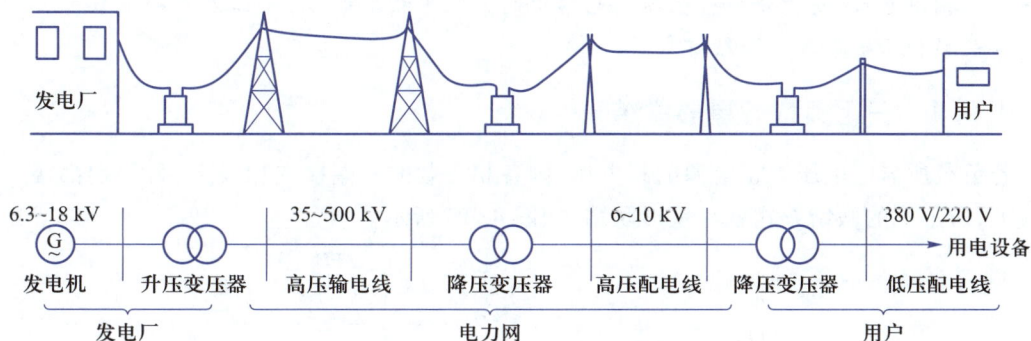
图 4-11 供配电系统示意图

如前所述,在高压配电线和高压输电线中,只有三根相线,并没有三相四线制交流电的中性线,那么,中性线是如何获得的呢?

图 4-12 所示为将高压配电电压降至 380 V/220 V 三相四线制电压的降压变压器示意图。显然,380 V/220 V 三相四线制低压电网的中性线在变电所都是连同变压器的外壳制作成直接接地的,因此也可将中性线称为地线。在实际使用过程中,为了接地可靠,通常将各生产车间

87

（或楼栋等）的中性线都连接起来,成为一个网络,并每隔一定的距离进行重复接地。

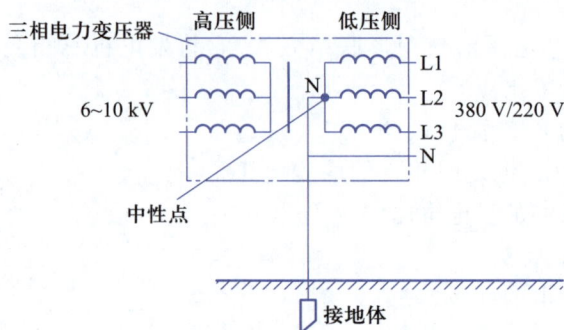

图 4-12 降压变压器示意图

4.3
三相负载的联结方式

话题引入

使用交流电的用电器种类很多,属于单相负载的有家用白炽灯、荧光灯、小功率的电热器以及单相异步电动机等,此类负载是接在三相电源中的任意一相上工作的。此外,还有一类负载,它必须接上三相电压才能正常工作,如三相异步电动机、三相电炉等。接在三相电路中的三相用电器,或是分别接在各相电路中的三组单相用电器,统称为三相负载。三相负载也有星形和三角形两种联结方式。

4.3.1 三相负载的星形联结

若负载所需的电压等于电源的相电压,则各相负载的一端接在相线上,另一端都接在中性线上,所形成的联结方式就是星形联结,如图 4-13 所示。

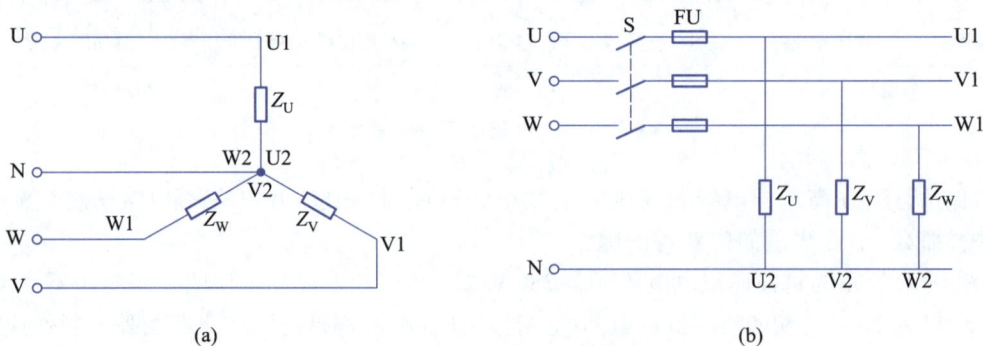

图 4-13 三相负载的星形联结

以白炽灯及电动机为例,此时三相负载与电源的联结如图 4-14 所示。

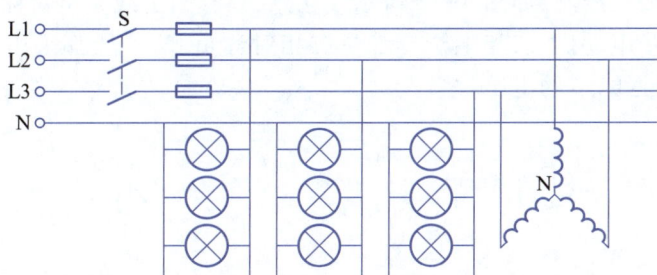

图 4-14 星形联结的三相负载与电源的连接方式

此时,每个负载承受的电压就是电源的相电压,且每相负载与电源构成一个单独的回路。

每相负载通过的电流称为相电流,用 I_P 表示;每根相线通过的电流称为线电流,用 I_L 表示。显然,线电流与对应的相电流相等,即

$$I_P = I_L \tag{4-7}$$

中性线上通过的电流称为中性线电流,用 I_N 表示。

负载电流示意图如图 4-15 所示,按该图所选择的参考方向,各电流关系如下

$$\dot{I}_L = \dot{I}_P$$

$$\dot{I}_U = \frac{\dot{U}_U}{Z_U}, \quad \dot{I}_V = \frac{\dot{U}_V}{Z_V}, \quad \dot{I}_W = \frac{\dot{U}_W}{Z_W} \tag{4-8}$$

$$\dot{I}_N = \dot{I}_U + \dot{I}_V + \dot{I}_W$$

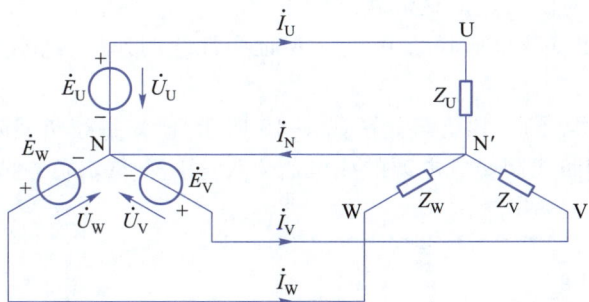

图 4-15 负载电流示意图

三相负载对称时,即 $Z = Z_U = Z_V = Z_W$,由于阻抗端电压对称,因此各阻抗中通过的电流相量也必然对称,此时中性线电流

$$\dot{I}_N = \dot{I}_U + \dot{I}_V + \dot{I}_W = \frac{\dot{U}_U}{Z_U} + \frac{\dot{U}_V}{Z_V} + \frac{\dot{U}_W}{Z_W} = \frac{\dot{U}_U}{Z} + \frac{\dot{U}_V}{Z} + \frac{\dot{U}_W}{Z}$$

$$= \frac{1}{Z}(\dot{U}_U + \dot{U}_V + \dot{U}_W) = 0 \tag{4-9}$$

即中性线中无电流通过,这时中性线是否存在对电路不会产生影响,可以不用中性线,此时的供电方式称为三相三线制,如图 4-16 所示。注意,只有当负载完全对称时,才能接成三相三线制。如三相异步电动机、三相电炉等都是三相对称负载,一般都采用三相三线制供电,这样可省去一根中性线,节约电工材料。

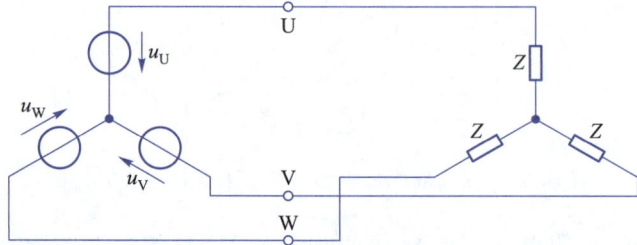

图 4-16 三相三线制供电

图 4-17 所示的三组照明电路中,每组灯相互并联,然后分别连接至各相电压上。设电源的线电压 $U_L = 380$ V、相电压 $U_P = 220$ V。当有中性线时,每组灯的数量可以相等也可以不等,但每盏灯上都可得到额定的工作电压 220 V。

如果三相照明电路的中性线因故断开,当发生一相灯负载全部断开或一相短路时,电路会出现什么情况?

如果中性线断开,假设 U 相灯负载又全部断开,此时 V、W 两相构成串联,其端电压为电源线电压 380 V。若 V、W 相对称,各相端电压为 190 V,均低于额定值 220 V 而不能正常工作;若 V、W 相不对称,则负载多(电阻小)的一相灯分压少而不能正常发光,负载少(电阻大)的一相灯分压多则可能会烧损。

如果中性线断开,假设又发生 U 相短路,此时 V、W 相都会与短接线构成通路,两相端电压均为线电压 380 V,因此 V、W 相会由于超过额定值而烧损。

由此可见,中性线的作用是使星形联结的不对称三相负载的端电压保持对称。在不对称或不一定对称的三相负载星形联结中,为了保证中性线的连接,绝不允许在中性线上安装开关或熔断器。

例 4-1 某星形联结的三相负载如图如 4-18 所示,已知每相负载阻抗 $|Z| = 10$ Ω,阻抗角 $\varphi = 53.1°$,外加三相四线制交流电源的线电压 $U_L = 380$ V,试求负载的相电压、相电流和中性线电流。

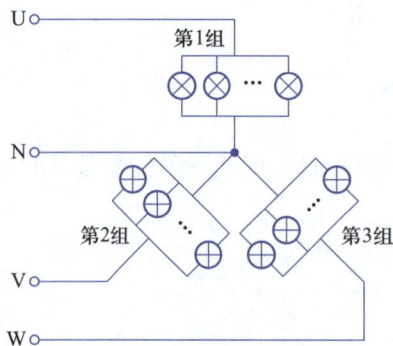

图 4-17 照明电路示意图

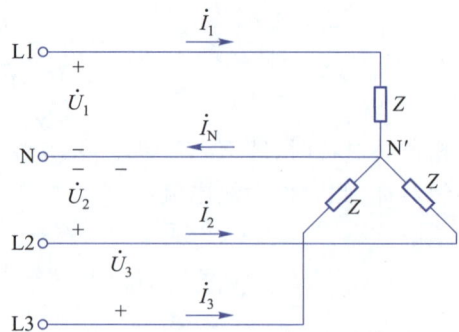

图 4-18 星形联结的三相负载

解: 从图 4-18 中可知,星形联结的三相负载对称,三相电源为星形联结。

相电压为
$$U_P = \frac{U_L}{\sqrt{3}} = \frac{380\ \text{V}}{\sqrt{3}} \approx 220\ \text{V}$$

相电流为
$$I_P = \frac{U_P}{|Z|} = \frac{220\ \text{V}}{10\ \Omega} \approx 22\ \text{A}$$

此时,$\dot{U}_1$ 可以为参考相量,即 $\dot{U}_1 = 220\ \underline{/0°}\ \text{V}$,则有

$$\dot{U}_2 = 220\ \underline{/-120°}\ \text{V} \qquad\qquad \dot{U}_3 = 220\ \underline{/120°}\ \text{V}$$

$$\dot{I}_1 = 22\ \underline{/-53.1°}\ \text{A} \qquad \dot{I}_2 = 22\ \underline{/-173.1°}\ \text{A} \qquad \dot{I}_3 = 22\ \underline{/66.9°}\ \text{A}$$

电压和电流的相量图如图 4-19 所示。

中性线电流为 $\dot{I}_N = \dot{I}_1 + \dot{I}_2 + \dot{I}_3 = 0\ \text{A}$

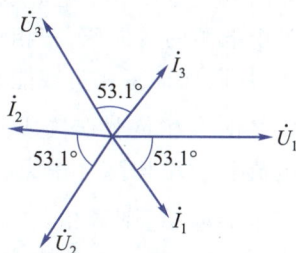

图 4-19 电压和电流的相量图

4.3.2 三相负载的三角形联结

若负载所需的电压等于电源的线电压,则各相负载接在两条相线之间,所形成的联结方式就是三角形联结,如图 4-20 所示。

负载三角形联结时,每相负载的端电压等于电源线电压,每相负载通过的电流 $\dot{I}_{UV}$、$\dot{I}_{VW}$、$\dot{I}_{WU}$ 称为相电流,用 $\dot{I}_P$ 表示;相线上的电流 $\dot{I}_U$、$\dot{I}_V$、$\dot{I}_W$ 称为线电流,用 $\dot{I}_L$ 表示。显然,$\dot{I}_P \neq \dot{I}_L$,此时有

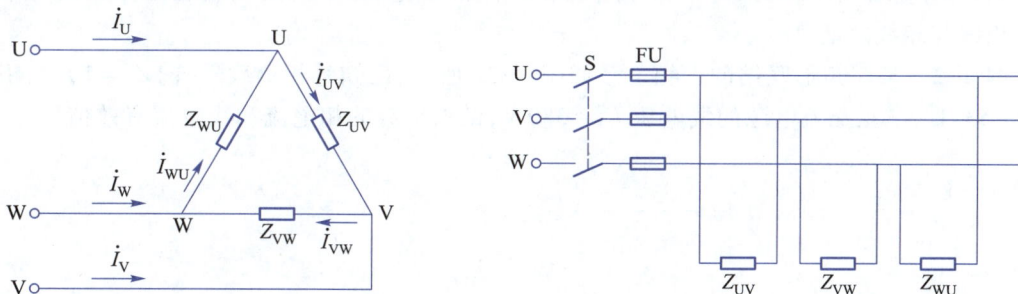

图 4-20 负载的三角形联结

$$\dot{I}_{UV} = \frac{\dot{U}_{UV}}{Z_{UV}}$$

$$\dot{I}_{VW} = \frac{\dot{U}_{VW}}{Z_{VW}}$$

$$\dot{I}_{WU} = \frac{\dot{U}_{WU}}{Z_{WU}}$$

视频:揭开三相负载三角形联结的神秘面纱

$$\dot{I}_{\mathrm{U}} = \dot{I}_{\mathrm{UV}} - \dot{I}_{\mathrm{WU}}$$

$$\dot{I}_{\mathrm{V}} = \dot{I}_{\mathrm{VW}} - \dot{I}_{\mathrm{UV}}$$

$$\dot{I}_{\mathrm{W}} = \dot{I}_{\mathrm{WU}} - \dot{I}_{\mathrm{VW}}$$

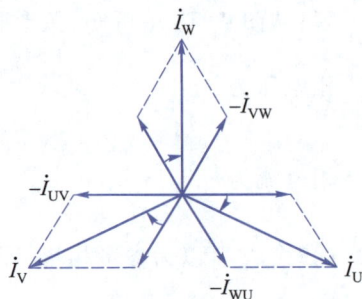

图 4-21 三相对称负载三角形联结时电流的相量图

当三相对称负载三角形联结时,线电流和相电流的相量图如图 4-21 所示。

此时,$I_{\mathrm{L}} = \sqrt{3} I_{\mathrm{P}}$,线电流滞后对应的相电流 30°。

三相负载究竟应采用星形联结还是三角形联结,应根据每相负载的额定电压与电源电压的关系而定。当各相负载的额定电压等于电源线电压的 $1/\sqrt{3}$ 时,三相负载应星形联结;如果各相负载的额定电压等于电源的线电压,三相负载就应三角形联结,使每相负载所承受的电压正好等于其额定电压,从而保证每相负载能正常工作。连接错误时常会引起严重的事故。例如,若把应该星形联结的三相负载误接成三角形联结时,则每相负载所承受的电压为额定电压的 $\sqrt{3}$ 倍,各相电流和功率均随之增大,可能致使负载烧毁;反之,若把应该三角形联结的三相负载误接成星形联结,则每相负载所承受的电压仅为额定电压的 $1/\sqrt{3}$,各相电流和功率均随之减小,势必不能发挥其应有的效用,如出现灯光亮度不足、电动机转矩不够等现象,有时也会产生严重的事故。

在我国的低压三相配电系统中,线电压大多为 380 V。当三相异步电动机各相绕组的额定电压为 220 V 时,此电动机应采用星形联结;各相绕组的额定电压为 380 V 时,应采用三角形联结。单相负载的额定电压一般是 220 V,如电灯、电磁炉等,但也有 380 V 的,如机床用的电磁铁、接触器等。因此,应根据用电器铭牌上的规定,分别把这些负载接在相线与中性线或相线与相线之间。

例 4-2 某三角形联结的三相负载如图 4-22 所示,已知每相负载阻抗 $|Z| = 10\ \Omega$,阻抗角 $\varphi = 53.1°$,三相交流电源的线电压 $U_{\mathrm{L}} = 380$ V,试求负载的相电流和线电流有效值。

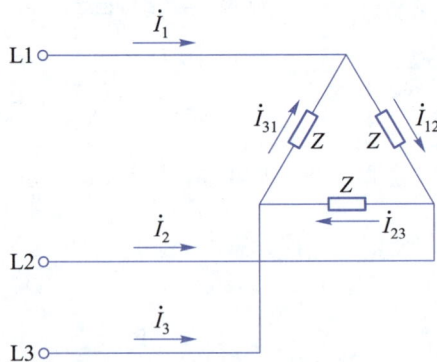

图 4-22 三角形联结的三相负载

解:相电流为

$$I_{\mathrm{P}} = \frac{U_{\mathrm{L}}}{|Z|} = \frac{380\ \mathrm{V}}{10\ \Omega} \approx 38\ \mathrm{A}$$

线电流为

$$I_{\mathrm{L}} = \sqrt{3} I_{\mathrm{P}} = \sqrt{3} \times 38\ \mathrm{A} \approx 65.8\ \mathrm{A}$$

4.4
三相电路的功率

⚙ 话题引入

三相交流电在向三相负载供电时,每相负载均会消耗功率,既有有功功率,也有无功功率。为了衡量三相负载所消耗的总功率,一般需要对三相交流电路的功率进行计算和测量,其方式与单相交流电路的功率存在一定的联系和区别。

4.4.1　三相电路的功率概念

三相电路中,每相电路均有电流,此时三相均产生功率,且与单相正弦交流电路相同,分为有功功率、无功功率和视在功率。

1. 有功功率

三相负载所消耗的有功功率(即平均功率)等于各相负载有功功率之和,即

$$P = P_U + P_V + P_W \tag{4-10}$$

2. 无功功率

三相负载的无功功率等于各相负载的无功功率之和,即

$$Q = Q_U + Q_V + Q_W \tag{4-11}$$

3. 视在功率

三相负载的视在功率由三相负载的有功功率和无功功率决定,即

$$S = \sqrt{P^2 + Q^2} \tag{4-12}$$

注意:一般情况下,三相负载的视在功率不等于各相视在功率之和。

4.4.2　三相对称负载的功率

在三相对称负载中,负载星形联结时,$U_L = \sqrt{3}\, U_P$,$I_L = I_P$;当负载三角形联结时,$U_L = U_P$,$I_L = \sqrt{3}\, I_P$。因此,无论负载采用哪种联结方式,均有

$$P = \sqrt{3}\, U_L I_L \cos \varphi = 3 U_P I_P \cos \varphi$$

$$Q = \sqrt{3}\, U_L I_L \sin \varphi = 3 U_P I_P \sin \varphi \tag{4-13}$$

$$S = \sqrt{3}\, U_L I_L = 3 U_P I_P$$

式中,φ 为电压、电流的相位差。

例 4-3　三相对称负载的各相阻抗 $|Z| = 10\ \Omega$,阻抗角 $\varphi = 53.1°$,三相交流电源的线电压 $U_L = 380\ \text{V}$,试求当负载分别为星形联结和三角形联结时三相电路的有功功率。

解:线电压为

$$U_P = \frac{U_L}{\sqrt{3}} = \frac{380\ \text{V}}{\sqrt{3}} \approx 220\ \text{V}$$

星形联结时,线电流为

$$I_{1L} = I_{1P} = \frac{U_P}{|Z|} = \frac{220\ V}{10\ \Omega} \approx 22\ A$$

则总的有功功率为

$$P_1 = \sqrt{3}\,U_L I_{1L}\cos\varphi = \sqrt{3} \times 380\ V \times 22\ A \times \cos 53.1°$$
$$= 8.86\ kW$$

三角形联结时,线电流为

$$I_{2L} = \sqrt{3}\,I_{2P} = \sqrt{3}\,\frac{U_L}{|Z|} = \sqrt{3} \times \frac{380\ V}{10\ \Omega} \approx 66\ A$$

则总的有功功率为

$$P_2 = \sqrt{3}\,U_L I_{2L}\cos\varphi = \sqrt{3} \times 380\ V \times 66\ A \times \cos 53.1°$$
$$= 26\ kW$$

由例 4-3 可以看出,在电源电压不变,同一对称负载由星形联结改为三角形联结时,功率增加到原来的 3 倍。这说明要使负载正常工作,则其联结方式必须正确,否则负载将因功率过大而烧毁,或因功率过小而不能正常工作。

4.5
案例分析

4.5.1　案例 1:三相空调供电相序错误,空调工作不正常

1. 案例叙述

某办公室安装了 3 台三相空调,上电开机后,无法正常工作,经万用表测量,三相电各相电压均正常且连接正确,无短路或断路现象。

2. 案例分析

尽管从电压和电路连接方面检查,空调各相电源均正常,但本故障的原因主要是供电电路相序错误,三相空调的三相电相序不对,导致其供电异常、空调无法正常工作。交流电相序关系无法直接通过万用表测量得到,需要通过专业仪器进行测量和判断。

4.5.2　案例 2:各楼层照明灯异常

1. 案例叙述

某大楼照明供电系统如图 4-23 所示。某天照明灯发生故障,二楼和三楼所有照明灯都突然变暗,而一楼照明灯亮度不变,试分析故障在何处? 若同时发现,三楼的照明灯比二楼的照明灯还要暗些,这又是什么原因?

2. 案例分析

故障是一楼至二楼的中性线发生断路。图 4-23 中,每层楼的照明灯均并联在相电压上,即工作电压为 220 V。一楼至二楼的中性线发生故障后,二楼、三楼的照明灯串联后接在了 L2、L3 两根相线之间的 380 V 线电压上,二楼和三楼照明灯数相差不太大,此时这两层楼的电压都低于 220 V,所以照明灯突然变暗。三楼的照明灯数量比二楼多,则三楼并联的负载总电阻小于二楼并联的负载总电阻,即 $Z_{三楼} < Z_{二楼}$,三楼负载上分得的电压小于二楼负载分得的电压,所以三楼的照明灯比二楼的还要暗一些。

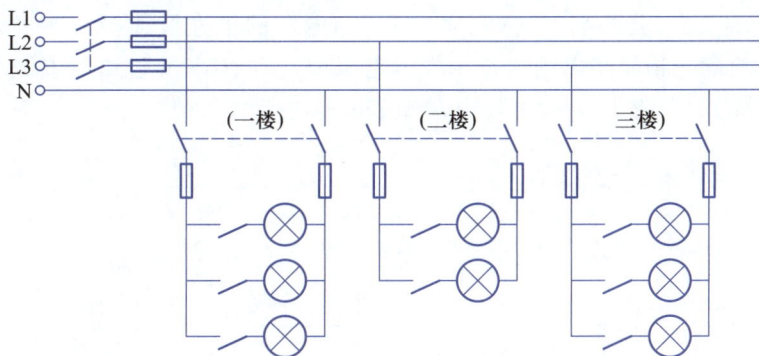

图 4-23 某大楼照明供电系统

4.6

技能训练

4.6.1 技能训练 1:三相异步电动机的星形联结

1. 实训目标

掌握三相异步电动机星形联结的接线方法及注意事项。

2. 实训设备及器材

电工实训电路板 1 块、三相异步电动机 1 台、螺钉旋具 1 套、剥线钳 1 把、万用表 1 块、钳形电流表 1 个、低压断路器 1 个、导线和线槽若干。

3. 三相异步电动机的星形联结认知

图 4-24 所示为某三相异步电动机接线端子,共有 6 个接线端子,分别为 U1、U2、V1、V2、W1、W2,共同构成了三相异步电动机的三相定子绕组。

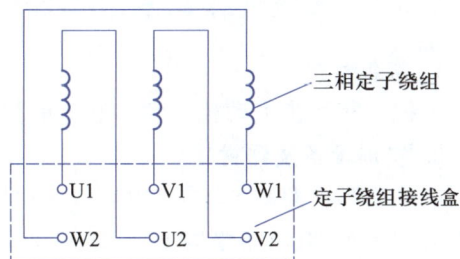

图 4-24 某三相异步电动机接线端子

三相异步电动机星形联结时,一般采用将 U2、V2、W2 三个接线端子短接作为公共端,其余三个端子再单独引出即可,如图 4-25 所示。

4. 实训步骤

按图 4-26 所示完成三相异步电动机连线,并将 U1、V1、W1 分别连接至三相四线制电

95

源的 L1、L2、L3 端子上,公共端 U2、V2、W2 与三相电源的中性线连接。连接完成后接通电源,通过万用表测量三相异步电动机每相绕组电压 U_U、U_V、U_W,通过钳形电流表测量三相四线制电源每根导线的电流 I_U、I_V、I_W、I_N 并填至表 4-1 中。

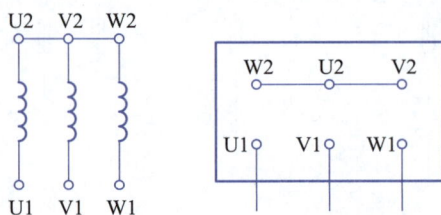

图 4-25　三相异步电动机星形联结

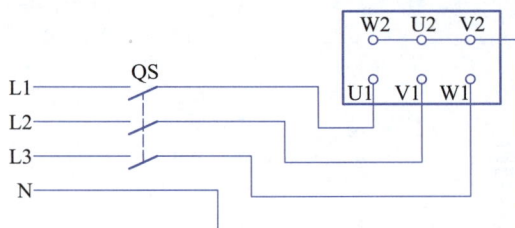

图 4-26　三相异步电动机星形联结实训接线图

表 4-1　三相异步电动机星形联结电压、电流测量值

测量项	U_U/V	U_V/V	U_W/V	I_U/A	I_V/A	I_W/A	I_N/A
测量值							

5. 注意事项

(1)因实训电源为三相电源,实训过程中需注意用电安全,谨防触电。

(2)使用钳形电流表测量电流时,如电流值较小,可采用在钳口处多缠绕几圈导线多次测量再取平均值的方式完成测量。

4.6.2　技能训练2:三相异步电动机的三角形联结

1. 实训目标

掌握三相异步电动机三角形联结的接线方法及注意事项。

2. 实训设备及器材

电工实训电路板 1 块、三相异步电动机 1 个、螺钉旋具 1 套、剥线钳 1 把、万用表 1 块、钳形电流表 1 个、低压断路器 1 个、导线和线槽若干。

3. 三相异步电动机的三角形联结认知

三相异步电动机三角形联结时,一般采用将 U1 与 W2、V1 与 U2、W1 与 V2 分别相连接的方法,如图 4-27 所示。显然,三相异步电动机三角形联结后,共有 3 个端子可连接电源或控制电路。

4. 实训步骤

按图 4-28 所示完成三相异步电动机连线,并将 U1、V1、W1 分别连接至三相四线制电源的

L1、L2、L3 端子上。连接完成后接通电源,通过万用表测量三相异步电动机每相绕组电压 U_U、U_V、U_W,通过钳形电流表测量三相四线制电源每根导线的电流 I_U、I_V、I_W 并填至表 4-2 中。

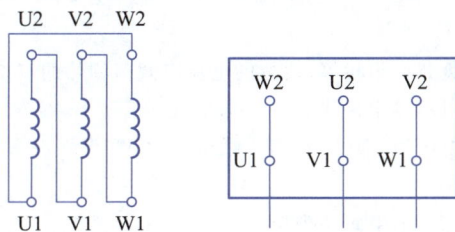

图 4-27 三相异步电动机三角形联结

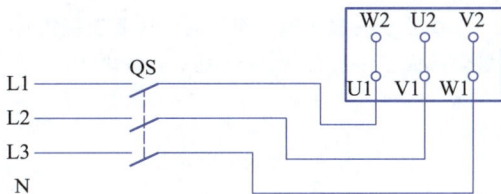

图 4-28 三相异步电动机三角形联结实训接线图

表 4-2 三相异步电动机三角形联结电压、电流测量值

测量项	U_U/V	U_V/V	U_W/V	I_U/A	I_V/A	I_W/A
测量值						

5. 注意事项

(1)因实训电源为三相电源,实训过程中需注意用电安全,谨防触电。

(2)使用钳形电流表测量电流时,如电流值较小,可采用在钳口处多缠绕几根导线多次测量再取平均值的方式进行测量。

思考题

一、填空题

1. 电容对交流电的阻碍作用称为_____,其符号是_____,单位为_____。

2. 容抗与电源频率成_____比,与电容器的电容量成_____比。

3. 交流电路中实际元件对交流电流的阻碍作用称为电路的阻抗,用_____符号表示。

4. 交流电路端电压与电流有效值的乘积称为_____功率,它表示了交流电源_____的大小。

5. 要提高感性电路的功率因数,可采用在电路两端_____的方法。

6. 在电源视在功率一定时,提高功率因数的意义在于提高_____的利用率和提高_____。

7. 大小相等,_____相同,_____互差120°的电动势称为三相对称电动势。

8. 从三相交流发电机的 3 个线圈始端 U1、V1、W1 引出的输电线称为_____。

9. 三相对称负载星形联结时,线电压为相电压的_____。

10. 因为三相对称负载星形联结时_____电流为零,所以可将中性线去掉,将三相四线制供电方式改为_____制供电方式。

二、判断题

1. 三相交流电是 3 个频率相同、幅值相等、相位上互差 120°电角度的电流、电压、电动势的统称。(　　)

2. 我国的低压供电制是三相四线制,线电压为 380 V,相电压为 220 V。(　　)

3. 三相负载有两种接线方法。(　　)

4. 三相对称负载是指 3 个负载体积相等、通过的电流有效值相等的三相负载。(　　)

5. 三相负载星形联结时可以不接中性线。(　　)

6. 电动机每相绕组的额定电压为 220 V,在接入线电压为 380 V 的三相电路中时,应接成三角形联结。(　　)

7. 高压输电是为了减少输电时的电路功率损失。(　　)

8. 凡负载星形联结,有中性线时,每相负载的相电压为线电压的 $\dfrac{1}{\sqrt{3}}$。(　　)

9. 在三相四线制电路中,中性线的导线截面积与相线的导线截面积相同。(　　)

10. 把应星形联结的电动机误接成三角形联结,电动机不会被烧坏。(　　)

模块五

磁路与变压器

■ **知识目标**

1. 描述铁磁性物质的磁化现象,列举常用磁性材料的种类及其用途。

2. 简述磁路的概念,说明涡流产生的原因及其在工程技术上的应用。

3. 分析变压器的基本结构、额定值及用途,解释变压器的工作原理及电压比、电流比的概念,应用变压器的外特性、损耗及效率。

■ **技能目标**

1. 掌握自感和互感现象及自感系数在实际中的应用。

2. 能实际应用变压器的电压变换、电流变换和阻抗变换。

3. 会使用特殊变压器。

■ **育人目标**

1. 具有环保意识、安全意识。

2. 树立精益求精的大国工匠精神。

3. 具有探索未知、追求真理的责任感和使命感。

5.1

神奇的磁

话题引入

前述研究了电场和电场能做功,由电场形成的电流除了流过电阻性负载以发光、发热的形式做功外,更多的是以磁能的形式或将磁能转换为机械能的形式做功。电流的产生和应用实际上是在电和磁的相互转化中进行的,如产生电流的发电机,作为负载的电动机、电磁铁、变压器、计算机、手机、电视机、收音机、录音机以及大量的电子设备都与磁现象紧密相连。因此,研究电磁的基本规律有着重要的实际意义。

视频:改变未来的十大电气技术及发明

5.1.1　磁的基本知识

1. 磁现象

磁现象的本质其实就是核外电子绕核运动时,形成环绕原子核的电流圈,这个电流圈产生磁场,原子便具有磁性。组成物质的每个原子都是一个小磁体,一般的物体内部具有无数个小磁体,它们的原子排列是杂乱无章的,磁性互相抵消,因此整个物体不具有磁性。当物体内部小磁体(原子)的 N、S 极首尾相接整齐排列时,物体两端便形成了 N 极和 S 极,物体整体便具有了磁性,如图 5-1 所示。物体磁化的过程就是使其内部的原子按一定方向排列的过程。

磁体能够吸引钢铁一类的物质,其两端吸引钢铁的能力最强,这两个部位称为磁极。能够自由转动的磁体,例如悬吊着的磁针,静止时指南的那个磁极为南极(S 极);指北的那个磁极为北极(N 极)。异名磁极相互吸引,同名磁极相互排斥,如图 5-2 所示。

2. 电流的磁场

1820 年,丹麦物理学家奥斯特做了一个实验:将一条导线平行地放在小磁针的上方,如图 5-3 所示,给导线通电,磁针便会发生偏转。当导线断电后,小磁针恢复为原来的指向。这说明通电导线产生了磁场,并且电流和磁场同生同灭。如果将通电导体放在磁场中,则导体同样要受到力的作用。

法国科学家安培确定了通电导线周围的磁场方向,并用磁力线进行了描述,如图 5-4(a)所示。

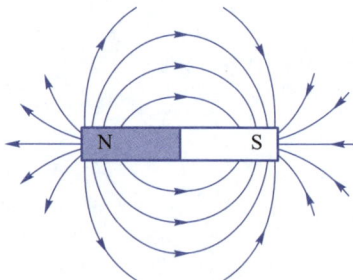

图 5-1　磁现象

3. 通电导线周围的磁场

图 5-2(a)中,带箭头的线为磁力线,表示磁场强弱和方向,箭头方向表示磁场方向,线的疏密表示磁场的强弱。磁力线从 N 极指向 S 极。

通电直导线周围磁场的方向,是在与导线垂直的平面上且以导线为圆心的同心圆。磁场方向与电流方向之间的关系可用右手螺旋定则来判断,如图 5-4(b)所示。

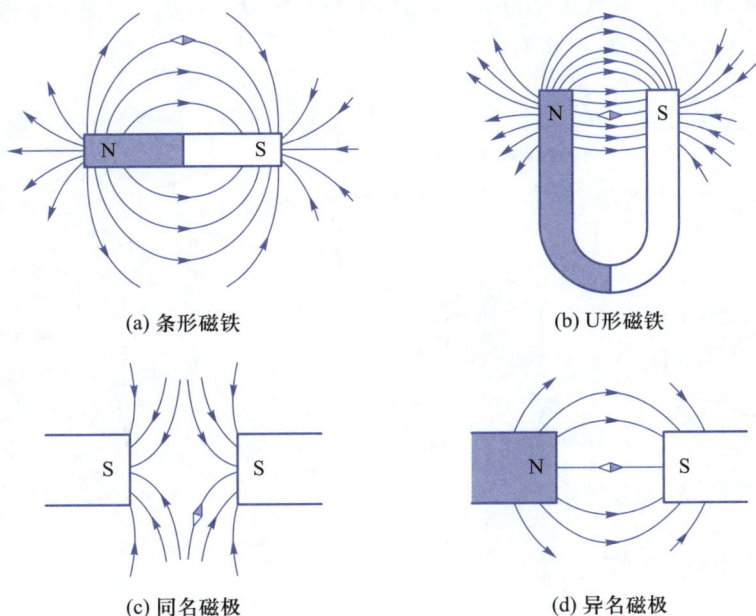

(a) 条形磁铁   (b) U形磁铁

(c) 同名磁极   (d) 异名磁极

图 5-2 磁体

通电螺线管周围的磁场与条形磁铁周围的磁场相似,磁力线的形状也相似。通电螺线管的两端相当于条形磁铁的两个磁极,两端磁极的极性与电流方向有关,其方向同样用右手定则来判定,如图 5-4(c)所示。

图 5-3 导线电流的磁场

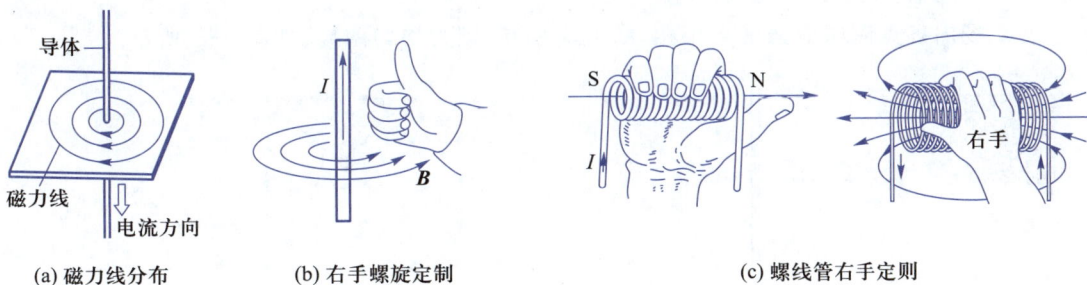

在通电直导线中,用右手握住通电直导线,让大拇指指向电流方向,四指弯曲,那么四指所指的方向就是磁场的绕行方向;在通电螺线管中,四指指向电流的方向,大拇指的指向即为磁场的方向(N 极),通电螺线管的磁场都集中在螺线管内部,这是铁心磁路的理论依据。

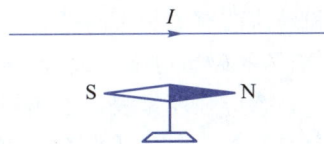

(a) 磁力线分布   (b) 右手螺旋定制   (c) 螺线管右手定则

图 5-4 磁场方向的判断

4. 磁场中的通电导体会受到力的作用

如图 5-5 所示,当给处在 U 形磁铁中的导体通入直流电,导体会发生摆动,说明通电导体在磁场中受到了力的作用。这是一个非常重要的发现,因为发现了这个现象之后,才出现了电动机及电动设备。

判断电磁力的方向可以用左手定则,如图5-6所示,将左手摊平,磁力线从手心穿入,四指指向电流方向,拇指指向就是受力方向。在图5-6中,**F**、**B**、**I** 三个物理量互为垂直关系,不但有大小,还有方向,即为矢量关系。

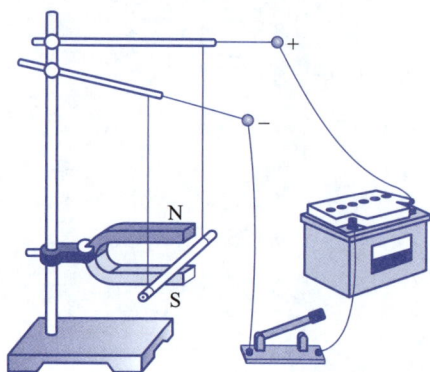

图5-5 通电导体受力

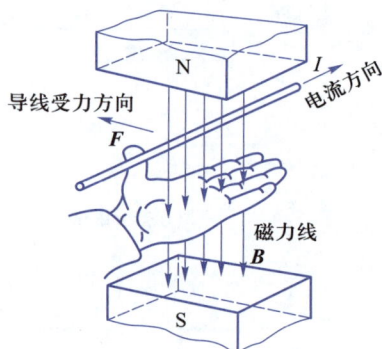

图5-6 左手定则

5.1.2 磁的基本物理量

1. 磁感应强度

由图5-5实验可见,通电导体在磁场中会受到力的作用,作用力的大小除了与电流的大小和导体的有效长度有关,还与导体所处磁场的强弱有关。显然,在导体和电流不变的前提下,磁场的磁感应强度大,产生的电磁力就大;磁场的磁感应强度小,产生的电磁力就小。

磁感应强度是表示磁场强弱和方向的物理量,是矢量,通常用符号 **B** 表示,国际单位为 T(特斯拉)。在均匀磁场中,垂直于磁场的通电导体所受到的电磁力 **F** 与电流 **I** 和导线长度 **L** 的乘积 $I \cdot L$ 的比值称为磁感应强度,表达式为

$$\boldsymbol{B} = \frac{\boldsymbol{F}}{IL} \tag{5-1}$$

式中,**B** 为磁感应强度,单位为 T;**F** 为通电导体所受电磁力,单位为 N;**I** 为导体中的电流,单位为 A;**L** 为导体的长度,单位为 m。

若磁场内各点磁感应强度大小相等、方向相同,则为均匀磁场,如图5-7所示。

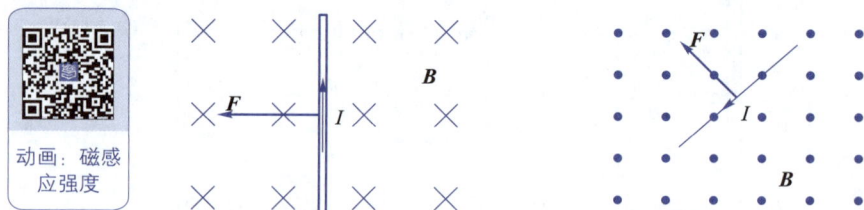

动画:磁感应强度

图5-7 磁场及导体受力

2. 磁场中通电导体所受电磁力 F

根据通电导体在磁场中要受到电磁力的作用,定义了磁感应强度 **B**,把磁感应强度 **B** 的表达式进行变换,便可以得到磁场对通电导体的作用力,即

$$\boldsymbol{F} = \boldsymbol{B}IL \tag{5-2}$$

由式(5-2)可见,导体在磁场中的受力大小,与磁感应强度、导体中电流的大小及导体的长度成正比。式中各量的方向仍如图 5-7 所示。通电导体在磁场中要受到电磁力的作用,此理论是电动机及电动设备的理论基础,在工程中有着广泛的应用。处于磁场中的载流导体,当导体垂直于磁场方向时,导体受到的电磁力最大;当导体平行于磁场方向时,则导体不受力;当导体与磁场方向成 α 夹角时,如图 5-8 所示,导体所受电磁力为 $F = BIL\sin\alpha$。

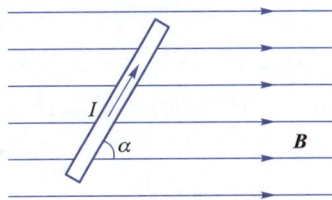

图 5-8　导体与磁感应方向不垂直

3. 磁通 Φ

匀强磁场中,磁感应强度 B 与垂直于它的某一面积 S 的乘积称为该面积的磁通,用 Φ 表示。

$$\Phi = BS \tag{5-3}$$

式中,Φ 为该面积的磁通,单位为 Wb(韦伯);B 为磁感应强度,单位为 T;S 为通过的面积,单位为 m^2。

磁通也是矢量,方向与磁感应强度的方向相同。式(5-3)只适用于磁场方向与面积垂直的匀强磁场。当面积 S 与磁场方向不垂直时,则磁通为 $\Phi = BS\sin\varphi$,φ 是磁场方向与面积 S 的夹角。

4. 磁导率 μ

将一个空心线圈通入电流 I,在线圈的下部放一薄铁片,如图 5-9(a)所示,此时,线圈对薄铁片的吸力很小,薄铁片不动。当通电电流不变,在线圈中插入铁棒,线圈的吸力增大,将薄铁片吸起,如图 5-9(b)所示。这一现象表明,同一线圈通过同一电流,磁场中的导磁物质不同(空气或铁),其磁场强弱则不同。

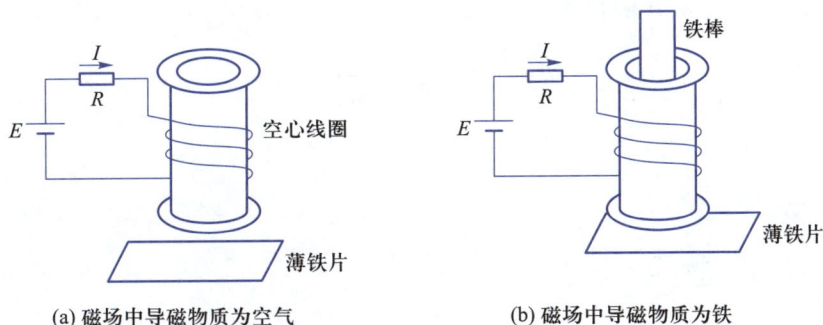

(a) 磁场中导磁物质为空气　　　　　(b) 磁场中导磁物质为铁

图 5-9　磁导率实验图

在通电空心线圈中放入铁、钴和镍等铁磁材料,线圈中的磁感应强度 B 将大大增强。若在线圈中放入铜和铝等非铁磁材料,则线圈中的磁感应强度 B 几乎不变。这表明,线圈中磁场的强弱与磁场中物质的导磁性能有关。为了表征各种物质的导磁性能,引入了磁导率的概念。

磁导率 μ 是表示物质导磁性能的物理量,单位是 H/m(亨/米)。真空的磁导率 $\mu_0 = 4\pi \times 10^{-7}$ H/m,为常数。任意一种物质的磁导率与真空的磁导率之比称为相对磁导率,用 μ_r 表示,即

$$\mu_{\mathrm{r}} = \frac{\mu}{\mu_0} \tag{5-4}$$

将 $\mu_{\mathrm{r}} > 1$，且接近于 1 的物质称为顺磁物质；将 $\mu_{\mathrm{r}} < 1$，且接近于 1 的物质称为逆磁物质；将 $\mu_{\mathrm{r}} \gg 1$ 的物质称为铁磁物质。前两种物质（非铁磁物质）的 μ 是常数，而铁磁物质的 μ 不是常数，它随着磁路的饱和而减小。

5. 磁场强度 H

当通电线圈的匝数和电流不变时，线圈中磁场强弱与线圈中的导磁物质有关，尤其是铁磁材料，类型不同磁导率则不同。即便是同一类型，其磁导率也不是常数，这使磁场的计算比较复杂，因此引入了一个与材料磁导率无关的辅助量来表示磁场的强弱，称为磁场强度。

磁场中某点的磁感应强度 B 与介质的磁导率 μ 之比称为该点的磁场强度，用 H 表示，即

$$H = \frac{B}{\mu} \text{ 或 } B = H\mu \tag{5-5}$$

式中，H 为该点的磁场强度，单位为 A/m（安/米）；B 为该点的磁感应强度，单位为 T；μ 为磁导率，单位为 H/m。

磁场强度是矢量，其方向与该点磁感应强度的方向相同。

磁场强度是原始的励磁量，其值与 IN（电流与匝数的乘积）成正比，与磁路长度成反比，即

$$H = IN/L \tag{5-6}$$

式中，L 为磁路长度，单位为 m；N 为线圈的匝数；I 为线圈电流，单位为 A。

例 5-1 已知一处于均匀磁场中并与磁场方向垂直的载流导体，导体的有效长度为 0.1 m，通入的电流为 2 A，导体所受的电磁力为 0.1 N，求磁感应强度 B。

解：根据磁感应强度 B 的定义式，有

$$B = \frac{F}{IL} = \frac{0.1}{2 \times 0.1} \text{ T} = 0.5 \text{ T}$$

5.2

电磁感应

⚙️ 话题引入

当电流在导体中流动时，导体的周围要产生磁场，电和磁是两个互相联系、互相依存、不可分割的基本现象，本节分析电生磁的逆过程——磁生电。根据能量守恒定律，通电导体产生磁场，磁场具有能量，当磁场能量下降时，磁场能量将转换为电能。

自从丹麦物理学家奥斯特发现了电流的磁效应以后，许多科学家开始寻找它的逆效应。1831 年，英国科学家法拉第发现了磁能转换为电能的重要事实及其规律——电磁感应定律。

5.2.1 电磁感应定律

闭合电路的一部分导体在磁场中做切割磁感线的运动时,导体中就会产生电流,这种现象称为电磁感应,如图5-10所示。闭合电路中由电磁感应现象产生的电流称为感应电流。

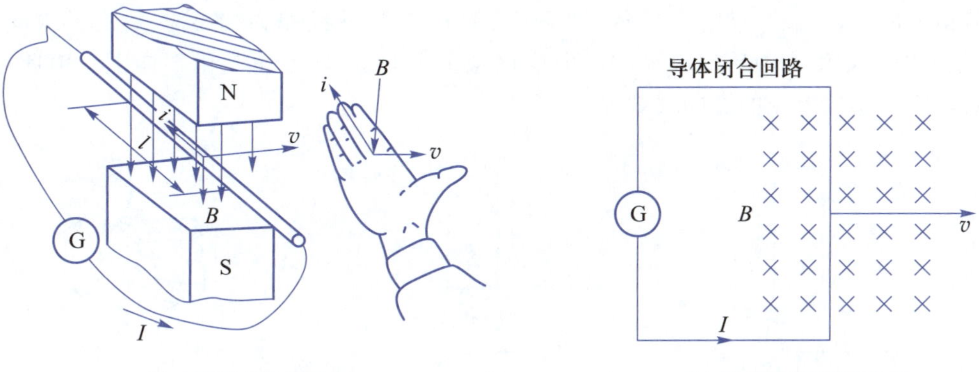

(a) 电磁感应分析图　　　　　　　　　　　(b) 闭合回路磁通变化图

图 5-10　电磁感应

当导体 L 以速度 v 切割磁感线时,在回路中产生感应电流,由前面的知识可知,通电导体在磁场作用下产生电磁力而做切割磁感线的运动,导体中产生感应电流。也就是在磁场中,导体通电产生运动,导体运动产生电流。这两种互逆现象就产生了电动机和发电机,推动人类社会进入工业电气化时代。

法拉第电磁感应定律:当闭合回路的磁通量发生变化时,回路中便有感应电动势产生,感应电动势的大小和回路中的磁通变化率成正比。

右手定则简单展示了载流导线产生磁场的方向判断方法。伸开右手,使大拇指与其余四个手指垂直,并且都跟手掌在一个平面内,把右手放入磁场中,让磁感线垂直穿过手心(即手心正对磁场 N 极方向),大拇指指向导体运动的方向,那么其余四个手指所指的方向就是感应电流的方向。

闭合回路磁通量变化有两种实现方法,一是直导线切割磁感线;二是穿过线圈的磁通量发生变化。在用途上,直导线切割磁力线多用在电动机等设备上,磁通量穿过线圈多用在电感线圈或变压器等设备上。

1. 直导线切割磁感线产生感应电动势

在图5-10中,当导体以速度 v 切割磁感线时,导体中产生感应电动势或感应电流。直导线和电流计 G 构成闭合回路,当直导线运动时,回路中包围的磁通 $\boldsymbol{\Phi}$ 发生变化,即产生感应电动势或感应电流。感应电动势 e 的大小与磁感应强度 $\boldsymbol{B}$、导体有效长度 L 以及导体运行速度 v 成正比,其表达式为

$$e = \boldsymbol{B}Lv \tag{5-7}$$

式中,e 为导体中的感应电动势,单位为 V;$\boldsymbol{B}$ 为匀强磁场的磁感应强度,单位为 T;L 为磁场中导体的有效长度,单位为 m;v 为导体的运行速度,单位为 m/s。

e 的方向可由右手定则来判断,即将四指伸直,大拇指指向导体的运动方向,让磁感线从

手心中穿过,其余四指所指的方向就是感应电动势的方向。

2. 线圈中磁通量变化产生感应电动势

在图 5-11 所示实验中,当将条形磁铁插入或抽出线圈的过程中,穿过线圈的磁通发生变化,线圈的检流计中产生感应电流。如图 5-11(a)所示,当条形磁铁的 N 极插入线圈时,磁通的方向向下,根据图 5-11(c)所示的右手定则判断感应电流的方向应该是由下向上,而实际是由上向下;如图 5-11(b)所示,当条形磁铁的 N 极从线圈中抽出时,磁通的方向仍是向下,根据右手定则判断感应电流的方向应该是由下向上,实际也是由下向上。由此可见,右手定则判断感应电流的方向失效。

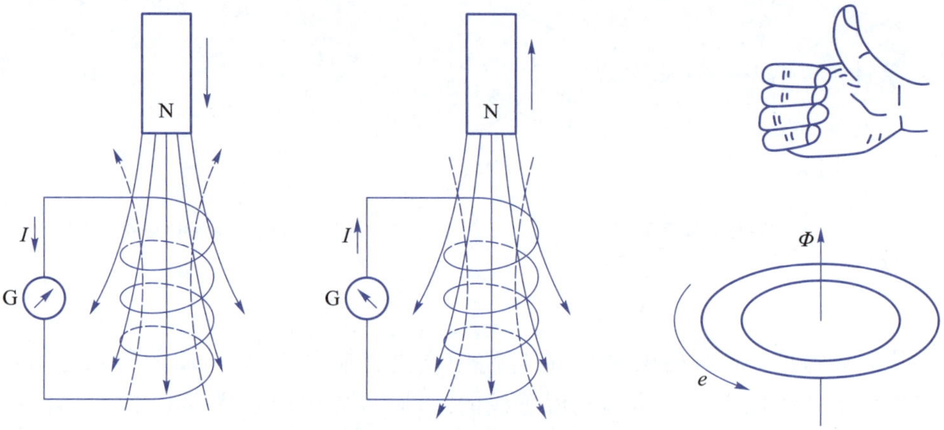

(a) N极插入线圈　　　　　(b) N极从线圈抽出　　　　　(c) 右手定则

图 5-11　感应电动势与正方向

下面根据电磁感应定律,给出感应电动势表达式。因为方向没有确定,先用绝对值表示为

$$e = \left| N \frac{\Delta \boldsymbol{\Phi}}{\Delta t} \right| \tag{5-8}$$

式中,e 为感应电动势,单位为 V;$\Delta \boldsymbol{\Phi}$ 为磁通增量,即磁通在原有基础上增加(减小)的量,单位为 Wb;Δt 为时间增量,单位为 s;$\frac{\Delta \boldsymbol{\Phi}}{\Delta t}$ 为磁通变化率,反应磁通变化快慢的物理量;N 为线圈匝数。

由此可见,条形磁铁插入或抽出的速度越快,磁通的变化率越大,感应电动势越大;条形磁铁在线圈中不动,则 $\Delta \boldsymbol{\Phi} = 0$,$e = 0$。

3. 楞次定律

楞次定律是用于判断感应电动势方向的定律,是由俄国物理学家楞次提出的。楞次定律:如果回路中的感应电动势是由于穿过回路的磁通量变化产生的,则感应电动势在闭合回路中将产生电流,由这一电流产生的磁通总是阻碍原磁通的变化。归纳为 8 个字就是"增反减同,来拒去留"。

下面根据楞次定律,判断感应电流的方向。

图 5-11(a)中,当条形磁铁的 N 极插入时,磁通 $\boldsymbol{\Phi}$ 增加,即 $\Delta \boldsymbol{\Phi}/\Delta t$ 为正值。当仍然用

右手定则判断感应电流的方向时,在式(5-8)中加一个"-"号(即可符合右手定则),则有 $e = -N\dfrac{\Delta \boldsymbol{\varPhi}}{\Delta t}$。

图 5-11(b)中,当条形磁铁的 N 极抽出时,磁通 $\boldsymbol{\varPhi}$ 下降,即 $\Delta\boldsymbol{\varPhi}/\Delta t$ 为负值,和式(5-8)中所加"-"号相乘,负负为正,则有 $e = N\dfrac{\Delta \boldsymbol{\varPhi}}{\Delta t}$,符合右手定则。

5.2.2 自感与互感

1. 自感

(1)自感现象

自感是一种特殊的电磁感应现象,是由于导体本身电流发生变化,引起自身产生的磁场变化的现象。流过线圈的电流发生变化,导致穿过线圈的磁通量发生变化而产生的自感电动势总是阻碍线圈中电流的变化,当原来电流在增大时,自感电动势与原来电流方向相反;当原来电流减小时,自感电动势与原来电流方向相同。

在自感现象中产生的感应电动势称为自感电动势。

(2)自感系数

电磁感应定律同样适合自感电动势的分析,根据电磁感应定律,其自感电动势为

$$e_1 = -N\frac{\Delta \boldsymbol{\varPhi}}{\Delta t} \tag{5-9}$$

磁通是由自己线圈中的电流产生的,磁通的变化率和电流的变化率成正比,式(5-9)可以改写为

$$e_1 = -L\frac{\Delta I}{\Delta t} \tag{5-10}$$

式中,e_1 为自感电动势,单位为 V;$\dfrac{\Delta I}{\Delta t}$ 为电流的变化率,反映线圈中电流变化的快慢,单位为 A/s;L 为自感系数,简称电感,是表征电感元件电感量的参数,单位为 H(亨)。

自感系数受电感线圈的匝数、结构和形状等因素影响,当线圈制作完毕,自感系数就是一个确定的值。在成品线圈中,其电感量都在线圈上标出。

电感的单位还有 mH(毫亨)和 μH(微亨),换算关系为

$$1\ \text{H} = 10^3\ \text{mH}, \quad 1\ \text{mH} = 10^3\ \text{μH}$$

(3)电感元件

由绝缘导线绕制的线圈都具有一定的电感,在电路中称为电感元件(简称电感),如图 5-12 所示。电感是电路的三大元件之一,属于储能元件,本身并不消耗电能,在电路中进行能量转化。

在电路中,一般是计算电感中的电压和电流的关系,在图 5-12(b)中,电感两端的电压和电动势方向相反,式(5-10)可以改写为

$$U_L = -e_L = L\frac{\Delta I}{\Delta t} \tag{5-11}$$

电感在电路中起阻碍电流变化的作用。电感量 L 越大,产生的自感电压 U_L 越大,阻碍

电流变化的能力就越强。如果电路中流动的是稳恒电流,自感电压为 0,电感则不起作用。

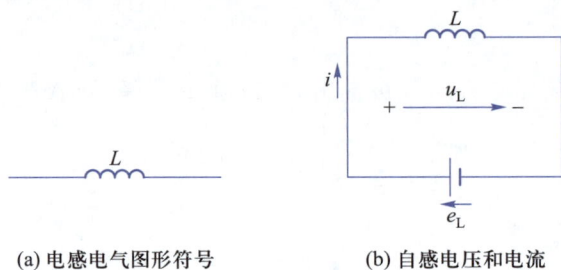

(a) 电感电气图形符号　　　　　　(b) 自感电压和电流

图 5-12　电感

图 5-13 所示为工程上常用的电感。图 5-13(a) 是带磁心的电感,磁路不闭合,电感量较小,用在高频电路中;图 5-13(b) 是带闭合磁路的电感,因其只留少量的空气缝隙,电感量大,多用在逆变器或充电电源中;图 5-13(c) 是带闭合铁心的电感,用在低频电路中进行电流滤波。

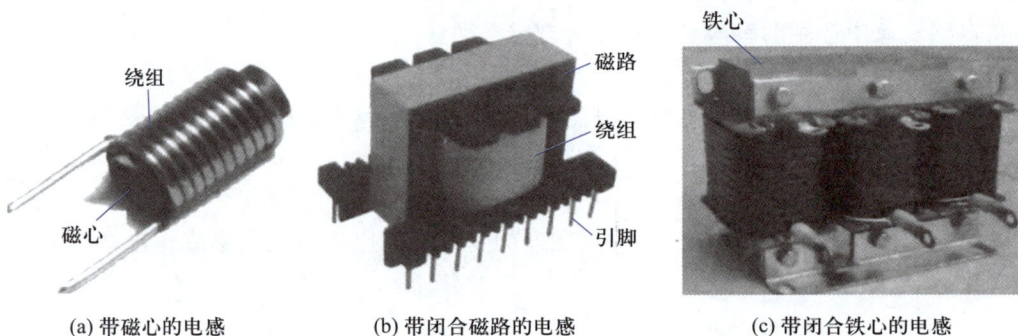

(a) 带磁心的电感　　　　(b) 带闭合磁路的电感　　　　(c) 带闭合铁心的电感

图 5-13　工程上常用的电感

2. 互感

(1) 互感现象

互感现象是指两相邻线圈中,一个线圈的电流随时间变化时导致穿过另一线圈的磁通量发生变化,而在该线圈中出现感应电动势的现象。有互感产生的感应电动势称为互感电动势。

如图 5-14 所示,用两个靠在一起的空心线圈进行分析,定义一组互感参数。在线圈 2

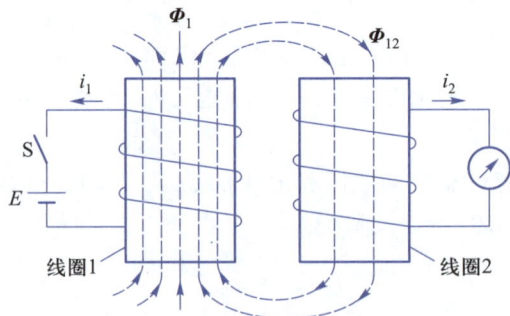

图 5-14　互感现象

两端接一个检流计。当开关 S 闭合或断开的瞬间,可看到检流计指针会偏转一个角度后又回到零位。这说明线圈 1 中电流的变化在线圈 2 中产生了感应电流。线圈 1 中电流变化产生了变化的磁通 Φ_1,其中一部分磁通 Φ_{12} 穿过线圈 2,导致线圈 2 中产生了感应电动势,由此产生感应电流。

（2）互感系数

互感系数是表征两个线圈互感耦合大小的物理量,用字母 M 表示,其单位为 H（亨）。

理论分析可知,线圈 1 对线圈 2 的互感系数 M_{12} 和线圈 2 对线圈 1 的互感系数 M_{21} 两者相等,即有

$$M_{12} = M_{21} = M \tag{5-12}$$

互感系数的大小取决于两个线圈的几何尺寸、匝数、相对位置和磁介质,反映了一个线圈电流变化时,对另一个线圈产生互感电动势的能力。当磁介质为非铁磁材料时,M 为常数。互感表达式与自感表达式的形式相同,即

$$e_2 = M \frac{\Delta I_1}{\Delta t} \tag{5-13}$$

式中,e_2 为线圈 1 中的电流 I_1 变化在线圈 2 中产生的感应电动势。

（3）耦合系数

工程上常用耦合系数 K 来表示两个线圈耦合的紧密程度,耦合系数的定义为

$$K = \frac{M}{\sqrt{L_1 L_2}} \tag{5-14}$$

由于互感磁通是自感磁通的一部分,所以 $K \leq 1$。当 K 接近于零时,为弱耦合。当 K 接近于 1 时,为强耦合。当 $K = 1$ 时,两线圈为全耦合,此时的自感磁通全部为互感磁通,即线圈 1 产生的磁通全部穿过线圈 2,线圈 2 产生的磁通也全部穿过线圈 1。

两个线圈之间的耦合程度或耦合系数的大小与两个线圈的结构、相互位置及磁介质有关。如果两个线圈紧密地绕在一起,如图 5-15（a）所示,则 K 可以接近于 1。如果两个线圈离得较远或轴线相互垂直,如图 5-15（b）所示,线圈 1 产生的磁通不穿过线圈 2,而线圈 2 产生的磁通穿过线圈 1 时,线圈上半部和线圈下半部磁通的方向正好相反,其互感作用相互抵消,则 K 值很小,甚至可以接近于零。由此可知,改变或调整线圈的相对位置,可改变耦合系数的大小,工程上常根据这一原理来调整两个不需要耦合的线圈的相互位置。

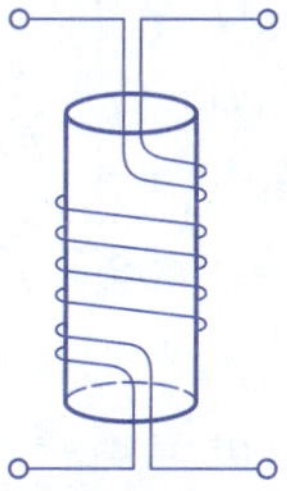

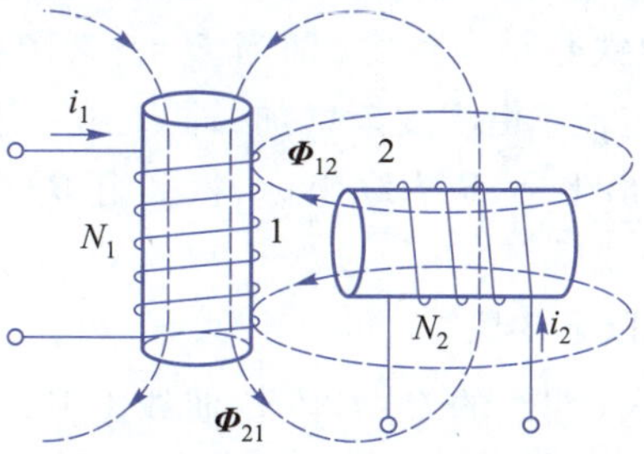

图 5-15 耦合

在电力电子技术中,为了利用互感原理传递能量或信号,常采取紧密耦合的方式。例

如,变压器利用铁磁材料作为导磁磁路,使 K 值接近于 1。

5.2.3　铁磁物质的磁化

1. 磁化原理

本来不具有磁性的物质,由于受磁场的作用而具有磁性的现象称为该物质被磁化。只有铁磁物质才能被磁化,而非铁磁物质是不能被磁化的。

铁磁物质能够被磁化的原因,是因为铁磁物质是由许多被称为磁畴的磁性小区域所组成,每一个磁畴相当于一个小磁铁,在无外磁场作用时,磁畴排列杂乱无章,磁性互相抵消,对外不显磁性。但在外磁场的作用下,磁畴就会沿着磁场的方向排列,形成附加磁场,从而使磁场显著增强,如图 5-16 所示。有些铁磁物质在去掉外磁场以后,大部分磁畴仍然保持取向一致,对外仍显示磁性,这就成了永久磁铁。

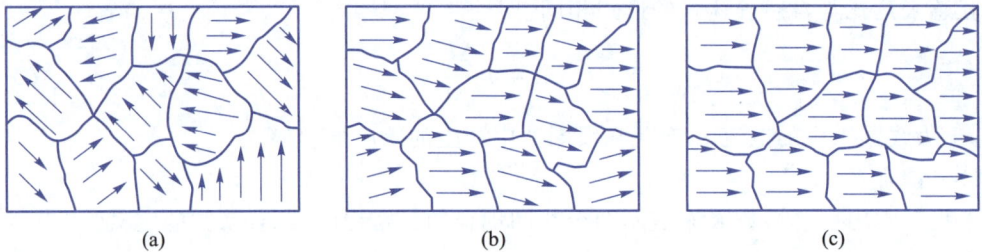

|(a)|(b)|(c)|

图 5-16　铁磁物质的磁化

铁磁物质被磁化的性能,广泛应用于电子和电气设备中。例如,变压器、继电器、电机等都采用相对磁导率高的铁磁物质作为绕组的铁心,可使同样容量的变压器、继电器和电机的体积大大缩小,质量大大减轻;半导体收音机的天线线圈绕在铁氧体磁棒上,可以提高收音机的灵敏度。

各种铁磁物质,由于其内部结构不同,磁化后的磁性各有差异,下面通过分析磁化曲线来了解各种铁磁物质的特性。

2. 磁化曲线

铁磁物质的磁感应强度 B 随磁场强度 H 而变化的曲线称为磁化曲线,又称 B-H 曲线,如图 5-17 所示。将待测的铁磁物质制成圆环形,线圈密绕于圆环上。励磁电流由电流表测得,磁通由磁通表测得。

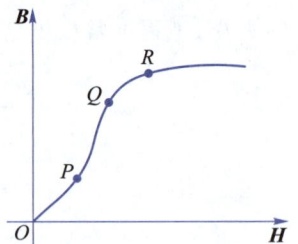

实验前,待测的铁心是去磁的(即当 $H=0$ 时 $B=0$)。实验开始,接通电路,使电流 I 由零逐渐增加,即 H 由零逐渐增加,B 随之变化。以 H 为横坐标、B 为纵坐标,将多组 B-H 对应值逐点描出,就是磁化曲线。

图 5-17　磁化曲线

B-H 曲线分为以下 3 段。

(1)起始磁化段(曲线的 O~P 段):曲线上升缓慢,这是由于磁畴的惯性,当 H 从零值开始增大时,B 增加较慢。

(2)直线段(曲线的 P~Q 段):随着 H 的增大,B 几乎是直线上升,这是由于磁畴在外磁场作用下大部分都趋向 H 的方向,B 增加很快,曲线较陡。

(3)饱和段(曲线的 Q~R 段):随着 H 的增加,B 的上升又比较缓慢了,这是由于大部

分磁畴已转向 H 方向,随着 H 的增加只有少数磁畴继续转向,B 的增加变慢。到达 R 点以后,磁畴几乎全部转到外磁场方向,再增大 H 值,也几乎没有磁畴可以转向了,曲线变得平坦,这时的磁感应强度称为饱和磁感应强度。不同的铁磁物质,B 的饱和值是不同的,但对每一种材料,B 的饱和值却是一定的。对于电机和变压器,通常都是工作在曲线的 $Q \sim R$ 段(即接近饱和的地方)。

由于磁化曲线表示了媒质中磁感应强度 B 和磁场强度 H 的函数关系,所以,若已知 H 值,就可以通过磁化曲线查出对应的 B 值。因此,在计算媒质中的磁场问题时,磁化曲线是一个很重要的依据。在相同的磁场强度 H 下,硅钢片的 B 值最大,铸铁的 B 值最小,说明硅钢片比铸铁的导磁性能好得多。

3. 磁滞回线

前述讨论的磁化曲线,只是反映了铁磁物质在外磁场由零逐渐增强时的磁化过程。但在很多实际应用中,铁磁物质是工作在交变磁场中的,所以,有必要研究铁磁物质反复交变磁化的问题,这就涉及磁滞回线的概念,如图 5-18 所示。

（1）剩磁

当 B 随 H 沿起始磁化曲线达到饱和值以后,逐渐减小 H 的数值,实验表明,这时 B 不是沿起始磁化曲线减小,而是沿另一条在它上面的曲线 ab 下降。当 H 减至零时,B 值不等于零,而是保留一定的值,称为剩磁,用 B_r 表示,永久磁铁就是利用剩磁很大的铁磁物质制成的。

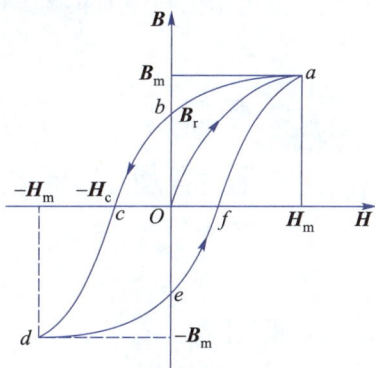

图 5-18 磁滞回线

（2）矫顽磁力

为了消除剩磁,需要外加反方向的磁场,随着反方向磁场的增强,铁磁物质逐渐退磁,当反向磁场增大到一定的值时,B 值变为零,剩磁完全消失,bc 这一段曲线称为退磁曲线。这时的 H 值是为克服剩磁所加的磁场强度,称为矫顽磁力,用 H_c 表示。矫顽磁力的大小反映了铁磁物质保存剩磁的能力。

（3）磁滞现象

当反向磁场继续增大时,B 值就从零起改变方向,并沿曲线 cd 变化,铁磁物质的反向磁化同样能达到饱和点 d。此时,若使反向磁场减弱到零,磁化曲线将沿 de 变化,在 e 点 $H=0$。再逐渐增大正向磁场,磁化曲线将沿 efa 变化而完成一个循环。从整个过程看,B 的变化总是落后于 H 的变化,这种现象称为磁滞现象。经过多次循环,可以得到一个封闭的对称于原点的闭合曲线（$abcdefa$）,称为磁滞回线。

如果在线圈中改变交变电流幅值的大小,那么交变磁场强度 H 的幅值也将随之改变。在反复交变磁化中,可相应得到一系列大小不一的磁滞回线,连接各条对称的磁滞回线的顶点,得到的一条曲线称为基本磁化曲线。由于大多数铁磁物质是工作在交变磁场的情况下,所以,基本磁化曲线很重要。一般资料中的磁化曲线都是指基本磁化曲线。

（4）磁滞损耗

铁磁物质的反复交变磁化,会损耗一定的能量,这是由于在交变磁化时,磁畴的方向要来回翻转,在这个过程中,产生了能量损耗,这种损耗称为磁滞损耗。磁滞回线包围的面积越大,磁滞损耗就越大。所以,剩磁和矫顽磁力越大的铁磁物质,磁滞损耗就越大。因此,磁滞回线的形状经常被用来作为判断铁磁物质的性质和选择材料的依据。

例 5-2　有一铁心线圈,线圈的匝数为 1 000,已知铁心中的磁通在 1 s 内由 0 上升到 0.1 Wb,求线圈的感应电动势;又知在 1 s 内磁通下降了 0.05 Wb,求线圈的感应电动势。

解:磁通上升时感应电动势为

$$e = -N\frac{\Delta \boldsymbol{\Phi}}{\Delta t} = -1\ 000 \times \frac{0.1}{1}\ \text{V} = -100\ \text{V}$$

式中,"-"号表示电动势的实际方向与右手定则判断出的方向相反。

磁通下降时感应电动势为

$$e = N\frac{\Delta \boldsymbol{\Phi}}{\Delta t} = -1\ 000 \times \frac{-0.05}{1}\ \text{V} = 50\ \text{V}$$

式中,"+"号表示电动势的实际方向与右手定则判断的相同。

5.3
磁路及交流铁心线圈

⚙ 话题引入

实际电路中有大量电感的线圈中有铁心,线圈通电后,铁心就构成磁路,磁路又影响电路。交流铁心线圈电路是基于铁心线圈构成,通过线圈与电容、电阻等元器件的组合形成各种功能,用于调制、解调、滤波等应用场合。这种电路能够有效地处理高频信号,并且具有高效率、频率响应好等特点。

5.3.1　磁路及其基本定律

1. 磁路的概念

通电线圈的周围和内部存在着磁场,但是空心的载流线圈磁场较弱,一般难以满足电气设备的需要。工程上为了得到较强的磁场,常采用导磁性能良好的铁磁材料做成一定形状的铁心,并将线圈绕在铁心上。当线圈中通过电流时,铁心被磁化,磁场大为增强,所产生的磁通主要集中在铁心构成的闭合路径内,这种磁通集中通过的路径称为磁路。用于产生磁场的电流称为励磁电流,通过励磁电流的线圈称为励磁线圈或励磁绕组。图 5-19 所示为常见电气设备的磁路。

2. 磁路的欧姆定律

励磁线圈通过励磁电流会产生磁通,通过实验发现,励磁电流 I 越大,产生的磁通就越多;线圈匝数 N 越多,产生的磁通也越多。把励磁电流 I 和线圈匝数 N 的乘积 NI 看作是磁路中产生磁通的源泉,称为磁通势 F,即

$$F = NI \tag{5-15}$$

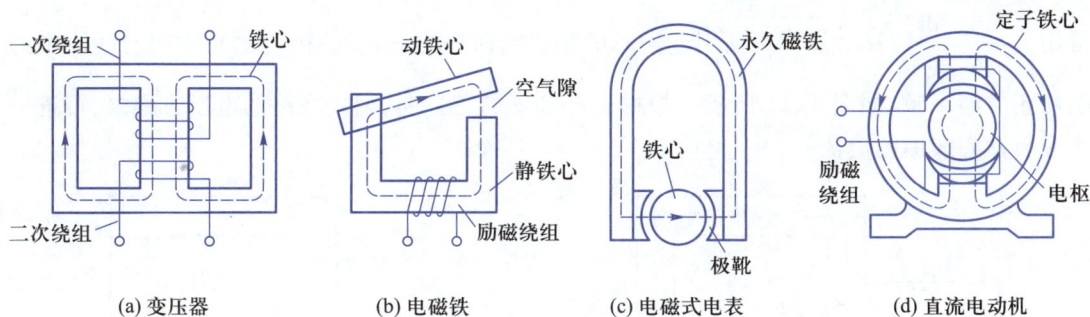

(a) 变压器　　　(b) 电磁铁　　　(c) 电磁式电表　　　(d) 直流电动机

图 5-19　常见电气设备的磁路

磁通势的单位为 A(安培)。

设绕有线圈的铁心,当线圈通过电流 I,在铁心中就会有磁通的长度为 l,截面积为 S,磁路介质的磁导率为 μ。理论分析和实验表明,铁心中的磁通 $\boldsymbol{\Phi}$ 与通过线圈的电流 I、线圈匝数 N 以及磁路的截面积 S 成正比,与磁路的长度 l 成反比,即

$$\boldsymbol{\Phi} = \frac{INS\mu}{l} = \frac{IN}{\dfrac{l}{\mu S}} = \frac{F}{R_{\mathrm{m}}} \qquad (5\text{-}16)$$

式中,$R_{\mathrm{m}} = \dfrac{l}{\mu S}$ 称为磁阻,表示磁路对磁通的阻碍作用,它与磁路的材料和几何尺寸有关,单位 H^{-1}(每亨利)。式(5-16)的结构形式与电路的欧姆定律相似,故称为磁路的欧姆定律。但由于 μ 不是常数,它随励磁电流而变,所以不能直接应用磁路的欧姆定律来计算,只能用于定性分析。

5.3.2　交流铁心线圈

把一个含铁心的线圈与交流电源接通,便组成了交流铁心线圈电路,简称交流铁心线圈。

由于铁心的磁导率 μ 不是常数,所以铁心线圈的电感 L 不是常数,它随铁心的磁化状况而改变。因此,交流铁心线圈属于非线性交流电路。下面讨论它的基本电磁关系。

1. 主磁通和漏磁通及主磁电感和漏磁电感

当交变电流通过线圈时,铁心中便有交变磁通产生。由于铁心的磁导率远大于空气的磁导率,所以磁通的绝大部分都沿着铁心形成闭合路径,仅有极少量的磁通经空气或其他非铁磁材料自行闭合,如图 5-20 所示。

图 5-20 中经铁心而闭合的磁通称为主磁通,用 $\boldsymbol{\Phi}$ 表示,经空气而闭合的磁通称为漏磁通,用 $\boldsymbol{\Phi}_{\mathrm{s}}$ 表示,主磁通和漏磁通在线圈中所引起的感应电动势分别为 e 和 e_{s}。由于把铁心线圈的磁通分为主磁通和漏磁通两个部分,所以线圈的电感也可以认为由两部分组成:第一是和主磁通相交链的线圈的电感,称为主磁电感,用 L 表示;第二是和漏磁通相交链的线圈的电感,称为漏磁电感,用 L_{s} 表示。主磁电感 L 不是常数,因此,主磁通在线圈中所引起的感应电动势 e 不能用 $-L\dfrac{\mathrm{d}i}{\mathrm{d}t}$ 表示,而只能用一般的公式 $e = -N\dfrac{\mathrm{d}\boldsymbol{\Phi}}{\mathrm{d}t}$ 来计算。但漏磁通基本上都是经过空气而闭合的,因此漏磁电感 L_{s} 为一常数,故漏磁通在线圈中所引起的感应电动势

可用 $e_s = -L_s \dfrac{\mathrm{d}i}{\mathrm{d}t}$ 计算。线圈中所引起的总的感应电动势为 $e+e_s$。e 和 e_s 的正方向与线圈中的电流正方向一致,如图 5-21 所示。根据 e、e_s 和 u 的正方向,列出电路的电压方程式,可进一步分析铁心线圈的电流。

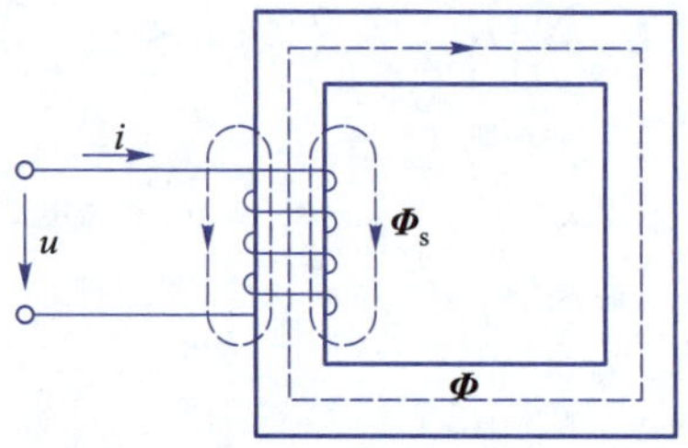

图 5-20

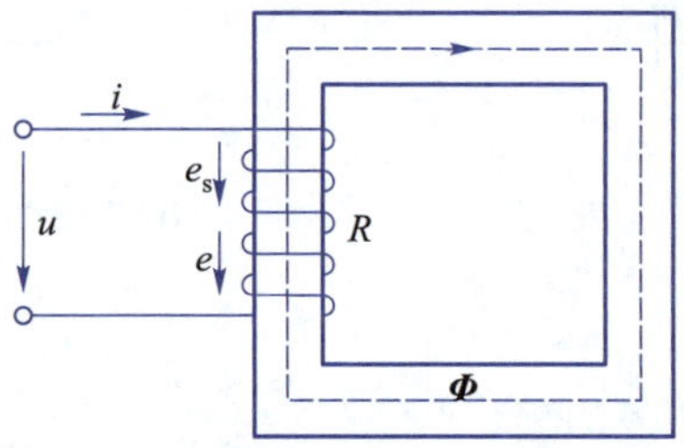

图 5-21

2. 铁心线圈的电流有效值及漏阻抗

应用基尔霍夫第二定律列出回路的电压方程式时,需要先选择回路的绕行方向。若取回路的绕行方向和电流的正方向一致,则回路的电位升是 $u+e+e_s$,电位降是 u_R,因此

$$u+e+e_s = u_R \quad 或 \quad u = u_R + (-e_s) + (-e) \tag{5-17}$$

式(5-17)说明,在交流铁心线圈电路中,外加电压 u 可分为 3 个部分,一是降落在铁心线圈电阻上的电压,二是用来平衡漏磁感应电动势的电压 $(-e_s)$,三是用来平衡主磁感磁通电动势的电压 $(-e)$。由 R、L 串联电路可知,用来平衡自感电动势的电压就是感抗电压 u_L,而 u_L 的有效值 $U_L = X_L I$,且 u_L 超前于 i 为 $\pi/2$ 电角度。同理,在交流铁心线圈电路中,由于漏磁电感 L_s 为一常数,即线圈的漏磁电感在电路中所产生的漏磁感抗 $X_s = 2\pi f L_s$ 为一常数。于是外加电压中用来平衡漏磁感应电动势的电压也就是漏磁感应电压 u_{Ls}。而 u_{Ls} 的有效值 $U_{Ls} = X_s I$,且 u_{Ls} 超前于 i 为 $\pi/2$ 电角度。但主磁电感 L 不为常数,所以外加电压中用来平衡主磁感应电动势的电压不能用感抗电压来表示,而只能用 $(-e)$ 表示,于是式(5-17)改写为

$$u = u_R + u_{Ls} + (-e) \tag{5-18}$$

这就是交流铁心线圈的电压平衡方程式。设外加电压 u 为正弦波,在磁路不太饱和的情况下,电路中的电流 i 也近似为一正弦波。于是式(5-18)可用相量表示为

$$\dot{U} = R\dot{I} + \dot{U}_{Ls} + (-\dot{E}) \quad 或 \quad (\dot{U}+\dot{E}) = R\dot{I} + \dot{U}_{Ls}$$

式中,等号的右边是电阻电压和漏感抗电压的相量和,因此可用一阻抗电压来表示。如果不考虑电流和电压间的相位关系,仅计算阻抗电压的绝对值,则有 $|U+E| = |RI+U_{Ls}| = I\sqrt{R^2+X_{Ls}^2}$,$\sqrt{R^2+X_{Ls}^2}$ 称为线圈的漏阻抗,用 $|Z_s|$ 表示。于是交流铁心线圈中的电流为

$$I = \frac{|U+Z|}{Z_s}$$

通常铁心线圈的电阻较小,而漏磁通在外加电压为额定值且磁路为闭合铁心的情况下,约占主磁通的百分之几,因此漏阻抗是较小的。若略去 $|Z_s|$ 不计,则

$$\dot{U} + \dot{E} \approx 0$$

此式说明,U 和 E 几乎是时时大小相等,相位相反。可见主磁感应电动势 e 实际上是反电动势。

综上所述,铁心线圈的电流有效值不仅和外加电压有效值有关,而且还和铁心线圈的漏阻抗、反电动势有关。铁心线圈的漏阻抗的概念是非常重要的。虽然交流电气设备的漏阻抗一般均较小,但它对设备的运行却具有很大的影响。在分析变压器和交流电动机的工作原理时,常要用到漏阻抗的概念。

3. 铁心线圈的伏安特性

铁心线圈的电流有效值和加在铁心线圈两端的电压有效值之间的关系,即 $I=f(U)$,称为铁心线圈的伏安特性。为了便于求得电路的电压和电流之间的关系,可略去 $|Z_s|$ 不计,并设铁心中的磁通为 $\Phi = \Phi_m \sin \omega t$,于是

$$
\begin{aligned}
u = (-e) &= N \frac{\mathrm{d}(\Phi_m \sin \omega t)}{\mathrm{d}t} \\
&= N\Phi_m \omega \cos \omega t \\
&= 2\pi f N \Phi_m \sin\left(\omega t + \frac{\pi}{2}\right) \\
&= U_m \sin\left(\omega t + \frac{\pi}{2}\right)
\end{aligned}
$$

式中,$U_m = 2\pi f N \Phi_m$。

若两边同除以 $\sqrt{2}$,则得外加电压的有效值和铁心中的磁通最大值之间的关系为

$$
U = \frac{2}{\sqrt{2}} \pi f N \Phi_m \tag{5-19}
$$

在线圈匝数 N 和电源频率 f 为定值的情况下,铁心中的磁通最大值 Φ_m 和外加电压有效值成正比关系。此外,当外加电压按正弦规律变化时,铁心中的磁通 Φ 也按正弦规律变化,且滞后于外加电压 $\pi/2$ 电角度。以上关系,虽然是在略去漏阻抗电压的情况下求得的,但这一结果和铁心线圈的实际情况十分接近。根据以上所求得的电压和磁通的关系,可找到铁心线圈的外加电压有效值和电流有效值的关系。因为铁心线圈的电流有效值 I 和磁通 Φ 之间应满足铁心的磁化曲线所确定的关系,而铁心线圈外加电压的有效值 U 和磁通 Φ_m 是成正比的,所以 U 和 I 之间也应满足铁心的磁化曲线所确定的关系。若以 U 来代替磁化曲线中的 Φ,可得如图 5-22 所示铁心线圈的伏安特性曲线。

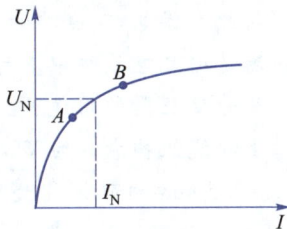

图 5-22 铁心线圈的
伏安特性曲线

由特性曲线可知,当外加电压较小时,铁心尚未饱和(如图中 OA 段),此时铁心线圈中通过的电流随外加电压几乎成正比增加。在 AB 一段上,曲线逐渐弯曲,此时电流的增加要比电压的增加速度快,这是由于铁心的磁导率在减小,线圈的主磁电感和感抗也跟着减小的缘故。超过额定电压 U_N 以后,即使外加电压增加不多,线圈中通过的电流也将大大增加。若外加电压比额定电压大 20%,则线圈中的电流可能达到额定电流的两倍以上。因此,在实际应用中应加以注意。例如,额定电压 $U_N = 110$ V 的变压器,如果误接在 220 V 的电压上,则变压器中通过的电流可能比额定电流大几十倍,因而造成设备损坏事故。

例 5-3 一励磁线圈的匝数为 100 匝,通过 0.2 A 的电流,求通过的磁通势为多少?

解:根据磁路的欧姆定律有

$$F = N \times I = 100 \times 0.2 \text{ A} = 20 \text{ A}$$

5.4
变压器

⚙ 话题引入

靠谱的电力卫士

变压器是一种常见的电气设备,可用来把某一数值的交变电压变换为同频率另一数值的交变电压。将功率 $P = \sqrt{3}UI\cos\varphi$ 的交流电从发电厂输送到用电的地方,通常要用很长的输电线。在输送功率 P 和负载的 $\cos\varphi$ 为定值的情况下,电压 U 越高,则线路电流 I 越小,因而输电线的截面可以减小,这就能够大量地节约导电材料的用量。由此可见,远距离输电时采用高电压是最为经济的。目前我国交流输电的电压已达 500 kV。这样高的电压,不论从发电机的安全运行方面或者从制造成本方面来考虑,都不容许由发电机直接产生。发电机的额定电压一般有 3.15 kV、6.3 kV、10.5 kV、15.75 kV 等几种。因此,在输电前,应利用变压器把电压升高到所需的数值。在用电方面,各类用电器所需的电压各不相同,多数的用电器是 220 V、380 V,少数的电动机也有采用 3 000 V 或 6 000 V 的,有些用电器的额定电压较低,如机床上的照明灯为 36 V 等。因此在供电前,也要利用变压器把电源的高电压变换成负载所需的低电压。综上所述,变压器是输配电系统中不可缺少的重要设备之一。

尽管变压器的用途、电压等级各有不同,但其基本组成部分都是相同的,由铁心和套在铁心上的绕组构成。为了减小涡流及磁滞损耗,变压器的铁心是用表面有绝缘层、厚度为 0.35~0.5 mm 的硅钢片叠成。按照铁心的构造不同,变压器可分为心式和壳式两种。图 5-23 所示为有筒形绕组的心式变压器,它的低压绕组靠近铁心放置,高压绕组则绕在低压绕组的外面。

图 5-24 所示为一壳式变压器,它的高、低压绕组都绕在当中的铁心柱上,因此当中的铁心柱的截面积为两边铁心柱的两倍。

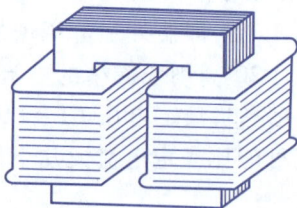

图 5-23 有筒形绕组的心式变压器   图 5-24 壳式变压器

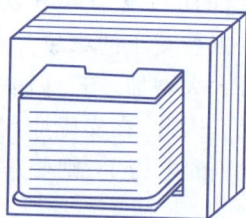

变压器工作时,因有铁损耗和铜损耗(即绕组的电阻功率损耗)致使铁心和绕组发热,因

此,有必要考虑其冷却问题。变压器按冷却方式可分为自冷式和油冷式两种。在自冷式变压器中,热量依靠空气的自然对流和辐射直接散发到周围的空气内。当变压器的容量较大时常采用油冷式,这时把变压器的铁心和绕组全部浸在矿物油(即变压器油)内,使其产生的热量通过油传给箱壁而散发到空气中去。为了增加散热量,在箱壁上装有散热管来扩大其冷却表面,并能具有促进油的对流作用。有散热管油箱的三相变压器如图 5-25 所示。

5.4.1 单相变压器

简单的单相变压器由一个闭合的铁心和绕在铁心上的两个匝数不等的绕组组成,如图 5-26 所示。为了便于标注高、低压绕组的物理量,把高、低压绕组分别集中画在两边的铁心柱上。与电源相连接的绕组称为一次绕组(初级绕组、原绕组),与负载相连接的绕组称为二次绕组(次级绕组、副绕组)。一次、二次绕组都是用绝缘的导线绕成的。虽然一次、二次绕组在电路上是分开的,但二者却处在同一磁路上。

图 5-25 有散热管油箱的三相变压器

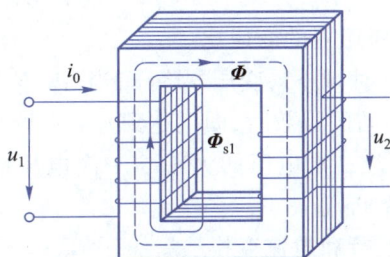

图 5-26 简单的单相变压器

1. 空载运行和电压变换

把变压器的一次绕组接上额定的交变电压,而二次绕组开路(即不与负载接通),变压器便在空载状态下运行。在外加正弦电压 u_1 的作用下,一次绕组中便有交变电流 i_0 通过,称为空载电流,其有效值为 I_0。变压器的空载电流一般都很小,约为额定电流的 3%~8%。空载电流通过匝数为 N_1 的一次绕组,产生磁通势 $i_0 N_1$,在其作用下,铁心中产生了正弦交变磁通。磁通的绝大部分都沿铁心而闭合,它既与一次绕组交链,又与二次绕组交链,因而称其为工作磁通(即主磁通)。仅有很少一部分磁通,在穿过一次绕组后就沿附近的空间而闭合,如图 5-26 中的 Φ_{s1} 所示。这部分仅与一次绕组相交链而不与二次绕组相交链的磁通,称为一次绕组的漏磁通。由于 i_0 很小,故空载时漏磁通 Φ_{s1} 也很小。设穿过一次绕组的交变主磁通为 $\Phi = \Phi_m \sin \omega t$,则一次绕组的感应电动势为

$$e_1 = N_1 \frac{d\Phi}{dt} = \omega \Phi_m N_1 \sin\left(\omega t - \frac{\pi}{2}\right) = 2\pi f \Phi_m N_1 \sin\left(\omega t - \frac{\pi}{2}\right)$$

此式表明,e_1 滞后于工作磁通 $\pi/2$ 电角度。式中,$2\pi f \Phi_m N_1$ 为感应电动势的最大值,用 E_{1m} 表示。把 E_{1m} 除以 $\sqrt{2}$,则得 e_1 的有效值为

$$E_1 = 4.44 f \Phi_m N_1 \qquad (5-20)$$

同理,二次绕组感应电动势的有效值为

$$E_2 = 4.44 f \Phi_m N_2 \qquad (5-21)$$

式中,N_2 为二次绕组的匝数。由式(5-20)和式(5-21)可得

$$\frac{E_1}{E_2}=\frac{N_1}{N_2} \qquad (5-22)$$

变压器空载时的一次侧电路就是一个交流铁心线圈电路,可得变压器空载时一次侧电路的电压平衡方程式

$$u_1 = R_1 i_0 + u_{Ls1} + (-e_1)$$

由于空载时 i_0 很小,故一次绕组的漏阻抗电压很小,可略去不计,于是得

$$u_1 \approx (-e_1)$$

在数值上,则有

$$U_1 \approx E_1$$

空载时变压器的二次绕组是开路的,它的端电压 U_{20} 与感应电动势 E_2 相等,即

$$U_{20} = E_2$$

所以

$$\frac{U_1}{U_2}=\frac{E_1}{E_2}=\frac{N_1}{N_2}=k_u \qquad (5-23)$$

式中,k_u 称为变压器的变压比。

当 $N_1 > N_2$ 时,$k_u > 1$,变压器降压;当 $N_1 < N_2$ 时,$k_u < 1$,变压器升压。由此可见,当一次、二次绕组绕有不同的匝数时,即可达到升高或降低电压的目的。对于已经制成的变压器而言,其 k_u 为定值,故二次电压的大小与一次电压成正比,亦即二次电压随一次电压的升高(降低)而升高(降低)。

2. 负载运行和电流变换

把变压器的二次绕组与负载接通后,二次侧电路中就有电流 i_2 通过。这时变压器便在负载状态下运行,如图 5-27 所示。

由二次绕组的电流 i_2 所建立的磁通势 $i_2 N_2$ 将产生磁通 $\boldsymbol{\Phi}_2$。磁通 $\boldsymbol{\Phi}_2$ 的绝大部分都与一次侧磁通势所产生的磁通共同作用在同一个闭合的磁路上,仅有很少的一部分沿着二次绕组周围的空间而闭合,如图 5-27 中的 $\boldsymbol{\Phi}_{s2}$ 所示。这部分仅与二次绕组相交链而不与一次绕组相交链的磁通,称为二次绕组的漏磁通。当变压器有载时,由于二次侧磁通势的影响,以致铁心中的主磁通 $\boldsymbol{\Phi}_m$ 的数值将企图改变。

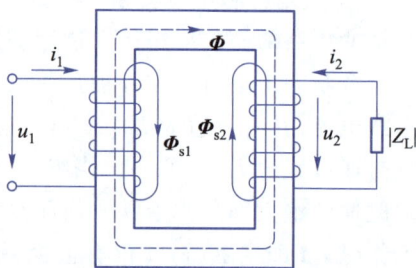

图 5-27 负载运行

但在外加电压有效值 U_1 和电源频率 f 不变的条件下,从近似等式 $U_1 \approx E_1 = 4.44 f \boldsymbol{\Phi}_m N_1$ 可以看出,主磁通 $\boldsymbol{\Phi}_m$ 应基本保持不变。因此随着 i_2 的出现,一次绕组中通过的电流将从 i_0 增加到 i_1。一次绕组的磁通势将由 $i_0 N_1$ 增加到 $i_1 N_1$,它所增加的部分 $i_1' N_1$ 正好与二次绕组的磁通势 $i_2 N_2$ 相抵消,从而维持铁心中的主磁通 $\boldsymbol{\Phi}_m$ 的大小基本不变,即与空载时的 $\boldsymbol{\Phi}_m$ 在数量上接近相等。

变压器空载时的主磁通是由 $i_0 N_1$ 所产生,而有载时的主磁通则由 $i_1 N_1$ 和 $i_2 N_2$ 共同来产生。由以上分析可知,有载时一次绕组电流所建立的磁通势 $i_1 N_1$ 应分为两部分:其一是 $i_0 N_1$,用来产生主磁通 $\boldsymbol{\Phi}_m$,其二是 $i_1' N_1$(或 $-i_2 N_2$),用来抵偿二次绕组电流所建立的磁通势 $i_2 N_2$,从而保持 $\boldsymbol{\Phi}_m$ 基本不变,即

$$i_1 N_1 = i_1' N_1 + i_0 N_1 = -i_2 N_2 + i_0 N_1$$

或用相量表示为

$$\dot{I}_1 N_1 + \dot{I}_2 N_2 = \dot{I}_0 N_1 \qquad (5-24)$$

式（5-24）说明，变压器有载时一次侧与二次侧磁通势的相量和，与空载时的磁通势相等。因为 I_0 很小，在变压器接近满载的情况下，$I_0 N_1$ 相对于 $I_1 N_1$ 或 $I_2 N_2$ 而言基本上可略去不计，于是得一次侧、二次侧磁通势的数值关系为 $I_1 N_1 \approx I_2 N_2$，即

$$\frac{I_1}{I_2} \approx \frac{N_2}{N_1} = \frac{1}{k_u} = k_i \qquad (5-25)$$

式中，k_i 称为变流比。

由此可见，变压器一次侧、二次侧的电流比与它们的匝数成反比。高压绕组的匝数多，它所通过的电流就小；而低压绕组匝数少，它所通过的电流就大。一次侧、二次侧电路两边的电流是互相关联的，必须遵循磁通势的平衡方程。

需要注意，变压器一次电流 I_1 的大小是由二次电流 I_2 的大小来决定的。当二次侧电路断开时，$I_2 = 0$，此时一次绕组中只有很小的空载电流 I_0。在二次侧电路接通后，如果把负载阻抗 $|Z_L|$ 减小，则 $I_2 = \dfrac{U_2}{|Z_L|}$ 增大，I_1 也随之增大，其值可由式（5-25）近似地算出。越接近于满载，计算结果越准确。随着一次电流 I_1 的增大，一次绕组从电力网吸取的电功率 P_1 也增大，且以磁通为媒介，通过电磁感应的形式而传递到二次绕组，再由它输送给用电器。变压器二次侧输出的功率 $P_2 = U_2 I_2 \cos\varphi_2$ 与一次侧输入的功率 $P_1 = U_1 I_1 \cos\varphi_1$ 之比称为变压器的效率，即

$$\eta = \frac{P_2}{P_1}$$

式中，P_1 就是二次侧输出的功率 P_2 与变压器的功率损耗 ΔP 之和。而 ΔP 则包括一次、二次绕组的电阻所消耗的功率以及铁心中的磁滞损耗和涡流损耗。于是变压器的效率也可表示为

$$\eta = \frac{P_2}{P_2 + \Delta P}$$

电力变压器的效率一般都在 95% 以上，现代大容量的电力变压器效率甚至可高达 99%。可见，变压器的损耗 ΔP 相对于额定输出功率而言是很小的，这时 $P_1 \approx P_2$，即

$$U_1 I_1 \cos\varphi_1 \approx U_2 I_2 \cos\varphi_2$$

因为

$$U_2 = \frac{N_2}{N_1} U_1 \qquad\qquad I_2 = \frac{N_1}{N_2} I_1$$

所以

$$\cos\varphi_1 \approx \cos\varphi_2$$

由此说明，在接近额定负载时，u_1 与 i_1 之间的相位差 φ_1 近似地等于 u_2 与 i_2 之间的相位差 φ_2。

综上所述，不仅变压器一次电流 I_1 的大小是由二次电流 I_2 的大小来决定的，而且一次侧电路的性质（指阻抗的性质）也是由二次侧的负载性质来决定的。

随着变压器二次绕组输出电流 I_2 的增大，二次绕组输出的电压 U_2 将略有变化。当电源电压（即加在一次绕组上的电压 U_1）和负载的功率因数 $\cos\varphi_2$ 为常数时，U_2 随 I_2 的变化关

系,即 $U_2 = f(I_2)$,称为变压器的外特性。对电阻性和电感性的负载而言, U_2 随 I_2 的增加而略有下降,如图 5-28 所示。

二次绕组电压变化的程度,用电压变化率 ΔU 表示,即

$$\Delta U = \frac{U_{20} - U_2}{U_{20}} \times 100\%$$

式中, U_{20} 为二次绕组空载时的端电压, U_2 为满载时的端电压。

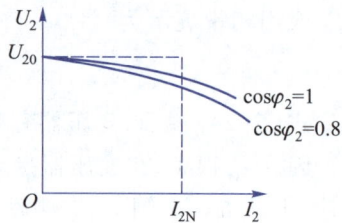

图 5-28　变压器的外特性曲线

对电力变压器而言,通常要求从空载到满载二次绕组的电压变化率不超过 5%。

例 5-4　一台单相变压器,一次绕组的额定电压 $U_{1N} = 3\ 000$ V,二次侧开路时 $U_{20} = 230$ V。当二次侧接入电阻性负载并达到满载时,二次侧电流 $I_2 = 40$ A,此时 $U_2 = 220$ V。若变压器的效率 $\eta = 95\%$,求变压器一次电流 I_1、变压器的功率损耗 ΔP、电压变化率 ΔU。

解:二次侧输出的电功率为

$$P_2 = U_2 I_2 = 220\ \text{V} \times 40\ \text{A} = 8\ 800\ \text{W}$$

一次侧输入的电功率为

$$P_1 = \frac{P_2}{\eta} = 9\ 263\ \text{W}$$

一次电流为

$$I_1 = \frac{P_1}{U_1} = 3.08\ \text{A}$$

变压器的功率损耗为

$$\Delta P = P_1 - P_2 = 463\ \text{W}$$

变压器的电压变化率

$$\Delta U = \frac{230\ \text{V} - 220\ \text{V}}{230\ \text{V}} = 4.34\%$$

3. 变压器的阻抗变换作用

以上讲述了变压器的电压变换和电流变换。此外,利用变压器还可进行阻抗变换。所谓阻抗变换,是指通过选取不同的变压器匝数比 k_u,从而把二次侧的负载阻抗 $|Z_L|$ 变换为不同数值的一次侧电路的等效阻抗 $|Z_L'|$。在图 5-29(a)所示的电路中,变压器二次侧的负载阻抗为 $|Z_L| = \dfrac{U_2}{I_2}$。

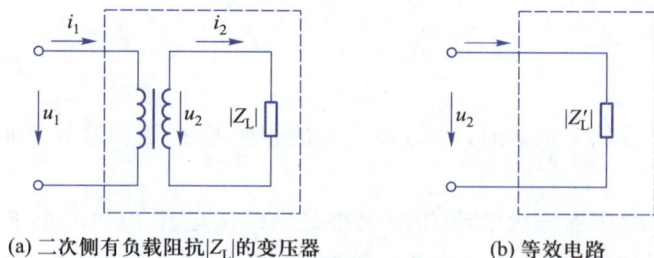

(a) 二次侧有负载阻抗 $|Z_L|$ 的变压器　　　　(b) 等效电路

图 5-29　阻抗变换

图 5-29(b)是图 5-29(a)的等效电路。在此电路中,用一个接在一次侧电路的等效阻

抗 $|Z'_L|$ 来代替变压器的二次侧的负载阻抗 $|Z_L|$。等效代替后,一次侧电路的电压 u_1 和电流 i_1 以及功率 P_1 应保持不变。于是,从原方电路看进去

$$|Z'_L| = \frac{U_1}{I_1}$$

因为

$$U_1 = k_u U_2 \qquad I_1 = \frac{I_2}{K_u}$$

所以

$$|Z'_L| = k_u U_2 \frac{1}{\dfrac{I_2}{k_u}} = k_u^2 |Z_L| = \left(\frac{N_1}{N_2}\right)^2 |Z_L|$$

由此可得如下结论。

(1)当变压器二次侧接入负载阻抗 $|Z_L|$ 时,相当于一次侧电路中有等效阻抗 $|Z'_L| = \left(\dfrac{N_1}{N_2}\right)^2 |Z_L|$。

(2)当二次侧的负载阻抗 $|Z_L|$ 一定时,通过选取不同匝数比的变压器,则在一次侧电路中可得到不同的等效阻抗值。在电子线路中,有时需要利用变压器进行阻抗变换,把接在二次侧的负载阻抗变换为适当数值的一次侧等效阻抗,从而使负载与电源相匹配,以获得较高的功率输出。

例 5-5 一个 $R_L = 8\ \Omega$ 的负载电阻,接在电动势 $E = 10\ V$、内电阻 $R_0 = 200\ \Omega$ 的交流信号源上,求 R_L 获得的交流功率 P;若将此 R_L 通过一个匝数比 $N_1/N_2 = 5$ 的输出变压器进行阻抗变换后,再接到上述电源上,求此时 R_L 获得的交流功率 P'(假设输出变压器的效率 $\eta = 0.85$)。

解: R_L 上的交流功率

$$P = \left(\frac{E}{R_0 + R_L}\right)^2 R_L = \left(\frac{10\ V}{200\ \Omega + 8\ \Omega}\right)^2 \times 8\ \Omega = 18\ mW$$

经过阻抗变换后

$$R'_L = \left(\frac{N_1}{N_2}\right)^2 R_L = 5^2 \times 8\ \Omega = 200\ \Omega$$

等效电阻 R'_L 获得的交流功率

$$P = \left(\frac{E}{R_0 + R'_L}\right)^2 R'_L = \left(\frac{10\ V}{200\ \Omega + 200\ \Omega}\right)^2 \times 200\ \Omega = 125\ mW$$

R_L 上获得的交流功率

$$P' = \eta P_1 = 0.85 \times 125\ mW = 106\ mW$$

5.4.2 三相变压器

现代交流电能的产生和输送几乎都采用三相制。欲把某一数值的三相电压变换为同频率的另一数值的三相电压,可用三台单相变压器连接成三相变压器组或用一台三相变压器来实现。

图 5-30 所示为三相变压器组。根据电力网的线电压和各个一次绕组额

定电压的大小,可把 3 个一次绕组接成星形或三角形。根据供电需要,它们的二次绕组也可接成上述的形式。

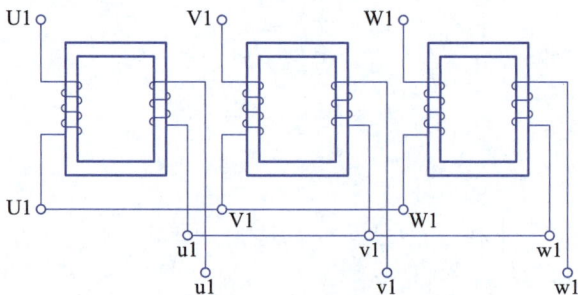

图 5-30　三相变压器组

图 5-31 所示为三相变压器。它的铁心具有 3 个铁心柱,在每个铁心柱上各装有一个一次绕组和一个二次绕组。各相高压绕组的首端和末端分别用 U1、V1、W1 和 U2、V2、W2 表示;各相低压绕组的首端和末端分别用 u1、v1、w1 和 u2、v2、w2 表示。如果把 U2、V2、W2 接在一起,U1、V1、W1 接到电源上,则一次绕组为星形联结。在对称三相系统中,加在一次绕组上的各正方向电压(由一次绕组的首端指向末端的电压)大小相等,互相有 120° 相位差。在正方向电压的作用下,3 个一次绕组中正方向的磁通(由正方向电流所产生的磁通)也互有 120° 相位差,如图 5-32 所示。由此可知,在 t_1 瞬时,U 相绕组的磁通达到正方向最大值,而 V 相和 W 相的磁通恰好是反方向,且为最大值的一半。

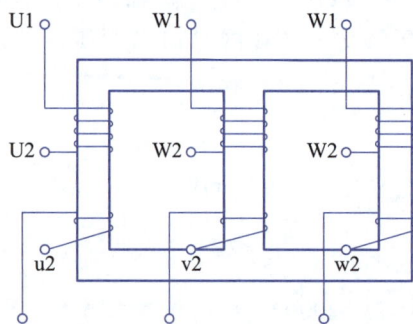

图 5-31　三相变压器

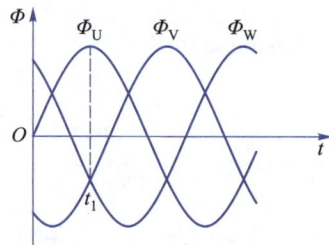

图 5-32　三相绕组相位差

虽然铁心中磁通的大小和方向时刻在变化,但由于铁心柱中的磁通到达正方向最大值时总是依次地相差 120°(即相差 $2\pi/3$)。因此,在 3 个二次绕组中产生的正方向感应电动势也互有 120° 相位差。由此可见,三相变压器的每一铁心柱就相当于一个单相变压器。通过改变三相变压器一次、二次绕组的匝数,便可达到升高或降低三相电压的目的。

三相电力变压器绕组的常用接法有 Y/Y₀、Y/Y 和 Y₀/△ 等几种。在上述符号中,分子表示三相高压绕组的接法,分母表示三相低压绕组的接法,Y₀ 表示三相绕组星形联结并具有中性点引出线,△ 表示三角形联结。

为了正确使用变压器,需要了解它的额定值。变压器的额定值主要有如下几种。

(1)一次绕组的额定电压 U_{1N}:是指在设计时根据变压器的绝缘强度和容许发热而规定在一次绕组上应加的电压值,在三相变压器中是指线电压值。

（2）二次绕组的额定电压 U_{2N}：是指当变压器空载而一次绕组的电压为额定值时的二次绕组的电压值，在三相变压器中是指线电压值。

（3）一次绕组的额定电流 I_{1N}：是指在设计时根据变压器的容许发热而规定的一次绕组中长期容许通过的最大电流值，在三相变压器中是指线电流值。

（4）二次绕组的额定电流 I_{2N}：是指在设计时根据变压器的容许发热而规定的二次绕组中长期容许通过的最大电流值，在三相变压器中是指线电流值。

（5）容量 S_N：变压器的容量用额定视在功率表示。单相变压器的容量为二次绕组的额定电压与额定电流的乘积，常以 kV·A（千伏安）为单位，即

$$S_N = \frac{U_{2N} I_{2N}}{1\,000}$$

三相变压器的容量为

$$S_N = \frac{\sqrt{3}\, U_{2N} I_{2N}}{1\,000}$$

（6）额定频率 f：是指加在变压器一次绕组上的电压频率。我国规定的标准频率是 50 Hz。

5.4.3 特殊变压器

1. 自耦变压器

普通变压器（或称双绕组变压器）的一次绕组和二次绕组是相互分开的。如果把一次绕组和二次绕组合二为一，如图 5-33 所示，就成为只具有一个绕组的变压器，其中高压绕组的一部分线圈兼作低压绕组，这种变压器称为自耦变压器。因此，自耦变压器的高、低压绕组之间既有电的联系，又有磁的联系，如图 5-34 所示。

图 5-33 自耦变压器   图 5-34 自耦变压器电路原理

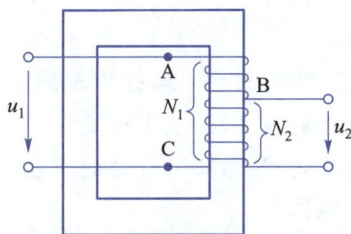

当绕组 AC 的两端加上交变电压 u_1 后，铁心中产生了交变磁通，因而在 N_1 匝绕组上的感应电动势为

$$E_1 = 4.44 f N_1 \Phi_m$$

在 N_2 匝绕组上的感应电动势为

$$E_2 = 4.44 f N_2 \Phi_m$$

因此

$$\frac{E_1}{E_2} = \frac{N_1}{N_2}$$

如略去绕组的电压不计，则

$$\frac{U_1}{U_2} = \frac{N_1}{N_2}$$

由此可见，只要适当选取匝数 N_2，则在二次侧电路中就可获得所需的电压 u_2。

图 5-35 所示是三相自耦变压器,它的 3 个绕组通常为星形联结,三相自耦变压器常用来起动异步电动机。

自耦变压器的优点是:构造简单,节省用铜量,效率比普通的变压器高。其缺点是二次侧电路与一次侧电路有电的联系,故一次、二次侧电路的绝缘应采用同一等级。例如,用自耦变压器把 6 000 V 的电压变换为 220 V,则二次侧电路的绝缘也要按 6 000 V 来考虑,这样非但不经济,而且对工作人员来说也是很危险的。因此,自耦变压器的变压比一般不超过 2。

低压小容量的自耦变压器,其二次绕组的分接头 B 常做成能沿线圈自由滑动的触点,因而可以平滑地调节二次侧电压。这种自耦变压器称为自耦调压器,如图 5-36 所示。自耦调压器常用在实验室中来调节实验用的电压。

按照电气安全操作规程的规定,自耦变压器不容许作为安全变压器使用,因为线路万一接错,将会发生触电事故。图 5-37 所示就是错误的接法,当人触及二次侧电路中任一相线时均有危险。因此规定,安全变压器一定要采用一次、二次绕组相互分开的双绕组变压器。

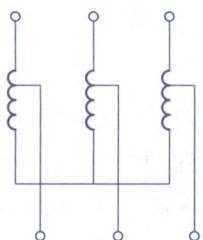
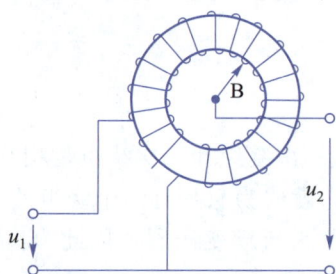
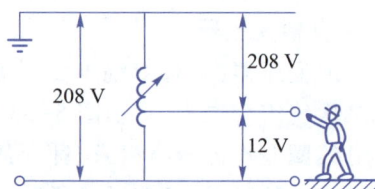

图 5-35　三相自耦变压器　　　图 5-36　自耦调压器　　　图 5-37　错误接法

2. 仪用互感器

专供测量仪表使用的变压器称为仪用互感器,简称互感器。采用互感器的目的是使测量仪表与高压电路绝缘,以保证工作安全,扩大测量仪表的量程。

根据用途的不同,互感器可分为电压互感器和电流互感器两种。

（1）电压互感器

电压互感器如图 5-38 所示,可用它扩大交流电压表的量程。

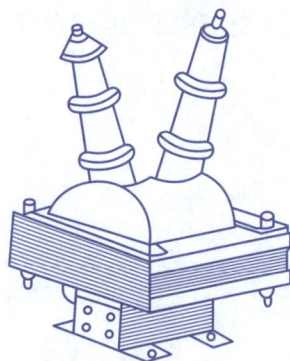
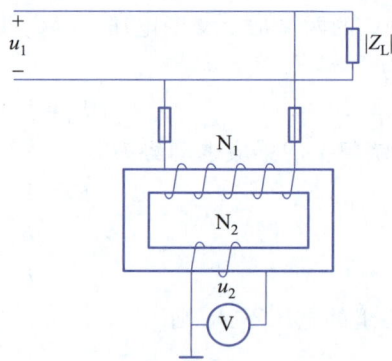

(a) 外形图　　　　　　　　　　(b) 原理图

图 5-38　电压互感器

它的工作原理与普通变压器空载情况相似。使用时,应把匝数较多的高压绕组跨接在需要测量其电压的供电线上,而匝数较少的低压绕组则与电压表相连。

因为
$$\frac{U_1}{U_2} = k_u$$

所以
$$U_1 = k_u U_2$$

由此可见,高压线路的电压等于二次侧所测得的电压与变压比的乘积。当电压表与一只专用的电压互感器配套使用时,电压表的刻度就可按电压互感器高压侧的电压标出,这样就可不必经过中间运算,而直接从该电压表上读出高压线路的电压值。通常电压互感器二次绕组的额定电压均设计为同一标准值——100 V。因此,在不同电压等级的电路中所用的电压互感器,其变压比是不同的,例如 10 000/100、35 000/100 等。为了工作安全,在运行中电压互感器二次绕组不允许短路,否则,会产生很大的短路电流,烧坏互感器。此外,电压互感器的铁壳及二次绕组的一端都必须接地。如不接地,万一高、低压绕组间的绝缘损坏,则低压绕组和测量仪表对地将出现一个高电压,这对工作人员来说是非常危险的。

(2)电流互感器

电流互感器如图 5-39 所示,可用它扩大交流电流表的量程。在使用时,它的一次绕组应与待测电流的负载相串联,二次绕组则与电流表串联接成一闭合回路。电流互感器的一次绕组是用粗导线绕成,其匝数只有一匝或几匝,因而它的阻抗极小。

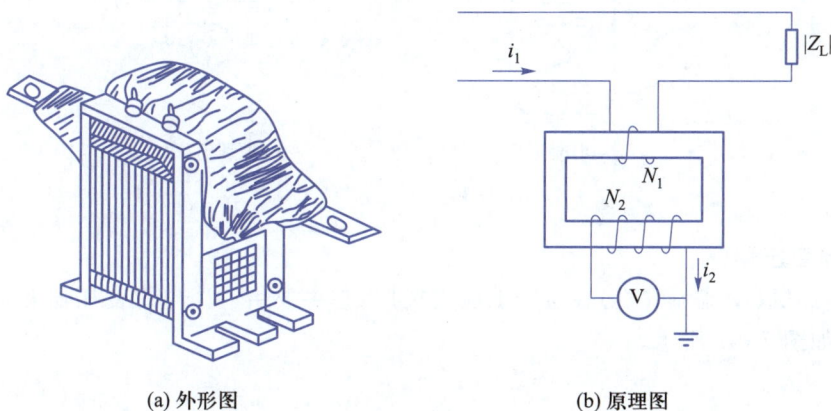

(a) 外形图　　　　　　　　(b) 原理图

图 5-39　电流互感器

当一次绕组串接在待测电路中时,它两端的电压很小。二次绕组的匝数虽多,但在正常的情况下,它的电动势 E_2 并不高,大约只有几伏。

由于
$$\frac{I_1}{I_2} = \frac{N_2}{N_1} = \frac{1}{k_u} = k_i$$

所以
$$I_1 = k_i I_2$$

由此可见,通过负载的电流就等于二次侧所测得的电流与变流比 k_i 的乘积。如果电流表与一只专用的电流互感器配套使用,则这电流表的刻度就可按高压电路或大电流的电路中的电流值标出。通常电流互感器二次绕组的额定电流均设计为同一标准值——5 A。因此,在不同电流的电路中所用的电流互感器,其变流比是不同的。电流互感器的变流比有10/5、20/5、30/5、40/5、50/5、75/5、100/5 等。

为了安全起见,电流互感器二次绕组的一端和铁壳都必须接地。此外,在电流互感器的一次绕组接入一次侧电路之前,应先把电流互感器的二次绕组连成闭合回路,并且在工作中不允许开路。因为电流互感器一次绕组中所通过的电流 i_1,仅取决于一次侧电路的电压和负载,而与二次侧电路的接通与否几乎无关。当电流互感器的二次侧电路接通时,铁心中的磁通由磁通势 i_1N_1 和 i_2N_2 共同产生,其值不大。若二次侧开路,则铁心中的磁通仅由 i_1N_1 产生,此时磁通大大增加,使铁损耗急剧上升,铁心严重发热。同时二次绕组也产生较高的感应电动势,危及工作安全。

图 5-40 所示为钳形电流表,它是电流互感器的另一种形式。钳形电流表是由一只与电流表接成闭合回路的二次绕组和一只铁心所构成,其铁心可以开合。在测量时,先张开铁心,把待测电流的一根导线放入钳中,然后再把铁心闭合。这样,载流导线便成为电流互感器的一次绕组,经过变换后,在电流表上就直接指出被测电流的大小。

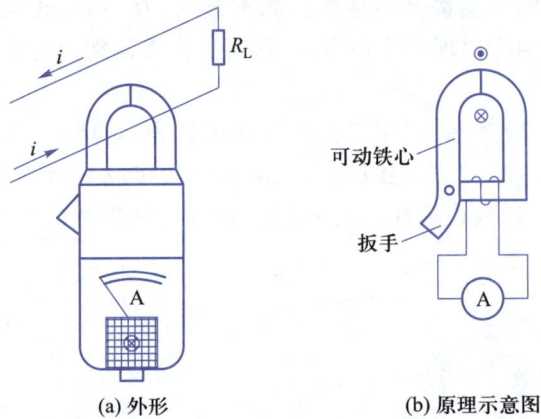

(a) 外形   (b) 原理示意图

图 5-40 钳形电流表

3. 电焊变压器

交流电焊机(交流弧焊机)在生产上应用很广,它主要由一个电焊变压器和一个可变电抗器组成,如图 5-41 所示。

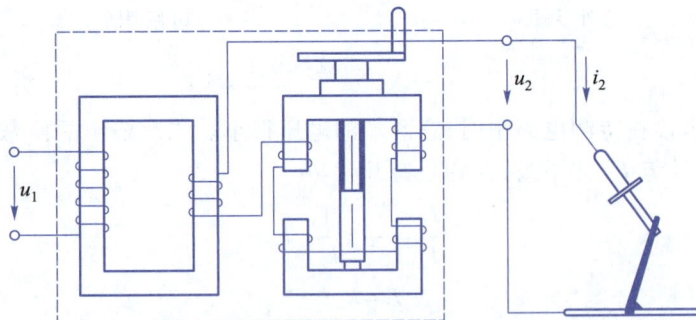

图 5-41 交流电焊机

交流电焊机中的电焊变压器应具有如下特点:空载时有足够的电弧点火电压,其值为 60~70 V;有负载后,二次侧的电压随输出电流下降较快,即变压器应具有陡降的外部特性;当二次侧短路时,短路电流不会导致剧烈地增大。

开始焊接时,先把焊条和焊件接触在一起,这时交流电焊机的输出端短路。由于电焊变压器的一次、二次绕组分别装在两个铁心柱上,两个绕组的漏感抗较大,再加上可变电抗器的电抗,因此短路电流虽然较大但并不剧烈增大。这个短路电流在焊条和焊件的接触处产生较大的热量,温度较高。然后迅速把焊条提起,于是在电压的作用下,焊条和焊件之间产生电弧,对焊件进行焊接。焊接时,焊条和焊件之间电弧的性质相当于一个电阻,电弧上的电压约为 30 V。在焊接过程中,当焊条和焊件之间的距离发生变化,即电弧的弧柱发生变化时,由于电弧的电阻比电路中的感抗小得多,因此焊接电流的变化并不明显,这对焊接来说是非常有利的。

当焊接不同的焊件和使用不同规格的焊条时,则要求调节焊接电流的大小,这可通过调节可变电抗器的空气隙或改变电抗器的线圈匝数来实现。空气隙增大或匝数减少,则焊接电流增大;反之,则焊接电流减小。

5.5
案例分析

5.5.1 案例1:电磁炉工作原理

1. 案例叙述

电磁炉又称为电磁灶,它作为一个常见的家用电器,在很多人家中都有。电磁炉具有快速加热食物、无明火、相对比较安全、不易烫伤、价格实惠、环保节能等优点,受到大家的青睐。那你知道它的工作原理吗?

电磁炉实物和原理示意图如图 5-42 所示。

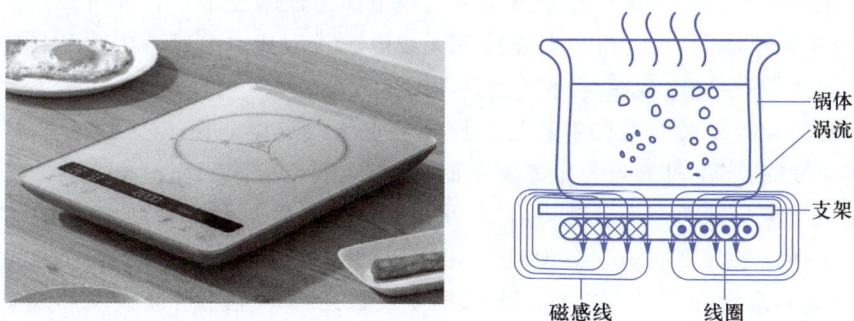

图 5-42 电磁炉实物和原理示意图

2. 案例分析

电磁炉是应用电磁感应电流(又称为涡流)的加热原理工作的。电磁炉通过炉内部的电子线路产生交变磁场,当含铁质锅具放置在炉面时,锅具即切割交变磁感线而在锅具底部金属部分产生交变的电流(即涡流),涡流使锅具的铁分子高速无规则运动,分子互相碰撞、摩擦,从而产生热能。因此,应选用符合电磁炉设计负荷要求的铁质(含铁不锈钢)炊具,其他材质的炊具由于材料电阻率过大或过小,会造成电磁炉负荷异常而起动自动保护,不能正常工作。

电磁炉煮食的热源来自锅具底部而不是电磁炉本身发热传导给锅具,所以热效率要比其他炊具的效率高出近1倍。

5.5.2　案例2:无线充电技术

1. 案例叙述

提到充电,首先会想到手机充电。过去,出门一般要带上充电器,而现在,充电器不再是人们必备的物品,很多的充电宝带有无线充电功能,很多公共场所也提供了手机无线充电装置。不仅是手机,生活中常用的电动牙刷、助听器、汽车充电器等也可以采用无线充电,下面就来看看无线充电原理,揭开无线充电神秘的面纱。

无线充电案例如图5-43所示。

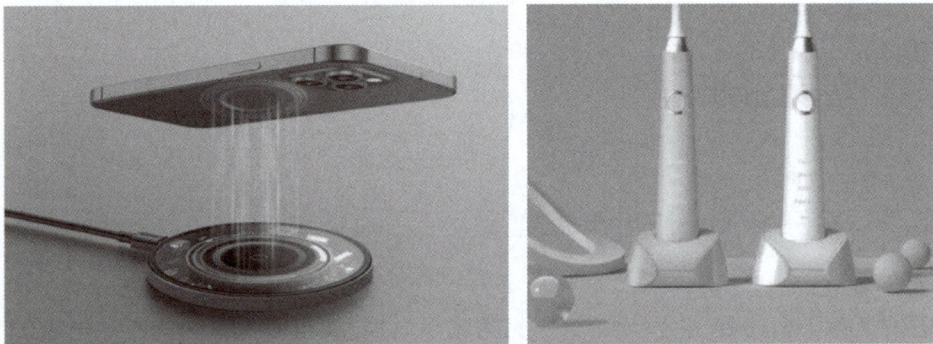

图 5-43　无线充电案例

2. 案例分析

无线充电是一种采用非物理接触方式来实现电能传输的技术。目前常见的无线充电技术有3种,分别是电磁感应式、电磁共振式和无线电波式。其中电磁感应式是目前应用较为广泛的一种方式,不仅充电效率高,而且成本也低。

(1) 电磁感应式无线充电技术的工作原理是在无线充电底座上安装发射线圈,在手机背面安装接收线圈,当手机靠近充电座充电时,发射线圈因接入了交流电,会产生交变磁场。磁场的变化会让接收线圈内产生感应电流,从而将能量从发射端转移到接收端,并最终完成充电过程。这种充电方式的转化效率较高,但传输距离较短,为 0～10 cm,而且对摆放位置要求较高,只能对准线圈一对一进行。金属感应接触还会产生热量造成发热现象。基于电磁感应的无线充电技术,本质上和空心变压器类似,原理简单、技术成熟、成本低,是一种已经广泛普及的技术。

(2) 电磁共振式无线充电技术是利用电磁共振原理,通过两个相互共振的线圈,实现电能的无线传输。这种技术的优点是传输距离长、位置限制少、不受金属干扰,缺点是传输效率低、共振频率难以控制、成本高。这种技术目前正在研究和发展中,有望应用于电动汽车、便携式计算机、电视等设备的充电。A4WP标准是基于电磁共振式无线充电技术的标准。

(3) 无线电波式充电技术由一个微波发射装置和一个微波接收装置完成无线电力传

输,微波发射装置可以安装在墙壁的插座内,微波接收装置可以安装在任何低电压产品上。微波发射装置发射射频信号后,接收装置可以捕捉到从墙壁弹回的无线电波能量,通过检波、高频整流后得到稳定的直流电,供负载使用。

与传统充电方式相比,无线充电技术一定程度上打破了时间和空间的限制,为人们的生活带来了诸多的便利,相信随着无线充电技术和相关产品的进一步发展,未来会有更加广阔的应用前景。

5.5.3 案例3:自感现象的危害

1. 案例叙述

电感是一个储能元件,存储的能量为 $W_L = \frac{1}{2}LI^2$。电动机、变压器等大型电气设备都是感性的,都可以等效为一个电感,工作在电网上的电器70%是感性的。这些负载工作时都通过电流存储能量。当这些负载从电源上切除时,存储的能量要在瞬间通过开关释放。假如一个中型设备存储的电能为2 000 J,在0.1 s内释放,则释放功率为 $P = W/t = 2\,000\,\text{J}/0.1\,\text{s} = 20\,000\,\text{W}$,这么大的释放功率足以烧坏电源开关。为了解决这个问题,在大型感性负载设备中都是采用专用灭弧开关。

2. 案例分析

感性负载的特点是通电时电流小,断电时在断开处会产生很高的自感电压,形成电弧。这不仅会烧坏开关,甚至会危及操作人员的安全。因此,切断这类电路时必须采用特制的安全开关。

5.6
技能训练

5.6.1 技能训练1:变压器同名端的判断

1. 实训目标

(1) 了解变压器同名端和异名端。

(2) 掌握变压器同名端的判断方法。

2. 实训设备及器材

带可调直流电源的电工试验台1台、小型单相变压器1个、刀开关1个。

3. 同名端和异名端认知

同名端,是互感线圈之间的电流或电动势相位判别的依据。当两个互感线圈通入电流,所产生的磁通方向相同时,两个线圈的电流流入端称为同名端(又称同极性端),反之为异名端。如图5-44所示,两个线圈产生的磁通都是顺时针,方向相同,此时1和3为同名端,2和4为同名端,1和4、2和3都为异名端。如果在电路连接时接错了同名端,轻则导致设备无法正常工作,重则可能会导致设备和变压器烧坏等后果,所以同名端的正确判断非常重要。

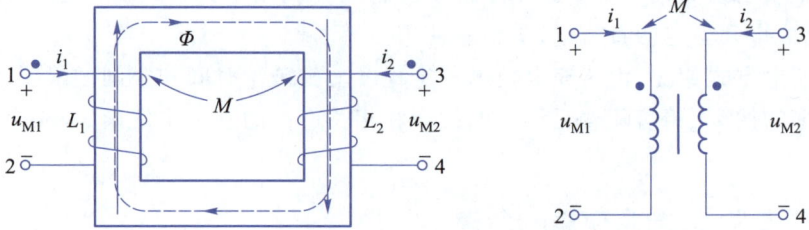

图 5-44　判断同名端和异名端

4. 实训步骤

运用直流法判断同名端电路原理图如图 5-45 所示。

（1）按照电路原理图正确连接电路。

（2）选用指针式万用表,将其水平放置在桌面上,进行机械调零。

（3）将单相变压器电压输入端通过开关 S 接入 3 V 直流电源,并保证开关处于断开状态。

（4）万用表调至直流"μA"挡。

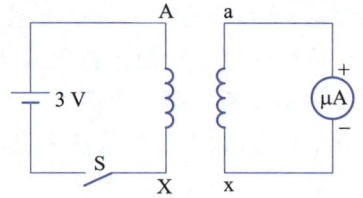

图 5-45　直流法判断同名端
电路原理图

（5）万用表的红、黑表笔分别接入变压器电压输出端的任意两个端子。

（6）合上开关 S 的瞬间,观测指针偏转情况。若指针正偏,则万用表红表笔所接的端子与电池正极所接的端子为同名端,并做好标记"·";若指针反偏,则万用表红表笔所接的端子与电池正极所接的端子为异名端。

5.6.2　技能训练 2:变压器性能测试

1. 实训目标

（1）通过测量计算变压器的各项参数。

（2）学会测量和绘制变压器的空载特性和外特性。

2. 实训设备及器材

万用表 1 个、0~450 V 交流电压表 2 个、0~5 A 交流电流表 2 个、单相功率表 1 个、实验用单相变压器 1 个(220 V/36 V,50 V·A)、自耦调压器 1 个、白炽灯 5 个、开关 5 个。

3. 实训原理

（1）图 5-46 所示为变压器测试电路原理图,其中 AX 为一次侧(低压侧),ax 为二次侧(高压侧)。Z_L 为灯泡负载,测量空载特性时断开,做外特性测试时从 0 至 5 逐次增加白炽灯数量,并使之并联后连接在变压器的二次侧,5 个白炽灯应分别串联一个控制开关,方便负载数量控制。

（2）从仪表中读出一次侧的 U_1、I_1、P_1 以及二次侧的 U_2 和 I_2,并用万用表的"R×1"挡分别测量出一次绕组和二次绕组的电阻 R_1 和 R_2,即可得出变压器各项参数,计算过程如下。

电压比为
$$K_u = \frac{U_1}{U_2}$$

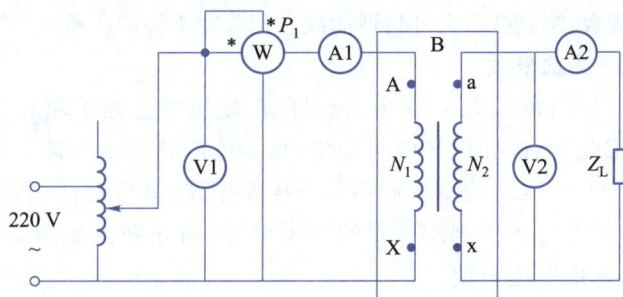

图 5-46 变压器测试电路原理图

电流比为 $\qquad$ $K_i = \dfrac{I_2}{I_1}$

一次侧阻抗为 $\qquad$ $Z_1 = \dfrac{U_1}{I_1}$

二次侧阻抗为 $\qquad$ $Z_2 = \dfrac{U_2}{I_2}$

阻抗比为 $\qquad$ $\dfrac{Z_1}{Z_2}$

负载功率为 $\quad P_2 = U_2 I_2 \cos\varphi_2$（$\cos\varphi_2$ 为白炽灯的功率因数,近似为 1）

功率损耗为 $\qquad$ $P_o = P_1 - P_2$

功率因数为 $\qquad$ $\cos\varphi = \dfrac{P_1}{U_1 I_1}$

一次侧铜耗为 $\qquad$ $P_{Cu1} = I_1^2 R_1$

二次侧铜耗为 $\qquad$ $P_{Cu2} = I_2^2 R_2$

铁耗为 $\qquad$ $P_{Fe} = P_o - (P_{Cu1} + P_{Cu2})$

（3）铁心变压器是一个非线性元件,铁心中的磁感应强度 **B** 取决于外加电压的有效值 U。当二次侧空载时,一次侧的励磁电流 I_1 与磁场强度 **H** 成正比,此时,一次侧电压与电流的关系称为变压器的空载特性。空载实验通常是将二次侧开路,由一次侧通电进行测量,又因空载时功率因数很低,故测量功率时应采用低功率因数功率表。此外,因变压器空载时阻抗很大,故电压表应接在电流表外侧。

（4）变压器外特性测试。为了满足灯泡负载额定电压为 220 V 的要求,以变压器的低压（36 V）绕组作为一次侧,220 V 的高压绕组作为二次侧,即当作一台升压变压器使用。

在保持一次侧电压 36 V 不变时,逐次增加灯泡负载（每个白炽灯为 15 W）,测试变压器外特性。

4. 实训步骤

（1）按照电路原理图连接电路,将 3 个白炽灯并联接入,经指导教师检查后可进行实验。

（2）测试空载特性。将调压器调至零位后合上电源,调节调压器的输出电压,使 U_1 从零逐次上升到额定电压 36 V 的 1.2 倍,分别记录下每一次测得的 U_1、$U_{2空}$ 和 $I_{1空}$,用 U_1 和 $I_{1空}$ 绘制变压器的空载特性。

（3）测试变压器外特性。将调压器调至输出电压为零的位置（逆时针旋到底）,合上电源开关,并调节调压器,使其输出电压为 36 V。令负载开路并逐次增加负载（最多接 5 个白炽灯）,

分别记下 5 个仪表的读数,绘制变压器外特性曲线。实验完毕将调压器调回零位,断开电源。

5. 注意事项

（1）当负载为 4~5 个白炽灯时,变压器已处于超载运行状态,很容易烧坏。因此,测试和记录应尽量快,总共不应超过 3 分钟。

（2）该试验的变压器用作升压变压器,调压器使用时要注意首先调至零位,并用电压表检测调压器的输出电压,防止被测变压器输出过高电压损坏设备,造成触电事故。

（3）测试过程中要注意及时变更负载实验和控制实验时的仪表量程。

思考题

一、填空题

1. 变压器主要由 _____ 和 _____ 组成。

2. _____ 是变压器的基本工作原理。

3. 若变压器的 $N_1 > N_2$,则 U_1 _____ U_2,I_1 _____ I_2。

4. 变压器是既能改变 _____ 大小,又能维持其 _____ 不变的电气设备。

5. 为了 _____,变压器铁心采用硅钢片叠成。

6. 交流异步电动机主要由 _____ 和 _____ 构成。

7. 三相异步电动机的定子绕组有 _____ 和 _____ 两种联结方式。

8. 旋转磁场的转速称为 _____。

二、综合题

1. 有一交流铁心线圈接在 $f = 50\ Hz$ 的交流电源上,铁心中磁通最大值为 $\varPhi_m = 2.25 \times 10^{-3}\ Wb$。若在此铁心上再绕一个线圈,匝数为 200,当线圈开路时,求其两端电压。

2. 一单相照明变压器,容量为 10 kV·A,电压为 3 300/220 V。若变压器在额定情况下运行,求:(1) 变压器二次侧可接多少个 220 V、60 W 的白炽灯? (2) I_{1N}、I_{2N} 各为多少?

3. 单相变压器一次侧、二次侧的额定电压为 220/36 V,$S_N = 2\,000\ V·A$,求:(1) I_{1N}、I_{2N}。(2) 当一次侧加额定电压后,问是否在任何负载下一次侧、二次侧的电流都是额定值? 为什么? (3) 若在二次侧接 36 V、100 W 的白炽灯 15 个,求 I_1;若在二次侧只接 36 V、100 W 的白炽灯 2 个,再求 I_1。上述两种情况算得的电流,哪一种比较准确? 为什么?

4. 一台三相变压器的 $N_1 = 2\,000$,$N_2 = 80$,$U_{1N} = 10\ kV$。二次侧接上对称三相负载后,$I_{2L} = 40\ A$,求在Y/Y和Y/△两种联结时的二次侧相电压、相电流和一次侧线电流。

5. 某单位选用一台Y/Y联结的三相变压器供动力和照明用电,已知 $S_N = 250\ kV·A$,$U_{1N} = 10\ kV$,$U_{2N} = 400\ V$,$\eta = 95\%$,二次侧三相负载基本对称,且 $\cos\varphi_2 = 0.9$,求 P_{1N}、P_{2N}、I_{1N}、I_{2N}。

6. 变压器能否用来变换直流电压? 为什么? 如果将一台 220/36 V 的变压器的一次侧接至 220 V 的直流电源上,会产生什么后果?

7. 有一台 220/110 V 的变压器,能否把 220 V 的交流电压升至 440 V（即二次侧接 220 V）? 为什么?

8. 电力变压器油箱上的出线端,其中一排的导线截面较小,另一排的导线截面较大,问哪一排是高压进线端? 哪一排是低压出线端?

9. 按变压比 $U_1 : U_2 = N_1 : N_2$ 来制作 220/110 V 单相变压器时,能否取一次绕组为 2 匝,二次绕组为 1 匝? 为什么? 会产生什么后果?

10. 单相调压器的一次侧电压为 220 V,二次侧电压为 0~250 V,若误将 220 V 电源接在二次侧上,会发生什么现象?

电动机及其控制电路

■ 知识目标

1. 掌握三相交流异步电动机的结构、工作原理。
2. 了解电气系统图的识读与接线图的绘制方法。
3. 掌握电器元件的质量检测方法与选用原则。
4. 掌握电气控制线路安装的规范与要求。

■ 技能目标

1. 能正确分析直流电动机、变压器和三相异步电动机的工作原理和结构。
2. 能按要求正确排除三相异步电动机的常见故障。
3. 会识读和分析电气系统图。

■ 育人目标

1. 具备对企业标准、国家标准的查阅和理解能力。
2. 具备查阅技术手册等工具书和设备铭牌、产品说明书、产品目录等资料的能力。
3. 了解技术革新的内容及途径,尝试独立的创新设计。

6.1
电动机的基本知识

⚙ **话题引入**

动力源之王

电机从诞生至今已有 200 多年历史,市场相对成熟,应用领域也越来越细分。我国电机的生产和应用起步较晚,最早萌芽于 1905 年天津教学品制造所生产的威姆爱斯特发电机。1958 年,上海电机厂造出世界上第一台双水内冷发电机,技术逐渐发展成熟。20 世纪 80 年代之后,我国电机产业便走上了迅速发展的道路。现在,我国已缩小了同欧美日韩等国家的差距,部分产品技术已达国际先进水平,并大量出口海外。我国电机产业虽然整体水平与欧美国家差距不大,但从局部看,国产电机主要布局中低端市场,高端市场仍由欧美、日本等国外品牌主导。因此应该将国产伺服电机的性能、精度、可靠性提高到国外同类产品水平,并加快对进口产品的国产化替代,实现我国伺服电机的自力更生。如今,5G 互联网、无人驾驶、先进半导体等领域都在向数字化、智能化、高精密、高集成的方向飞速发展,对电机应用也提出了更加丰富和严苛的要求。未来,我们可能会看到电机、操控、驱动、通信等都集合在一个系统中,电机将会被赋予更多的功能和属性。未来电机的发展,还有无限可能在等着我们去探索,一起加油吧!

6.1.1 电动机的工作原理

视频:动力
源之王——
电动机

电动机主要由一个用以产生磁场的电磁铁绕组或分布的定子绕组和一个转子组成。电动机的工作原理是通电线圈在磁场中受力运动,使电动机转动,其运动的方向跟电流方向和磁感线(磁场方向)方向有关。具体而言,在定子绕组旋转磁场的作用下,在笼型转子铝框中有电流通过并受磁场的作用而使电动机转动。通常电动机的做功部分做旋转运动,这种电动机称为转子电动机;也有做直线运动的,称为直线电动机。电动机能提供的功率范围很大,从毫瓦级到千瓦级。

6.1.2 电动机的分类

电动机是一种将电能转换为机械能的电气设备,是最为常见的用电设备之一,广泛地应用于生活、工业、农业、医疗和军事等领域。例如,机床、水泵需要电动机带动;电力机车、电梯需要电动机牵引;家庭生活中的电扇、冰箱、洗衣机,甚至各种电动玩具都离不开电动机。可见,电动机已经应用在现代社会生活中的各个方面。电动机外形如图 6-1 所示。

1. 按工作电源种类划分

按工作电源种类不同,电动机可分为交流电动机和直流电动机两大类。在生产上主要用的是交流电动机,特别是三相异步电动机,因为它具有结构简单、坚固耐用、运行可靠、价格低廉、维护方便等优点。交流电动机广泛地用来驱动各种金属切削机床、起重机、锻压机、传送带、铸造机械、功率不大的通风机及水泵等。仅在需要均匀调速以及在某些电力牵引和起重设备中才采用直流电动机。

图 6-1 电动机外形

（1）交流电动机

按照工作原理,交流电动机可分为异步电动机和同步电动机两类。若电动机转子速度与定子旋转的磁场速度一致,就称为同步电动机;反之,称为异步电动机。同步电动机与异步电动机的定子绕组是相同的,区别仅在于电动机的转子结构不同。异步电动机的转子是闭合的绕组,靠电磁感应产生电流。异步电动机是通过给其定子送入交流电,产生旋转磁场,而转子受感应产生磁场,这样两磁场作用,使得转子跟着定子的旋转磁场而转动。其中转子比定子旋转磁场慢,二者有旋转差,即不同步,所以称为异步电动机。而同步电动机的转子结构相对复杂,有直流励磁绕组,因此需要外加励磁电源,通过滑环引入电流,由直流供电的励磁磁场与转子的旋转磁场相互作用而产生转矩,以同步转速旋转,因此同步电动机的结构相对比较复杂,造价、维修费用也相对较高。交流电动机分类如图 6-2 所示。

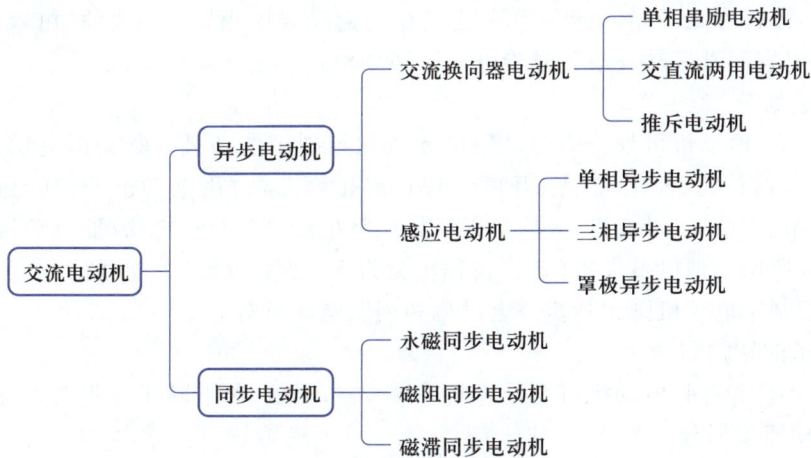

图 6-2 交流电动机分类

异步电动机结构简单、运行可靠、维护方便、效率较高,因此得以广泛应用。但因其调速性能较差,功率因数较低,还不能在生产中完全取代直流电动机和同步电动机。

同步电动机适用于恒速大功率拖动的场合,如拖动大型水泵、大型空气压缩机、大型鼓风机等。

（2）直流电动机

直流电动机是基于电磁感应原理完成电能与机械能能量转换的设备,具有良好的起动性能、调速性能和过载能力,主要用于交通、起动、轧钢和自动控制领域。直流电动机是根据通电导体在磁场中受到电磁力作用的原理来工作的,其定子绕组通入直流励磁电流,产生励磁磁场;主电路引入直流电源,经电刷传给换向器,再经换向器将此直流电转化为交变电流通入转子绕组,产生转子磁场,转子磁场与励磁磁场合成气隙磁场,转子绕组切割合成的气隙磁场,产生电磁转矩促使转子旋转。

直流电动机结构复杂、制造成本高、运行维护工作量大,因此其使用受到了一定的限制。直流电动机按结构及工作原理可划分无刷直流电动机和有刷直流电动机,如图 6-3 所示。

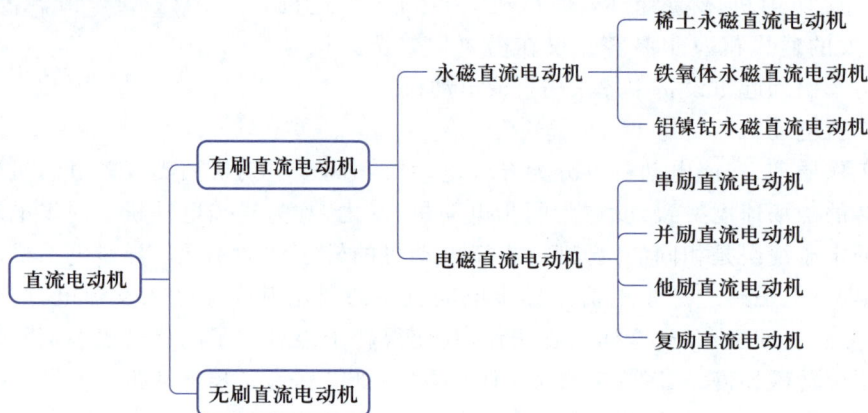

图 6-3　直流电动机分类

2. 按起动与运行方式划分

按起动与运行方式不同,电动机可划分为电容起动式单相异步电动机、电容运转式单相异步电动机、电容起动运转式单相异步电动机和分相式单相异步电动机。

3. 按用途划分

按用途不同,电动机可划分为驱动用电动机和控制用电动机。驱动用电动机又可细分为电动工具(包括钻孔、抛光、磨光、开槽、切割、扩孔等工具)用电动机、家电(包括洗衣机、电风扇、电冰箱、空调器、录音机、录像机、影碟机、吸尘器、照相机、电吹风、电动剃须刀等)用电动机及其他通用小型机械设备(包括各种小型机床、小型机械、医疗器械、电子仪器等)用电动机。而控制用电动机则包括步进电动机和伺服电动机等。

4. 按转子的结构划分

按转子的结构不同,电动机可划分为笼型异步电动机和绕线转子异步电动机。

5. 按运转速度划分

按运转速度不同,电动机可划分为高速电动机、低速电动机、恒速电动机和调速电动机。

6.1.3　电动机的结构

1. 异步电动机的结构

异步电动机主要由定子和转子两部分组成,定子和转子中间是空气隙,此外,还有端盖、轴承、机座等部件,如图 6-4 所示。

(1)定子

定子是异步电动机固定不动的部分,由机座、定子铁心和定子绕组构成。机座是电动机的外壳,起着支撑电动机的作用,通常用铸铁铸成,也有用铝合金铸成的,大型电动机机座多采用钢板拼焊而成。定子铁心是磁路的一部分,用 0.5mm 厚的硅钢片叠压成整体的中空圆

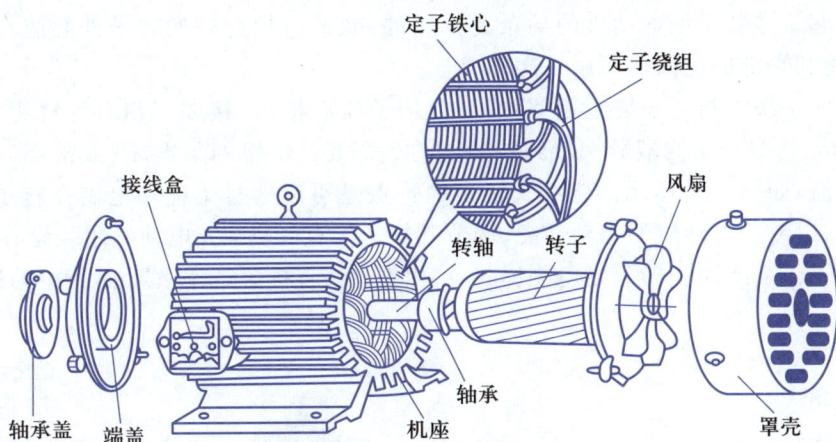

图 6-4　异步电动机结构

柱形后装入机座内,外壁与机座配合,内壁开槽,槽内嵌置定子绕组。为了减小涡流损耗,叠片间须经绝缘处理,一般小容量电动机的硅钢片表面由氧化膜绝缘,大容量电动机硅钢片间涂有绝缘漆。定子绕组是电动机的电路部分,小型电动机的定子绕组用高强度漆包圆铜线或铝线绕制而成,大型电动机导线截面较大,采用矩形截面的铜或铝线制成线圈嵌置在定子槽内,绕组与槽壁间用绝缘材料隔开。

（2）气隙

异步电动机的气隙比同容量直流电动机的气隙要小得多,一般为 0.2~2.0 mm。这是因为异步电动机的励磁电流是由电网供给的,气隙大时,励磁电流就大,会降低电动机的功率因数。为了提高功率因数,应尽量把气隙做得小些。但是气隙过小时,将造成装配困难,运行不可靠,高次谐波磁场增强,从而使附加损耗增加。

（3）转子

转子是由转轴、转子铁心和转子绕组构成的。转轴一般由中碳钢材料制成,起到支撑、固定转子铁心和传递功率的作用。转子铁心也是电动机磁路的一部分,用 0.5 mm 厚的硅钢片叠压成整体的圆柱形套装在转轴上,转子铁心外圆的槽内嵌置转子绕组。

异步电动机的转子绕组有笼型和绕线式两类,其区别在于转子绕组的结构不同,绕线式电动机结构较复杂,一般用于对起动和调速性能要求较高的场合。笼型转子如图 6-5 所示。

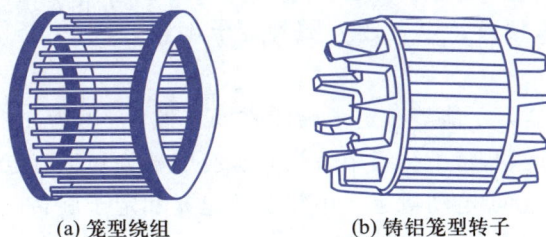

(a) 笼型绕组　　　　　　　(b) 铸铝笼型转子

图 6-5　笼型转子

笼型转子绕组没有铁心时,整个绕组的外形就像一个鼠笼。在转子铁心上也有槽,各槽里都有一根铜或铝制导条作转子导体。在导条的两端用短路环短接,形成闭合回路。大中型电动机导条是铜的,制造时把裸铜条插入转子铁心槽中,再用铜环套在两端铜条的头上,并焊接在一起。多数小型电动机的导条是铝制的,制造时把叠好的转子铁心放在铸铝的模具内,把鼠笼和端部的内散热风扇一次铸成。

绕线式转子绕组与定子绕组相似,嵌放在转子铁心槽内,接成三相对称绕组,一般采用星形(Y)联结,将 3 个出线端分别接到转轴上的 3 个彼此绝缘的集电环(或滑环)上,再通过电刷引出电流,如图 6-6 所示。绕线式转子的特点是可以通过集电环电刷在转子回路中接入附加电阻,以改善电动机的起动性能,调节其转速。有的绕线式电动机还装设有提刷装置,在串入的外接电阻起动完毕后,把电刷提起,三相集电环直接短路,以减小运行中的损耗。

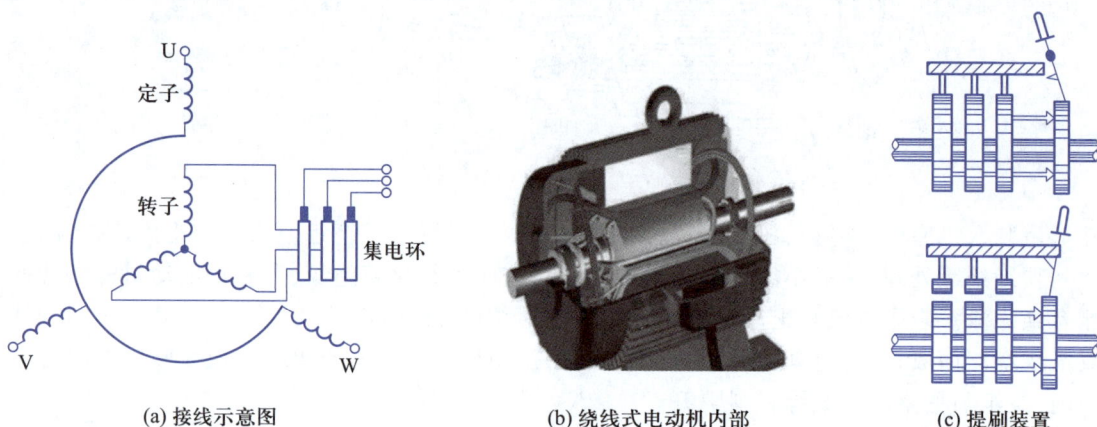

(a) 接线示意图　　(b) 绕线式电动机内部　　(c) 提刷装置

图 6-6　绕线式转子绕组

由图 6-7 所示的异步电动机工作原理可知,电动机由定子和转子两部分组成,二者之间有一个很小的气隙。

定子对称三相绕组通入对称三相交流电流,建立定子三相合成旋转电动势并产生旋转磁场。图 6-7 中虚线表示某一瞬间定子旋转磁场的磁通,它以同步转速 n_1 顺时针方向旋转,转子导体切割磁场产生感应电动势,感应电动势方向可用右手定则确定,电动势在闭路的转子绕组中产生电流。

载流的转子绕组在旋转磁场中受到电磁力的作用,用左手定则可确定此时转子绕组受到一个顺时针方向电磁力和电磁转矩的作用,使转子以转速 n 随着定子旋转磁场的方向旋转。

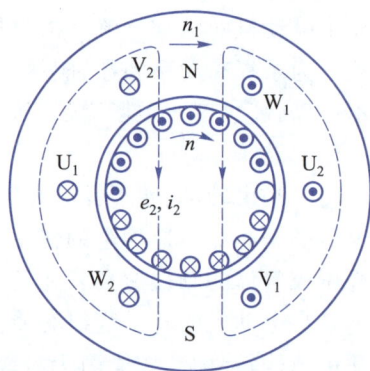

图 6-7　异步电动机工作原理

异步电动机转子转速 n 不能等于定子旋转磁场转速 n_1,因为如果 $n=n_1$,转子与定子旋转磁场之间就没有相对运动,转子绕组中就没有感应电动势和感应电流,就不能产生推动转子转动的电磁转矩,所以异步电动机运行中转子转速 n 和定子旋转磁场转速 n_1 之间存在差异,n 总是小于 n_1,"异步"之名,由此而来。

异步电动机转子转速 n 与定子旋转磁场转速 n_1 之间存在着转速差,此转速差是定子旋转磁场切割转子导体的速度,它的大小决定着转子电动势及其频率的大小,直接影响到异步电动机的工作状态。可用转差率 s 这一重要物理量表示转子转速 n 与定子旋转磁场转速 n_1 之间相差的程度

$$s=(n_1-n)/n_1 \qquad\qquad (6-1)$$

当旋转磁场以转速 n_1 开始旋转时,转子因机械惯性尚未转动,转子的瞬间转速 $n=0$,这时转差率 $s=1$。转子转动起来之后,$n>0$,(n_1-n) 差值减小,电动机的转差率 $s<1$。如果转轴上的阻转矩加大,则转子转速 n 降低,即异步程度加大,才能产生足够大的感应电动势和感应电流,产生足够大的电磁转矩,这时转差率 s 增大。异步电动机运行时 $0<s<1$,在额定负载运行条件下 $s=0.01\sim0.06$。

2. 同步电动机的结构

（1）定子

同步电动机的定子称为电枢,结构与三相异步电动机的定子相同,由定子铁心、定子绕组、机座和端盖等组成。定子铁心由硅钢片组成,铁心槽内嵌入三相对称绕组。

（2）转子

同步电动机转子由转子铁心、励磁绕组、起动绕组和转轴组成。转子铁心由铸钢或锻钢制成,上面绕有励磁绕组。励磁绕组与励磁电源相连,接入励磁电流。起动绕组由嵌装于磁极表面的铜条组成,铜条两端用铜环连接,同异步电动机的笼型转子相同。三相同步电动机的转子有隐极式和凸极式两种,如图 6-8 所示。

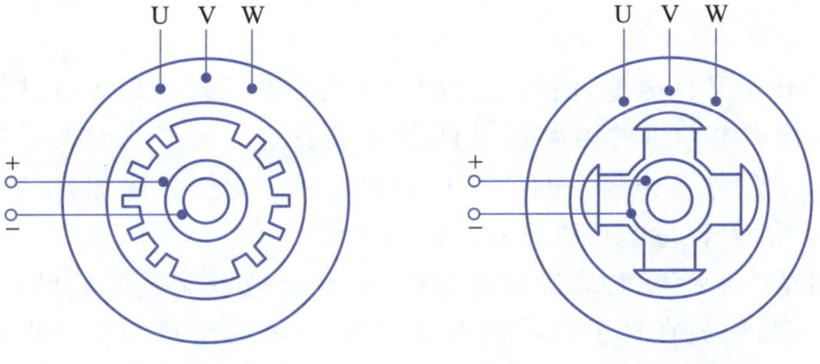

图 6-8　三相同步电动机的转子

隐极式转子铁心为圆柱形,表面开槽,槽内嵌入励磁绕组,与定子铁心之间的气隙比较均匀。

凸极式转子的励磁绕组集中绕在两磁极之间的铁心柱上,与定子铁心之间的气隙不均匀。

三相交流电源加在同步电动机的定子绕组上,通入三相对称交变电流,产生旋转速度为 n_0 的旋转磁场。转子励磁绕组通入直流电流,产生极性恒定的静止磁场。转子以某种方法起动后,转速 n 接近 n_0 时,若转子磁场的磁极对数与定子磁场的磁极对数相等,根据磁极异性相吸原理,定、转子磁场磁极之间就会趋于对齐。同步电动机实际运行时,由于阻力的存在,转子的磁极轴线总是要滞后旋转磁场轴线一个角度 θ,便产生一个异性磁场拉力,即电磁转矩,促使转子跟随旋转磁场一起同步运动,即 $n=n_0$。

3. 直流电动机的结构

（1）定子

直流电动机定子的主要作用是产生磁场和作为电动机的机械支撑,由主磁极、换向极、机座、端盖以及电刷装置等组成。

① 主磁极:用来产生主磁场,大部分直流电动机的主磁极不用永久磁铁,而是由励磁绕

组通入直流电流来建立磁场。主磁极由铁心和绕组组成,铁心用 0.5 ~ 1.5 mm 厚的低碳钢板冲成,叠装后用铆钉铆紧。紧靠气隙的扩大部分称为极靴,极靴对励磁绕组起支撑作用,使气隙磁通有较好的波形分布。励磁绕组用绝缘铜线绕制而成,经绝缘漆浸渍处理,然后套在磁极铁心上。主磁极 N、S 交替布置,均匀分布并用螺钉固定在机座的内圈上。

② 换向极:用来改善直流电动机的换向,又称附加极,由铁心和套在铁心上的换向极绕组组成。铁心常用整块钢或厚钢板制成,匝数不多的换向极绕组与转子绕组串联。换向极的极数一般与主磁极的极数相同或减半,换向极与转子之间的气隙可以调整。功率很小的直流电动机中可以不装设换向极。

③ 机座:既是电动机的外壳又是电动机磁路的一部分,一般用低碳钢铸成或用钢板焊接而成,机座的两端有端盖。中小型电动机前后端盖都装有轴承以支撑转轴,大型电动机则采用座式滑动轴承。

④ 电刷装置:作用是使转动部分的转子绕组与外电路接通,将转子绕组的电动势和电流引接到外电路的负载或电源上。电刷装置如图 6-9 所示。电刷一般采用石墨和铜粉压制焙烧而成,电刷放置在刷握中,由弹簧压板将其压在换向器的表面上,电刷杆数一般等于主磁极的数目。

（2）转子

直流电动机的转子又称电枢,由铁心、绕组、换向器和冷却风扇等部件组成。

① 铁心:用来构成电动机的磁路以及嵌放转子绕组。为了减少铁心损耗,铁心通常用 0.35 mm 或 0.5 mm 厚、涂有绝缘漆的硅钢片叠装而成。为加强冷却,小容量电动机的转子铁心上有轴向通风孔,大容量电动机还有径向通风沟。

② 绕组:作用是产生感应电动势和电磁转矩,从而把电能转换成机械能。转子绕组是用绝缘铜线制成,然后嵌放在转子铁心槽内,绕组的引线端头按一定的规律与换向片连接,绕组的槽部用绝缘的槽楔压紧,端部用玻璃丝带绑扎。

③ 换向器:是直流电动机的关键部件,它将转子绕组内部的交流电动势转换为电刷间的直流电动势。换向器由彼此绝缘的换向片构成,外表呈圆形。换向器的基本结构如图 6-10 所示。换向片用硬质电解铜制成,换向片间垫以 0.4 ~ 1.0 mm 厚的云母片绝缘,整个圆筒的端部用 V 形钢环夹紧,换向片与 V 形钢环之间也用 V 形云母片绝缘,每片换向片的端部

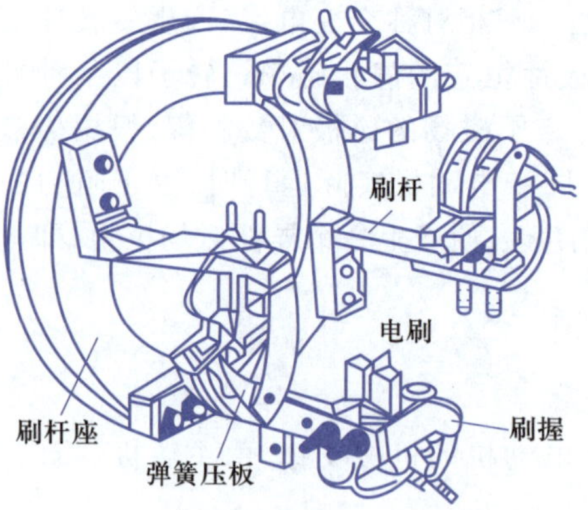

图 6-9 直流电动机的电刷装置

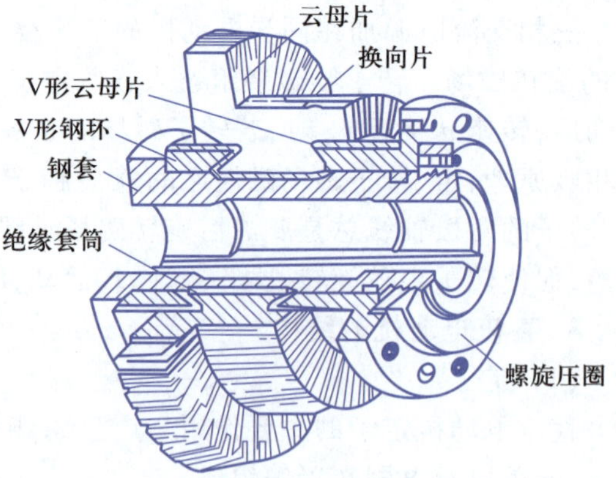

图 6-10 换向器的基本结构

都有凸出的升高片,用来与绕组引线端头连接。

直流电动机是根据通电导体在磁场中会受到电磁力作用的原理来工作的。定子绕组通入直流励磁电流,产生励磁磁场。主电路引入直流电源,经电刷传给换向器,再经换向器将此直流电转化为交变电流通入转子绕组,产生转子磁场。转子磁场与励磁磁场合成气隙磁场,转子绕组切割合成的气隙磁场,产生电磁转矩促使转子旋转。

由于三相异步电动机具有结构简单、运行可靠、维护方便、效率较高等特点,应用最为广泛,因此接下来主要介绍三相异步电动机。

6.2
三相异步电动机

话题引入

在我国高速磁悬浮列车巨大的车身里,有一颗小小的"动力心脏"。这颗"心脏"尽管小,但搏动异常有力,为庞大的列车提供源源不断的动力。中车株洲电机有限公司参与国家"十三五"重点研发计划"高速磁浮交通系统关键技术研究"专项子课题,自主研发出长定子直线电动机和悬浮电磁铁,并成功应用于我国600公里时速磁悬浮列车样机。

6.2.1 三相异步电动机的基本结构

1. 三相异步电动机的组成

三相异步电动机的定子与转子之间留有 0.25~2 mm 的间隙,称为气隙。三相笼型异步电动机的组成如图 6-11 所示。定子铁心和转子铁心如图 6-12 所示。

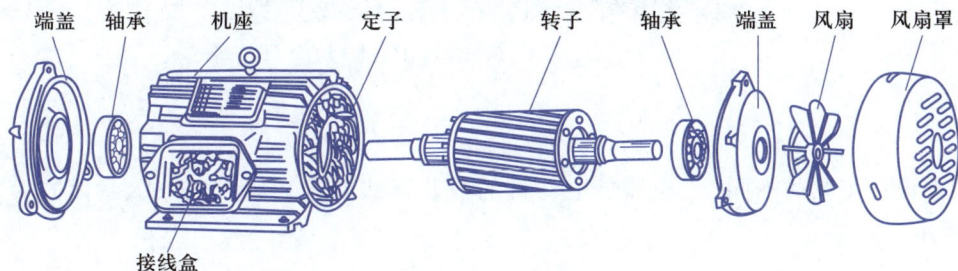

图 6-11　三相笼型异步电动机的组成

三相异步电动机的定子部分包含定子铁心、定子绕组、机座、接线盒、前后端盖、风扇罩。转子部分包含转子铁心、转子绕组(笼型由金属条构成)、风扇、轴承。

(1)定子部分

① 定子铁心:是异步电动机主磁通磁路的一部分,为了减少铁损耗,通常由导磁性能很好的硅钢片(厚 0.35~0.5 mm)叠压而成,硅钢片的两面涂有绝缘漆。定子铁心一般装在机座里。

定子铁心　　　　　　　转子铁心

动画：三相异步电动机的结构

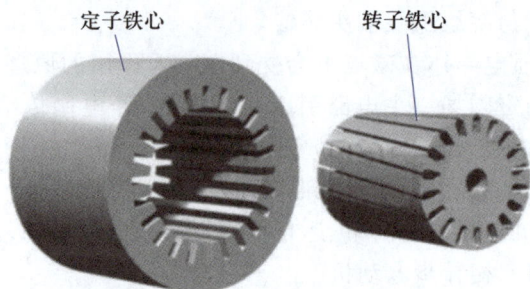

图 6-12　定子铁心和转子铁心

　　② 定子绕组：由许多线圈组成，并按一定规律镶嵌在定子铁心槽内，其为异步电动机的电路部分。定子绕组分为单层绕组和双层绕组。一般大型的异步电动机采用双层绕组，中小型异步电动机采用单层绕组。

　　③ 机座：定子铁心由机座来固定和支撑，因此机座应有足够的机械强度和刚度。中、小型异步电动机一般采用铸铁机座，大型异步电动机一般采用钢板焊接的机座。

　　④ 接线盒：安装在机座上，用来引出电动机定子和转子绕组的出线，由 6 个接线端和 3 个钢片组成，如图 6-13 所示。

接线盒内有U1、V1、W1和W2、U2、V2六个接线端

图 6-13　接线盒

　　根据设计工艺的不同，三相异步电动机的封装形式有开启式、防护式、封闭式等，如图 6-14 所示。

(a) 开启式　　　　　　(b) 防护式　　　　　　(c) 封闭式

图 6-14　三相异步电动机的封装

（2）转子部分

① 转子铁心：也是电动机主磁通磁路的一部分，它由 0.35~0.5 mm 厚的硅钢片叠压而成。转子铁心叠片外圆周冲有嵌放转子绕组的槽。为了改善电动机的起动和运行性能，笼型异步电动机转子铁心一般采用斜槽结构。

② 转子绕组：分为笼型和绕线式两种。笼型转子可采用铝整体浇注（导条、端环、风扇叶片）制成，也可采用铜条、铜端环焊接制成。无论采用哪种方式，其由金属构成的绕组就像一个鼠笼，故称为笼型绕组，如图 6-15 所示。绕线式转子绕组与定子绕组相似，它是嵌放在转子铁心的槽内用绝缘导线组成的三相绕组，一般都接成星形。3 条导线分别接到 3 个滑环上，用一套电刷装置引出来。

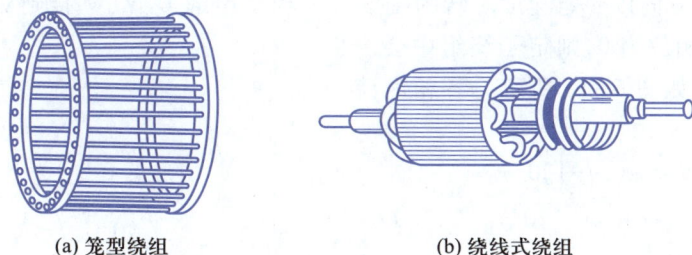

(a) 笼型绕组　　　　　(b) 绕线式绕组

图 6-15　转子绕组

（3）气隙

异步电动机定子与转子之间的空气间隙称为气隙。在中、小型异步电动机中，气隙一般为 0.2~1.5 mm。异步电动机的励磁电流是由电力网供给的，气隙的变化通常会使励磁电流变化，从而影响电动机的功率因数。一般情况下，异步电动机的气隙大小往往为机械条件允许的最小数值。

2. 三相异步电动机的铭牌数据

三相异步电动机的铭牌数据是电动机的档案，主要包含型号和各种额定参数。

（1）型号

三相异步电动机的型号由大写的汉语拼音字母和阿拉伯数字组成，如 Y 表示异步电动机，YR 表示绕线式异步电动机等。

（2）额定电压

额定电压是指电动机在额定状态下运行时，允许加在定子绕组两端的线电压值，常用 U_N 来表示，单位为 V 或 kV。

（3）额定电流

额定电流是指电动机在额定状态下运行时，定子绕组中允许通过的线电流值，常用 I_N 来表示，单位为 A。

（4）额定转速

额定转速是指电动机在额定状态下运行时的转子转速，常用 n_N 表示，单位为 r/min。

（5）额定频率

额定频率是指电动机所接交流电源的频率，常用 f_N 表示，单位为 Hz。我国电力系统的额定频率为 50 Hz。

（6）额定效率

额定效率是指电动机在额定状态下运行时,额定输出功率 P_2 与额定输入功率 P_1 的比值,用 η_N 表示。电动机空载时效率很低,满载或接近满载时效率最高,一般为 $75\% \sim 92\%$。

（7）额定功率

额定功率是指电动机在额定运行时,转子轴上输出的机械功率,常用 P_N 表示,单位为 W 或 kW。

6.2.2　三相异步电动机的工作原理

1. 旋转磁场的产生

定子绕组通入对称的三相电流时,便会产生旋转磁场。所谓旋转磁场是指极性与大小不变,且沿着一定方向以一定速度旋转的磁场。三相绕组的 U、V、W 接到对称三相电源上,假设 U 相电压初相位为 0,则定子绕组中会产生三相对称的电流,如图 6-16 所示。各相电流的瞬时表达式为

$$i_V = I_m\cos(\omega t - 120°)$$
$$i_W = I_m\cos(\omega t + 120°) \qquad (6-2)$$
$$i_U = I_m\cos(\omega t)$$

三相对称的电流随时间的变化是连续的。在分析的过程中,为了方便理解,规定电流从绕组首端流入为正,末端流出为负。电流的流入用符号 $\otimes$ 表示,流出用 $\odot$ 符号表示。可以选定: $\omega t =$

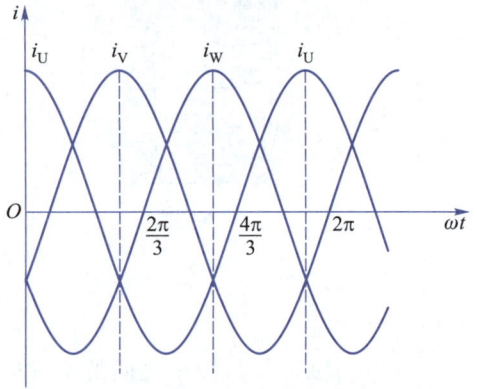

图 6-16　三相对称的电流变化曲线

$0°, \omega t = 120°, \omega t = 240°, \omega t = 360°$ 这几个特定的时刻来分析磁场的分布情况,如图 6-17 所示。

当 $\omega t = 0°$ 时,U 相电流为正,V、W 相电流为负,即 U1 端、V2 端、W2 端为 $\otimes$;U2 端、V1 端、W1 端为 $\odot$,如图 6-17（a）所示。此时,旋转磁场的轴线位于 U 相绕组的轴线上。

当 $\omega t = 120°$ 时,V 相电流为负,即 U2 端、W2 端、V1 端为 $\otimes$;U1 端、W1 端、V1 端为 $\odot$,如图 6-17（b）所示。此时,旋转磁场的轴线位于 V 相绕组的轴线上,磁场方向沿逆时针旋转了 120°。

当 $\omega t = 240°$ 时,W 相电流为正,U、V 相电流为负,即 W1 端、U2 端、V2 端为 $\otimes$;W2 端、U1 端、V1 端为 $\odot$,如图 6-17（c）所示。此时,旋转磁场的轴线位于 W 相绕组的轴线上,磁场方向沿逆时针旋转了 240°。

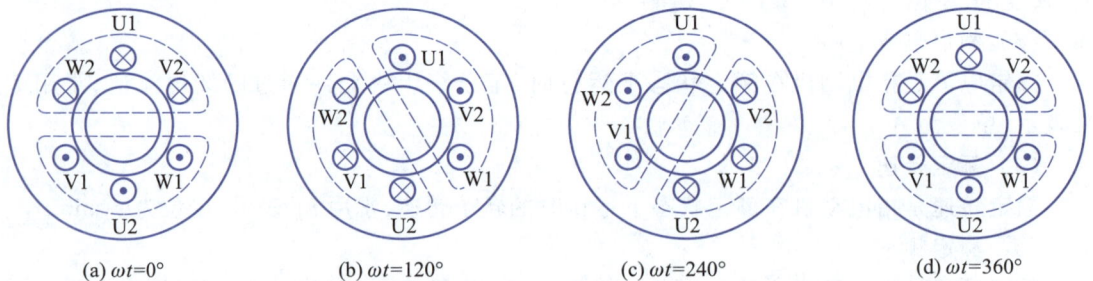

(a) $\omega t = 0°$ 　　(b) $\omega t = 120°$ 　　(c) $\omega t = 240°$ 　　(d) $\omega t = 360°$

图 6-17　旋转磁场示意图

当 $\omega t = 360°$ 时,磁场方向正好旋转一周,如图 6-17(d)所示,旋转磁场的轴线正好位于 U 相绕组的轴线上。

由上述分析可见,旋转磁场每经过一个 $360°(2\pi)$ 旋转一周,其转速 n_1、电力网的频率 f_1 及电动机的磁极对数 p 的关系为

$$n_1 = \frac{60f_1}{p} \tag{6-3}$$

旋转磁场的转速 n_1 又称为同步转速。

2. 旋转磁场的方向

旋转磁场的旋转方向与定子绕组中的电流相序有关。三相交流电流具有一定的相序,如 U-V-W、V-W-U、W-U-V 属于同一个相序,也称为正相序;而 W-V-U、V-U-W、U-W-V 也同属于一个相序,称为反相序。三相异步电动机的相序不同,产生的旋转磁场方向也不同,所以要改变电动机的旋转方向,就应先改变旋转磁场的旋转方向,也就是需要改变其相序。

改变三相异步电动机的相序很简单,只要任意交换两组电源,就可以改变其相序。例如,U-V-W 为正相序,则 U-W-V、W-V-U 为反相序。

3. 基本工作原理

当三相异步电动机的定子绕组通入三相对称的电流时,便在定子、转子之间的气隙中产生旋转磁场。设旋转磁场以 n_1 的速度逆时针旋转,转子铁心顺时针方向切割磁感线,产生感应电动势,如图 6-18 所示。

感应电动势的方向可根据右手定则判定。转子电路为闭合电路,在感应电动势的作用下,产生感应电流。载流导体在磁场中要受到力的作用,其方向可以用左手定则判定,这些电磁力对转轴形成一个电磁转矩,其作用方向同旋转磁场的旋转方向一致。

4. 转差率

通常把同步转速 n_1 和电动机转子转速 n 两者之差与同步转速 n_1 的比值称为转差率,又称为转差或滑差,用 s 来表示,即

$$s = \frac{n_1 - n}{n_1}$$

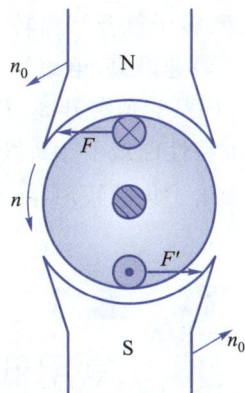

图 6-18 二极三相异步电动机转动原理

转差率是一个没有单位的物理量,它的大小反映了电动机的各种运动情况。三相异步电动机刚开始起动的瞬间,由于转子转速 $n = 0$,所以转差率 $s = 1$;运行中转子转速达到额定转速时,其值接近同步转速,此时转差率 $s \approx 0$。通常三相异步电动机的额定转速接近同步转速,正常运行时,转差率一般为 $0.01 \sim 0.05$。

6.2.3 三相异步电动机的转矩特性与机械特性

1. 转矩特性

当电源电压、频率和转子参数一定时,转矩 T 随着转差率 s 变化的情况可用 $T = f(s)$ 曲线来表示,该曲线称为异步电动机的转矩特性曲线,如图 6-19 所示。

在 $0 < s < s_m$ 区段,转矩 T 随 s 的增大而增大。在 $s_m < s < 1$ 区段,转矩 T 随 s 的增大而减小。当 $s = s_m$ 时,T 出现最大值 T_m,称为最大转矩。出现最大转矩时的转差率 s_m 称为临界转

差率。

2. 机械特性

为了更直接地表示电磁转矩 T 和转速 n 之间的关系,可根据转速 n 与转差率 s 的关系,将曲线 $T = f(s)$ 变换为曲线 $n = f(T)$,称为异步电动机的机械特性曲线,如图 6-20 所示。

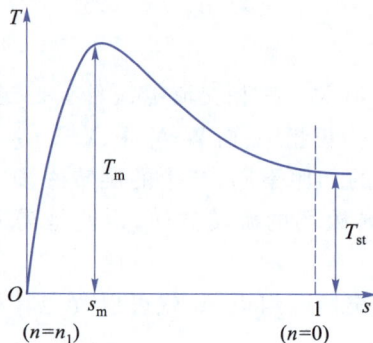

图 6-19 异步电动机的转矩特性曲线　　图 6-20 异步电动机的机械特性曲线

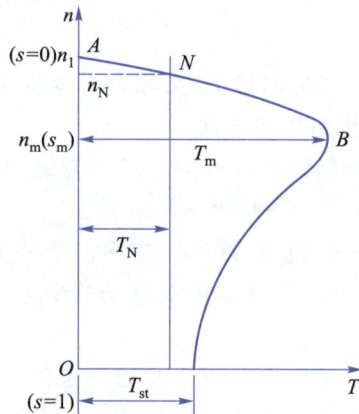

由图 6-20 可见,转子静止时,其转速等于零,对应的起动转矩为 T_{st}。只要 T_{st} 大于负载转矩,转子就开始旋转,并逐渐加速。从机械特性可以看出在 $0 < n < n_m ≤$ 间(n_m 为临界转速),转速升高,电磁转矩加大,电磁转矩大于负载转矩,所以电动机一直处于加速状态。过 n_m 点后,转速再升高,T 将随之减小,直到电磁转矩等于负载转矩,电动机进入稳速运行。在机械特性曲线中,AB 段相对比较稳定,称为稳定运行区,若负载转矩大于 T_m,则电磁转矩将总是小于负载转矩,转子减速,直至停转。

6.3
常用低压电器

⚙ 话题引入

低压电器是指工作电压在直流 1 200 V、交流 1 000 V 以下电路中起通断、控制、保护与调节等作用的电气设备。浙江省乐清市是我国著名的“低压电器之都”。低压电器是乐清市的支柱产业,占乐清市工业经济的 90% 以上,目前该市拥有低压电器企业 1 400 多家,电器产量占比全国 50%,其产量、市场占有率、出口创汇均居全国第一,已领先于曾经名噪全国的京津、上海、佛山、天水、遵义其他五大电器生产基地。乐清市的低压电器产品 20 年来经历了家庭作坊式、合作制、股份合作制、规范化股份制四个阶段,目前已形成了集团化、专业化、社会化的大生产格局,并成为全国生产规模最大、生产能力最强、市场占有率最高、产品品种最多、种类最齐全的电器生产基地。

6.3.1 开关

1. 刀开关

刀开关又称刀闸,是手动电器元件中结构最简单的一种,在各种供电线路和配电设备中起隔离、开关作用,用于不频繁地接通、分断容量较小的低压供电线路或起动小容量的三相异步电动机。

刀开关的结构及外形如图 6-21 所示,主要由接线端子、刀夹座(静插座)、刀极、手柄、绝缘底板组成。刀夹座由导电材料和弹性材料制成,固定在绝缘材料制成的底板上,推动手柄带动刀极插入刀夹座中,电路便接通,否则电路便断开。

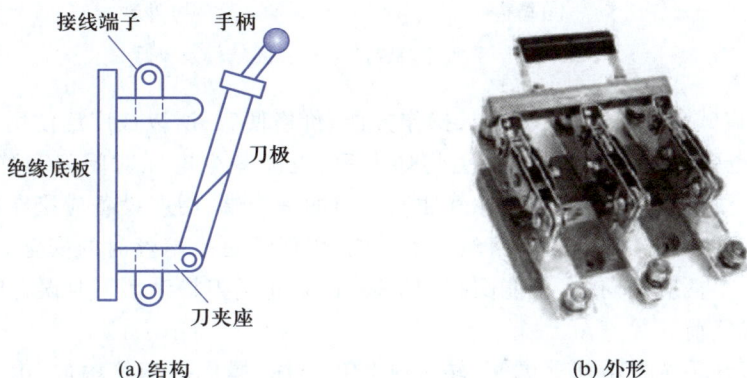

(a) 结构　　　　　　　　　　　(b) 外形

图 6-21　刀开关的结构及外形

刀开关的电气图形符号如图 6-22 所示。

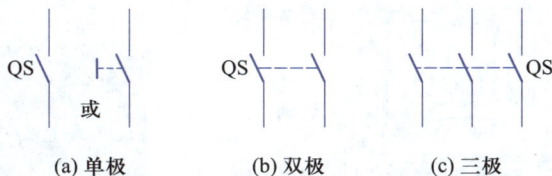

(a) 单极　　　　　(b) 双极　　　　　(c) 三极

图 6-22　刀开关的电气图形符号

刀开关按照极数分为单极、双极和三极;按有无灭弧装置分为带灭弧装置和不带灭弧装置;按刀的转换方向分为单掷和双掷;按接线方式分为板前接线式和板后接线式;按操作方式分为直接手柄操作和远距离联杆操作;按有无熔断器分为带熔断器式刀开关和不带熔断器式刀开关。

常用的刀开关有开启式负荷开关和封闭式负荷开关等。

(1)开启式负荷开关

开启式负荷开关以瓷底胶盖为基本结构,电气连接为金属结构,操作方式为手动。HK系列开启式负荷开关的结构及外形如图 6-23 所示。

HK 系列开启式负荷开关由操作手柄、出线端、闸刀和静插座(刀夹座)等构成。它自身不带灭弧装置,仅利用胶盖的遮护防止电弧对人手的灼伤,因此,它不适合用来操作较大的负荷。其主要用作照明电路和电热电路、小容量电动机(5.5 kW 以下)电路的不频繁通断控制,也可用作分支电路的配电开关。

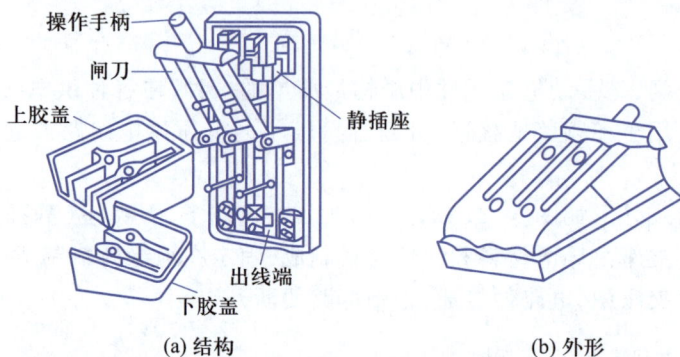

(a) 结构　　　　　　　(b) 外形

图 6-23　HK 系列开启式负荷开关的结构及外形

　　HK 系列开启式负荷开关结构简单、操作方便、价格便宜,所以被广泛使用。通常操作时动作应迅速,使电弧较快熄灭,既能避免灼伤人手,也能减少电弧对闸刀和静插座的灼损。安装和使用时应注意,电源进线应接在静插座一边的进线端,用电设备应接在闸刀一边的出线端。这样,当开关断开时,闸刀和熔丝均不带电,以保证更换熔丝时的安全。安装时,刀开关在合闸状态下手柄应该向上,不能倒装和平装,以防止闸刀松动落下时误合闸。

　　(2) 封闭式负荷开关

　　封闭式负荷开关主要由速动弹簧、转轴、闸刀、熔体、操作手柄等构成,由于整个开关装于铁壳内,又称铁壳开关。HH 系列封闭式负荷开关的结构及外形如图 6-24 所示。

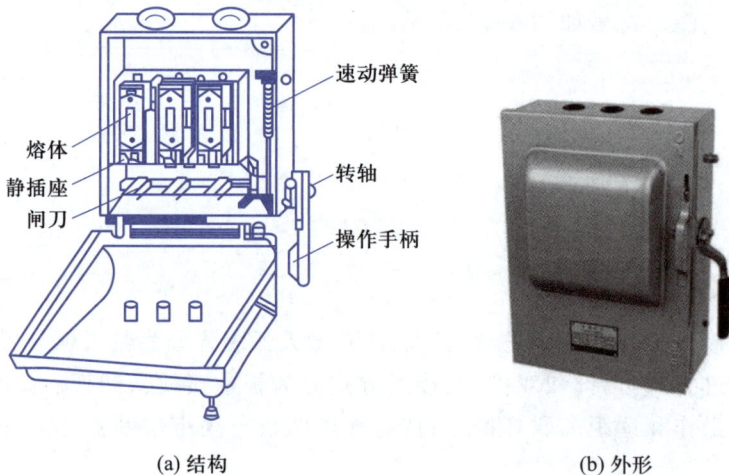

(a) 结构　　　　　　　(b) 外形

图 6-24　HH 系列封闭式负荷开关的结构及外形

　　HH 系列封闭式负荷开关的特点是盖子打开时开关不能闭合或开关闭合时盖子不能打开。操作机构中,在操作手柄、转轴与底座之间装有速动弹簧,能使开关快速接通与断开,而开关的通断速度与操作手柄操作速度无关,这样有利于迅速灭弧。此开关主要用于 15 kW以下电动机不频繁直接起动与停止控制。

　　HH 系列封闭式负荷开关在使用时应注意以下几点。

① 对于照明和电热电路负载,可根据其额定电压、额定电流来选择 HH 系列封闭式负荷开关;而对于电动机负载,应按电动机额定电流的 1.5 倍来选择 HH 系列封闭式负荷开关。

② HH 系列封闭式负荷开关的外壳应可靠接地,避免因漏电而造成触电事故;此开关不允许随意放在地面上使用。

③ 操作时要在开关的手柄侧,不要面对开关,以免意外故障使开关爆炸,铁壳飞出伤人。

2. 组合开关

组合开关的结构由(多层绝缘壳内的)动触片、静触片、绝缘连杆、转轴、手柄等部分组成,可用作交流 50 Hz、380 V 以下和直流 220 V 及以下的电源引入开关,也可用于 4 kW 及以下小功率电动机的直接起动和正反转,以及机床照明电路中的控制开关,并可用于实现系统的多条控制电路或多种控制方式的转换。

组合开关的结构紧凑,安装面积小,操作方便、省力,可根据接线方式的不同而组合成各种类型,使用时要根据电源的种类、电压等级、额定电流和触点数进行选用。组合开关的结构、外形及电气图形符号如图 6-25 所示。

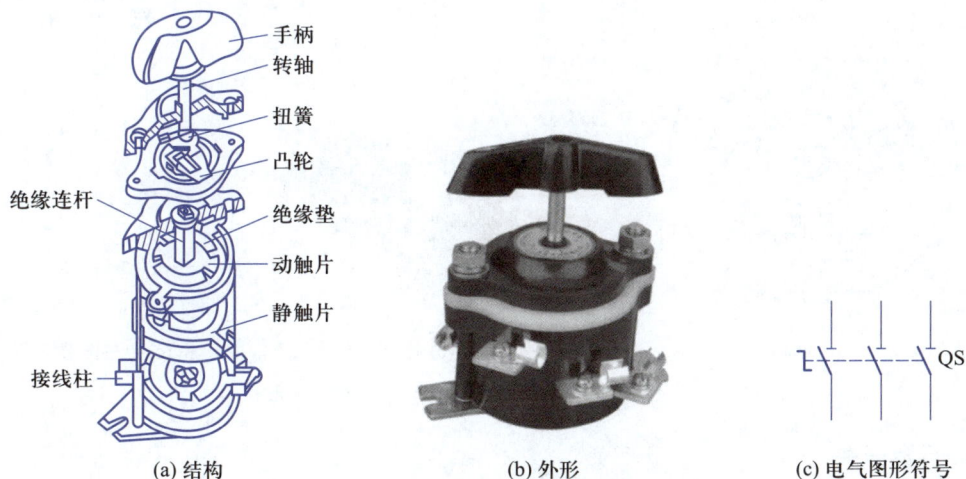

(a) 结构 (b) 外形 (c) 电气图形符号

图 6-25 组合开关的结构、外形及电气图形符号

3. 按钮

按钮(SB)是一种手动且一般可以自动复位的主令电器。在低压控制系统中,手动操作按钮发出控制信号,可远距离操纵各种电磁开关,如继电器、接触器等,从而实现对电动机的远程操作,控制电路的电气联锁等。

按钮一般由按钮帽、复位弹簧、触点和外壳等组成,其结构、外形及电气图形符号如图 6-26 所示。按静态时触点的分合状态可分为动合按钮、动断按钮和复合按钮。按钮有一对动断触点和动合触点,当按下按钮帽时,动合触点闭合,动断触点断开;松开按钮帽,触点在弹簧的作用下复位,则动合触点断开,动断触点闭合。按钮主要根据使用场合所需要的触点数、触点形式及颜色来选用。

4. 万能转换开关

万能转换开关由多组结构相同的触点组件叠装而成,具有多挡位、多回路结构。万能转换开关主要用于各种电气控制电路和电气测量仪表的线路转换,也可用于控制小功率电动机的起动、制动、调速和换向以及配电设备的远距离控制等。图 6-27 所示为万能转换开关的结构、外形及电气图形符号。

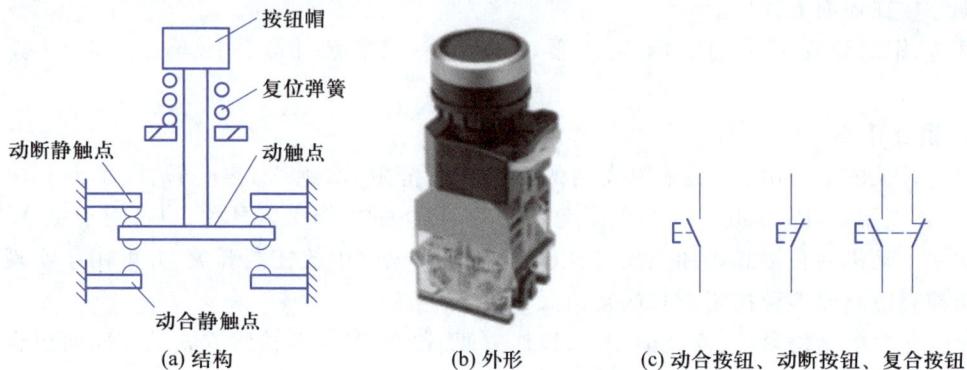

(a) 结构　　　　(b) 外形　　　　(c) 动合按钮、动断按钮、复合按钮

图 6-26　按钮的结构、外形及电气图形符号

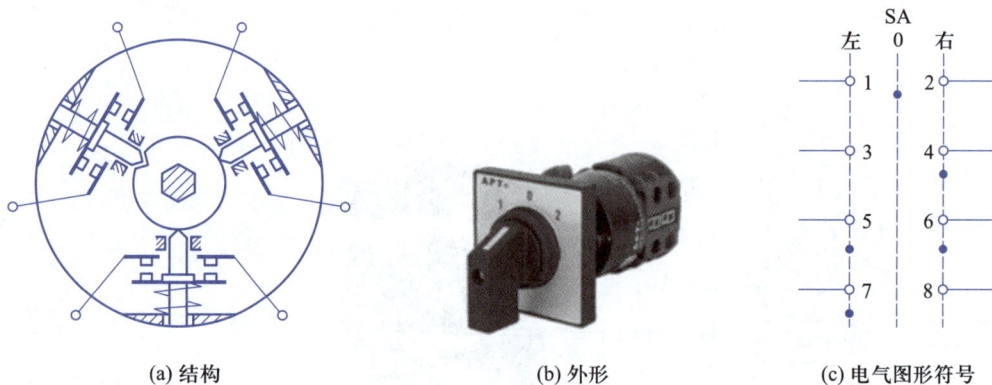

(a) 结构　　　　(b) 外形　　　　(c) 电气图形符号

图 6-27　万能转换开关的结构、外形及电气图形符号

5. 行程开关

行程开关是靠生产机械运动部件的撞击而发出控制信号的一种低压电器。行程开关也称为限位开关,常用于生产机械设备的行程控制和限位保护,用来反映工作机械的行程位置并发出命令以控制其运动方向和行程。行程开关种类繁多,主要区别在于操作方式和操作机构的形状,有按钮式和滚轮式。无论哪种结构,都是通过机械方式压接电气触点。行程开关通常提供一组动合触点和动断触点。常用行程开关结构、外形及电气图形符号如图 6-28 所示。

当安装在生产机械上的挡块撞击滚轮时,撞杆转向右边,带动凸轮转动,压迫推杆,使微动开关的动断触点迅速断开,动合触点迅速闭合。一旦受力消失,各触点由复位弹簧的作用恢复到原来状态。

动画:熔断器的结构

6.3.2　熔断器

1. 熔断器的结构

熔断器是一种结构简单、使用方便、价格低的短路保护电器,它由熔体和安装熔体的绝缘管或绝缘座组成,使用时串联在被保护电路的首端,当该电

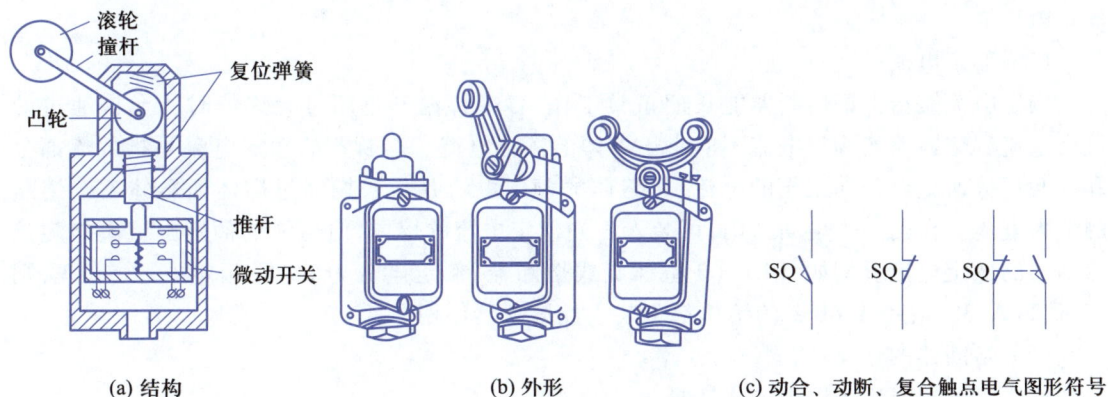

(a) 结构　　　　　　　　(b) 外形　　　　　(c) 动合、动断、复合触点电气图形符号

图 6-28　行程开关结构、外形及电气图形符号

路发生严重过载或短路故障时,熔体自行熔断,切断故障电流。熔体的熔断时间与经过熔体的电流大小有关,如果经过熔体的电流超过其额定电流的数值越大,那么熔体熔断得越快。

熔断器的类型主要有瓷插式、螺旋式和管式三种,熔断器的类型及电气图形符号如图6-29 所示。

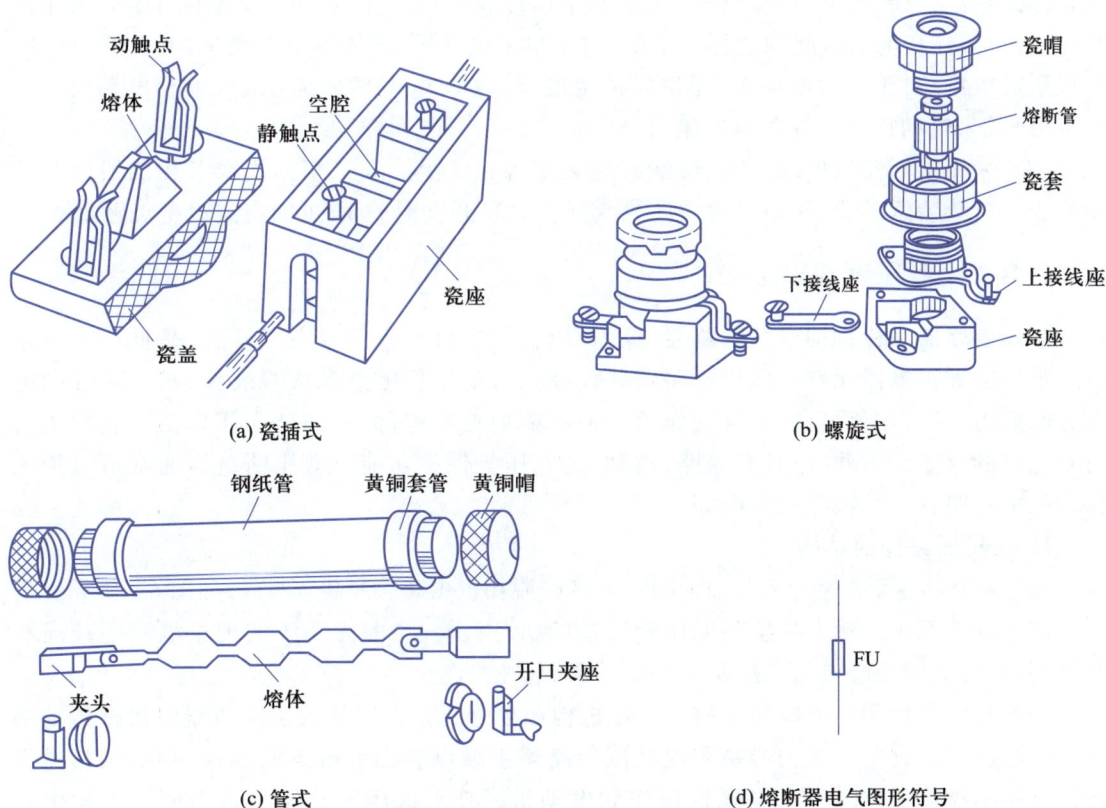

(a) 瓷插式　　　　　　　　　　　(b) 螺旋式

(c) 管式　　　　　　　　(d) 熔断器电气图形符号

图 6-29　熔断器的类型及电气图形符号

2. 熔断器的参数

（1）额定电压

额定电压是指保证熔断器长期正常工作的电压。熔断器的额定电压不能小于电力网的

额定电压。

（2）额定电流

额定电流是指保证熔断器能长期正常工作，各部件温升不超过允许值时所允许通过的最大电流。熔断器的额定电流不应小于熔体的额定电流。熔断器的额定电流是指载流部分和接触部分所允许长期工作的电流；而熔体的额定电流是指长期通过熔体而熔体不会熔断的最大电流。在同一个熔断器内，可装入不同额定电流的熔体，但熔体的额定电流不能超过熔断器的额定电流。例如，RL1-60型螺旋式熔断器，额定电流为60 A，额定电压500 V，则15 A、20 A、30 A、35 A、60 A的熔体都可装入此熔断器使用。

（3）熔断器的选择

使用熔断器时应按以下方法选择。

（1）根据用电网络电压选用相应电压等级的熔断器；根据配电系统可能出现的最大故障电流，选用具有相应分断能力的熔断器。

（2）对于电炉和照明等电阻性负载，可用作过载保护和短路保护，熔体的额定电流应稍大于或等于负载的额定电流。

（3）电动机的起动电流很大，熔体的额定电流因考虑起动时熔体不能熔断而应选得较大，因此对电动机只宜用作短路保护而不能用作过载保护。在电动机回路中用作短路保护时，为避免熔体在电动机起动过程中熔断，对于单台电动机，熔体额定电流≥（1.5~2.5）×电动机额定电流；对于多台电动机，总熔体额定电流≥（1.5~2.5）×容量最大一台电动机的额定电流+其余电动机的计算负荷电流。

（4）采用熔断器保护线路时，熔断器应装在各相线上。在二相三线或三相四线回路的中性线上严禁装熔断器，这是因为中性线断开会引起电压不平衡，可能造成设备烧毁事故。

6.3.3　低压断路器

低压断路器又称自动空气断路器、低压自动开关、自动开关或空气开关，是低压配电系统中重要的保护电器元件。低压断路器装设有完善的电气触点和灭弧装置，具有较强的电流分断能力，其动作值可调整，且动作后一般不需要更换零部件，因此应用广泛。它除了具有对电路的分断能力外，还具有短路、过载、欠电压等保护功能。低压断路器通常可以用来保护配电线路、电动机、照明负载等。

1. 低压断路器的结构

低压断路器主要由触点系统、操作机构、各种脱扣机构和灭弧装置组成，如图6-30所示。

（1）触点系统。触点系统是低压断路器的执行机构，主触点用于实现主电路的接通和断开，其配套的辅助触点用于控制电路中的联锁。

（2）操作机构和自由脱扣机构。操作机构和自由脱扣机构是低压断路器的机械传动部分，过载脱扣器、欠电压脱扣器要实现低压断路器主触点和辅助触点的接通和断开，其操作形式有手柄操作、杠杆操作、电磁铁操作和电动机操作。低压断路器的自由脱扣机构由短路、过载、欠电压3种保护装置实施联动控制，当电路产生故障时，相应的脱扣机构动作。

（3）电磁脱扣器。电磁脱扣器由开口铁心和励磁线圈组成。低压断路器合闸后，主触点闭合，工作电流流过主触点和电磁脱扣器的励磁线圈。电路正常工作（工作电流不大于电磁脱扣器整定的电流值）时，电磁脱扣器的衔铁不吸合；电路发生短路故障时，电路中的电流

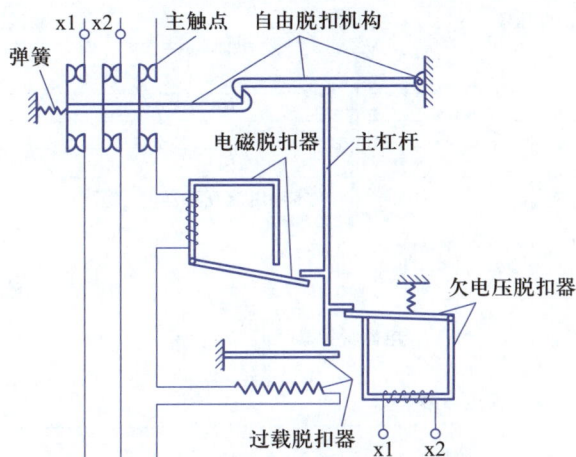

图 6-30　低压断路器的内部结构示意图

会剧增(短路电流是工作电流的 5~7 倍时为线路保护,10~14 倍时为电动机保护),短路电流产生强大的电磁力,使电磁脱扣器的衔铁吸合并推动主杠杆上移,主杠杆驱动自由脱扣机构使低压断路器分断。由于短路时其动作是靠电磁力的影响,所以电磁脱扣器的动作时间很快,分断应在 0.02 s(1 个工频供电周期 T)内完成。

此外,低压断路器还有灭弧装置。灭弧装置用于主触点的灭弧。

2. 低压断路器的分类

低压断路器种类繁多,按用途分有配电用断路器、电动机保护用断路器、照明用断路器、漏电保护断路器;按灭弧介质分有空气断路器、真空断路器;按极数分有单极断路器、双极断路器、三极断路器和四极断路器。

其中,漏电保护断路器(简称漏电保护器)是用于保护人类免于触电和保护设备、仓库、厂房免于火灾的一种保护电器元件。漏电保护器分为独立器件和辅助器件两种,辅助器件主要是和低压微型断路器组合使用。

漏电保护器按动作原理可分为电压型漏电保护器、电流型漏电保护器和脉冲型漏电保护器;按结构可分为电磁式漏电保护器和电子式漏电保护器。目前常用的是电流型漏电保护器。其原理是漏电保护器中的零序电流互感器通过检测穿过的电源(L1、L2、L3、N)是否产生电磁磁通决定漏电保护器是否动作,如图 6-31 所示。正常工作时三相电源不论其所带负载如何,均满足三相电流相量和为零,因此漏电保护器不动作。发生接地故障时,故障相有一部分电流经故障点流入大地,此时零序电流互感器内电流相量和不等于零,零序电流互感器二次绕组中产生感应电流,此电流驱动电磁脱扣器中的线圈产生电磁力,从而推动衔铁动作致使漏电保护器主触点断开,切断故障回路,从而保障人身安全。漏电保护器的额定漏电流有 10 mA、30 mA、50 mA、100 mA、300 mA、500 mA,其中 10 mA 用来保护动物、儿童、浴室、游泳池、医院外科手术室等,30 mA 用来保护成年人的生命安全,50 mA 及以上主要是保护设备和厂房,以免发生火灾。使用时应注意,漏电保护器应每隔 6 个月进行一次性能指标的测试,测试应使用专用测试仪器,不合格的漏电保护器可以降级使用。

低压断路器按结构还可分为微型低压断路器、塑料外壳式(装置式)低压断路器和框架式低压(万能式)断路器。

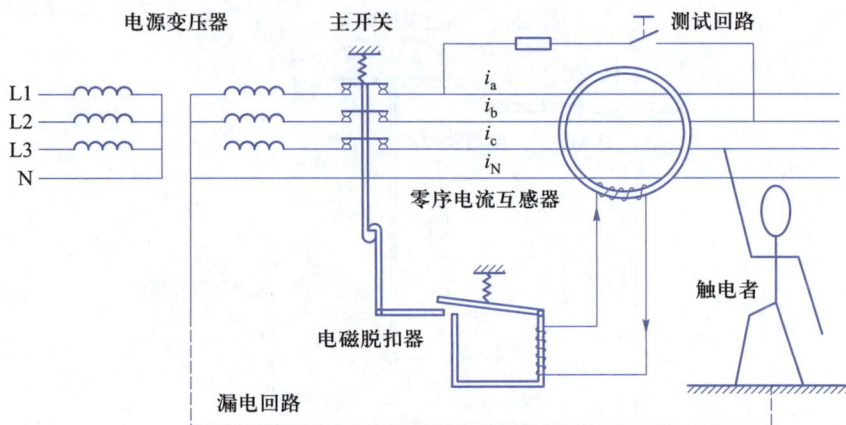

图 6-31　漏电保护器的工作原理

（1）微型低压断路器。微型低压断路器额定电流一般≤63 A。常见的微型低压断路器有 C65 系列、Easy 系列、CDB 系列、DZ47 系列产品，其中 C65 系列具有体积小、性能稳定、可配装多种附件的特点，而且可以为终端配电用户提供完善的保护，如短路、过载、防雷和接地故障的保护；CDB 系列产品具有过载和短路保护；DZ47 系列适用于额定电流为 60A 的电路中。DZ47-60 系列微型低压断路器如图 6-32 所示，其参数见表 6-1。

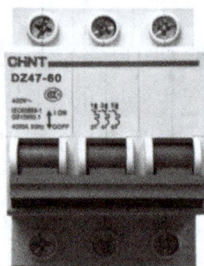

图 6-32　DZ47-60 系列微型低压断路器

（2）塑料外壳式低压断路器。常用的塑料外壳式低压断路器有 DZ 系列，其结构为封闭式，所有机构及导电部分都装在塑料壳内，只在壳正面中央有外露的操作手柄供手动操作用，如图 6-33 所示。目前常用的塑料外壳式低压断路器主要有 DZ20、DZ15、DZX10 系列及引进国外技术生产的 H 系列、S 系列、3VL 系列、TO 系列和 TG 系列等。其主要保护方案有热脱扣器保护和过电流脱扣器保护两种；操作方法有手柄操作和电动操作（较大容量用）；其电流容量和断流容量都较小，但分断速度较快（分断时间一般不大于 0.02 s）。塑料外壳式低压断路器结构紧凑、体积小、质量轻、操作简便，封闭式外壳的安全性好，因此，被广泛用作容量较小的配电支线的负荷端开关、不频繁起动的电动机开关、照明控制开关和漏电保护开关等。

表 6-1　DZ47-60 系列微型低压断路器的参数

型号	极数	瞬时脱扣类型	额定电压/V	壳架额定电流/A	脱扣器动作电流/A
DZ47-60	1P、1P+N、2P、3P、3P+N	C:(5~10)IN D:(10~16)IN	230/400	60	1、3、5、6、10、16、20、25、32、40、50、60

（3）框架式低压断路器。框架式低压断路器结构为敞开式，整个装置装设在金属或塑料的框架上，如图 6-34 所示。框架式低压断路器的保护方案和操作方式较多，既有手柄操作，又有杠杆操作、电磁操作和电动操作等。而且其安装地点也很灵活，既可装在配电装置中，又可安在墙上或支架上。相对于塑料外壳式低压断路器，框架式低压断路器的电流容量和断流能力较大，不过，其分断速度较慢（断路时间一般大于 0.02 s）。框架式低压断路器主

要用于配电变压器低压侧的总开关、低压母线的分段开关和低压出线的主开关。DW45、CB11系列框架式低压断路器采用智能型脱扣器,可实现微机保护。

图 6-33　DZ20 系列塑料外壳式低压断路器　　图 6-34　DW45 系列框架式低压断路器

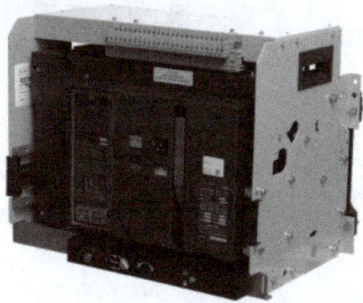

3. 低压断路器的选择

（1）过负荷保护电器的动作特性,应满足下列公式的要求

$$I_C \leqslant I_N \leqslant I_Z, \quad I \leqslant 1.45 I_Z$$

式中,I_C 为回路计算电流,单位为 A;I_N 为熔断器熔体额定电流或低压断路器额定电流或整定电流,单位为 A;I_Z 为导体允许持续载流量,单位为 A;I 为保证保护电器可靠动作的电流,单位为 A。当保护电器为低压断路器时,I 为约定时间内的约定动作电流;当为熔断器时,I 为约定时间内的约定熔断电流。

（2）家居配电箱应装设同时断开相线和中性线的电源进线开关电器元件;供电回路应装设短路和过负荷保护电器元件;连接手持式及移动式家用电器的电源插座回路应装设剩余电流动作保护器元件;空调的电源插座回路也应装设剩余电流动作保护器元件。

6.3.4　接触器

接触器是一种靠电磁力的作用使触点闭合或断开来接通和断开电路的自动控制电器元件,可用来频繁地接通和断开主电路及大容量的控制电路,并具有远距离操作、失压保护、欠电压保护、控制容量大、工作可靠及寿命长等优点,在电力拖动自动控制系统中应用非常广泛。

按工作原理,接触器可分为电磁式接触器、气动式接触器和液压式接触器。按主电路的电源种类,接触器可分为交流接触器和直流接触器两种。

1. 接触器的结构和工作原理

接触器的结构和外形如图 6-35 所示,其电气图形符号如图 6-36 所示。

接触器的触点分为主触点和辅助触点。主触点的接触面有灭弧装置,用于通断电流较大的主电路,一般只有动合触点。辅助触点的额定电流较小,用来接通和分断小电流的控制电路,体积较小,一般由两对动合触点和两对动断触点组成。

电磁线圈接通额定电压,产生电磁力,克服弹簧反力吸引动铁心向下运动,动铁心带动主触点向下运动,动合辅助触点闭合,动断辅助触点断开。当电磁线圈失电或电压低于释放电压时,电磁力小于弹簧反力,动合辅助触点断开,动断辅助触点闭合。

2. 接触器的参数

（1）额定电压:是指主触点的额定电压,标注在接触器的铭牌上。交流接触器的额定电

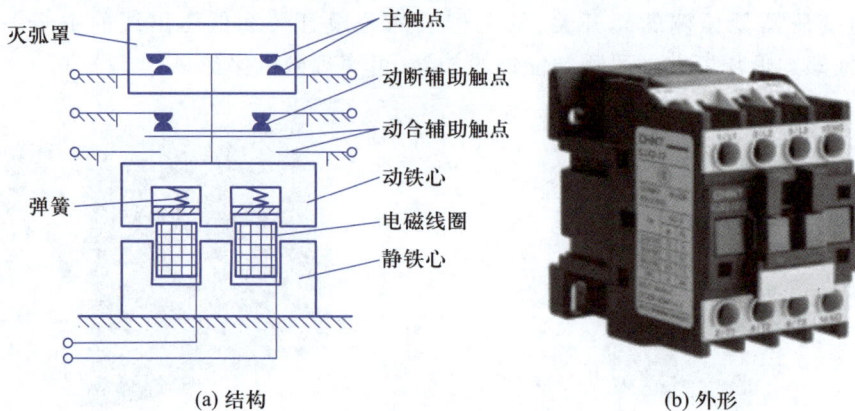

(a) 结构   (b) 外形

图 6-35 接触器的结构和外形

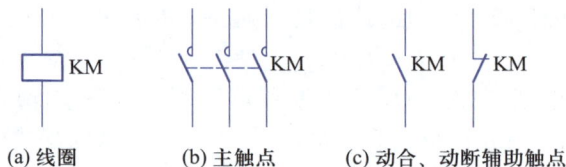

(a) 线圈   (b) 主触点   (c) 动合、动断辅助触点

图 6-36 交流接触器的电气图形符号

压等级有 127 V、220 V、380 V、500 V;直流接触器的额定电压等级有 110 V、220 V、440 V。

（2）额定电流:是指主触点的额定电流,由工作电压、操作频率、使用类别、外壳防护形式、触点寿命等决定,同样标注在铭牌上。交流接触器的额定电流等级有 5 A、10 A、20 A、40 A、60 A、100 A、150 A、250 A、400 A、600 A;直流接触器的额定电流等级有 40 A、80 A、100 A、150 A、250 A、400 A、600 A。辅助触点的额定电流通常为 5 A。

（3）励磁线圈额定电压:是指接触器电磁线圈额定电压。交流接触器的励磁线圈额定电压有 36 V、110 V（127 V）、220 V、380 V;直流接触器的励磁线圈额定电压有 24 V、48 V、220 V、440 V。

（4）操作频率:是指接触器在每小时内可能实现的最高操作循环次数,它对接触器的电气寿命、灭弧罩的工作条件和电磁线圈的温升有直接的影响。交、直流接触器的额定操作频率一般为 1 200 次/h 或 600 次/h。

（5）寿命:包括机械寿命和电气寿命。

（6）接通和分断能力:是指主触点在规定条件下能可靠地接通和分断的电流。在此电流值下,接通时主触点不应发生熔焊;分断时主触点不应发生长时间燃弧。电路中超出此电流值的分断任务则由熔断器、自动开关等保护电器承担。

（7）交流接触器的使用类别:可根据国家标准 GB/T 14048.4—2020《低压开关设备和控制设备 第 4-1 部分:接触器和电动机起动器 机电式接触器和电动机起动器（含电动机保护器）》中提供的类别等级选用。其中,AC-1 表示用接触器控制无感或微感负载、电阻炉;AC-2 表示用接触器控制绕线式感应电动机的起动、分断;AC-3 表示用接触器控制笼型感应电动机的起动、运转中分断;AC-4 表示用接触器控制笼型感应电动机的起动、反接制动或反向运转、点动。

（8）交流接触器的选用原则：选用交流接触器时通常负载的额定电流应为接触器额定电流的 70%~80%，同时应注意交流接触器的安装形式、主路参数、控制参数、辅助参数。控制频繁起动或反接制动时交流接触器额定电流应降低一级，要根据电动机的不同工作制（长期、短时、反复短时）确定其参数和型号。

6.3.5 继电器

在机电控制系统中，虽然利用接触器作为执行元件可以实现最基本的自动控制，但对于稍复杂的情况单靠接触器就无法满足控制要求。在大多数机电控制系统中，需要根据系统的各种状态或参数进行判断和逻辑运算，然后根据逻辑运算结果去控制接触器等执行元件，实现自动控制的目的。这就需要能够对系统的各种状态或参数进行判断和逻辑运算的电器元件，这一类电器元件称为继电器。

继电器是一种电子控制器件，通常应用于自动控制电路中，它实际上是用较小的电流去控制较大电流的一种"自动开关"。继电器结构如图 6-37 所示。

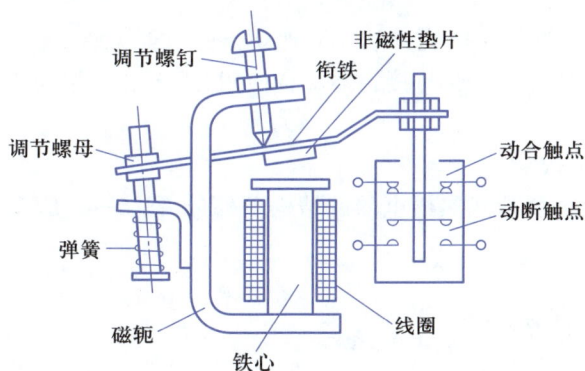

图 6-37 继电器结构

继电器根据电量或非电量（如温度、压力）的变化来接通或断开小电流电路，其触点通常接在控制电路中，从而实现控制和保护的目的。继电器作为系统的各种状态或参量判断和逻辑运算的电器元件，主要起信号转换和传递作用，而不能像接触器那样直接接到有负荷的主电路中。继电器的种类很多，按反映信号的种类可分为电流继电器、时间继电器、电压继电器、速度继电器、压力继电器、热继电器、中间继电器等；按动作原理可分为电磁式、感应式、电动式和电子式；按动作时间可分为瞬时动作和延时动作。电磁式继电器有直流和交流之分，它们的重要结构和工作原理与接触器基本相同，由感测机构、中间机构和执行机构组成。感测机构把感测到的电量或非电量传递给中间机构，将它与预定（整定）值相比较，当达到预定值（过量或欠量）时，中间机构使执行机构动作，从而接通或断开电路。下面介绍几种常用的继电器。

1. 中间继电器

中间继电器（KA）是用来转换和传递控制信号的电器元件。它的输入信号是线圈的通电、断电信号，输出信号为触点的动作。它本质上是电压继电器，触点数量较多，当其他电器元件触点数或容量不够时可借助于中间继电器做中间转换，以控制多个电器元件或回路。中间继电器的外形及电气图形符号如图 6-38 所示。中间继电器由线圈、静铁心、衔铁、触点系统、反作用弹簧和复位弹簧等组成,与接触器基本相同。

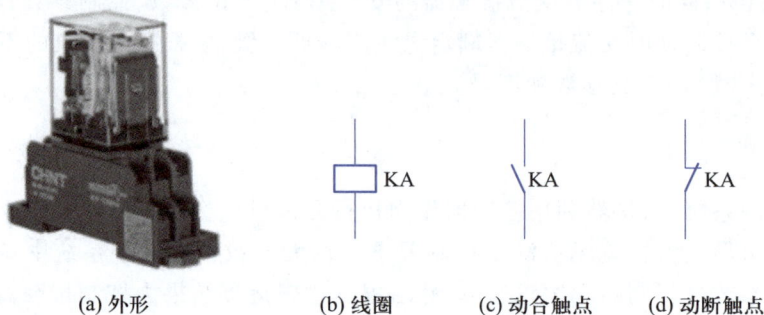

(a) 外形   (b) 线圈   (c) 动合触点   (d) 动断触点

图 6-38　中间继电器的外形及电气图形符号

中间继电器的主要技术参数有额定电压、额定电流、触点对数以及线圈电压种类和规格等,选用时要注意线圈的电压种类和规格应与控制电路一致。

2. 热继电器

热继电器(FR)是一种利用电流热效应原理动作的电器元件,它具有与电动机容许过载特性相近的反时限动作特性,主要与接触器配合使用,用于对三相异步电动机的过负荷和断相保护。

(1) 热继电器的结构

图 6-39 所示为双金属片式热继电器的结构及外形,图 6-40 所示为热继电器的电气图形符号。

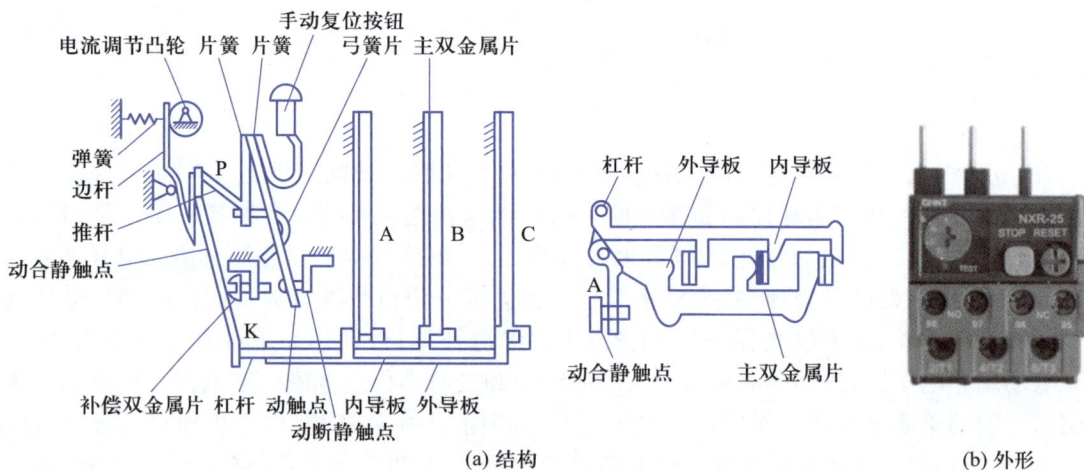

(a) 结构   (b) 外形

图 6-39　双金属片式热继电器的结构及外形

双金属片是将两种膨胀系数不同的金属用机械碾压方法使之形成一体的金属片,膨胀系数大的(如铁镍铬合金、铜合金)称为主动层,膨胀系数小的(如铁镍类合金)称为被动层。两种膨胀系数不同的金属紧密地贴合在一起,当产生热效应时,双金属片向

(a) 热元件   (b) 动断触点   (c) 动合触点

图 6-40　热继电器的电气图形符号

膨胀系数小的一侧弯曲,由弯曲产生的位移带动触点动作。

（2）热继电器的选择原则

热继电器主要用于电动机的过载保护,使用中应考虑电动机的工作环境、起动情况、负载性质等因素,具体应按以下几个方面来选择。

① 热继电器结构形式的选择:定子绕组星形接法的电动机可选用两相或三相结构热继电器,三角形接法的电动机应选用带断相保护装置的三相结构热继电器。

② 热继电器额定电流的选择:应根据电动机或用电负载的额定电流选择热继电器和热元件的额定电流,一般热元件的额定电流应等于或稍大于电动机的额定电流。

③ 热继电器的动作电流整定值一般为电动机额定电流的 1.05~1.1 倍。

④ 对于反复短时工作的电动机(如起重机电动机),由于电动机不断重复升温、降温,热继电器双金属片的温升跟不上电动机绕组的温升变化,电动机将得不到可靠的过载保护。因此,不宜选用双金属片热继电器,而应选用过电流继电器或热敏电阻式温度继电器来进行保护。

（3）热继电器的安装与使用

① 安装前检查热继电器的铭牌及技术数据,如额定电压、电流是否满足实际使用要求。

② 应注意,安装接线时勿使螺钉、垫圈、接线头等零件掉落,以免落入电器元件内部造成动作卡阻或短路现象,并将螺钉拧紧以免振动松脱。

③ 安装时,热继电器底面与地面的倾斜度应不大于 5°。

3. 时间继电器

时间继电器(KT)是一种从得到输入信号(线圈的通电或断电)开始,经过一个预先设定的延时后才输出信号(触点的闭合或断开)的继电器,其外形如图 6-41 所示。根据延时方式的不同,时间继电器可分为通电延时和断电延时两种,其电气图形符号如图 6-42 所示。通电延时继电器接收输入信号后,延迟一定的时间输出信号才发生变化。而当输入信号消失后,输出信号瞬时复位。断电延时继电器接收输入信号后,瞬时产生输出信号。而当输入信号消失后,延迟一定的时间输出信号才复位。

图 6-41 时间继电器

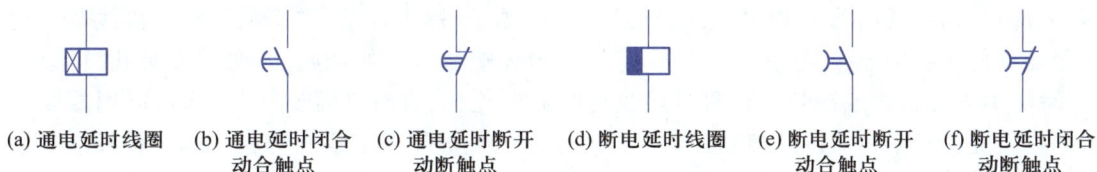

| (a) 通电延时线圈 | (b) 通电延时闭合动合触点 | (c) 通电延时断开动断触点 | (d) 断电延时线圈 | (e) 断电延时断开动合触点 | (f) 断电延时闭合动断触点 |

图 6-42 时间继电器的电气图形符号

4. 速度继电器

三相异步电动机反接制动时,为了防止电动机被拉入反转,通常用速度继电器(SV)来控制关断反向电源向电动机的供电。速度继电器与电动机转轴相连,可根据输入速度大小和方向输出无源触点信号。速度继电器的结构及电气图形符号如图 6-43 所示。

速度继电器的转轴与被控电动机的转轴相接,当电动机运行时,转轴带动速度继电器一起旋转,速度继电器转子切割速度继电器定子导体,在定子导体中产生感应电动势和感应电流,定子导体中的感应电流与磁场相互作用,由此产生电磁转矩,使定子向着转子转动方

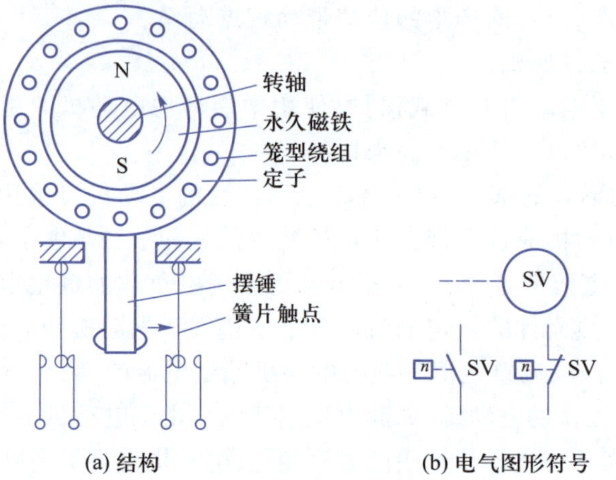

(a) 结构　　　　　　　(b) 电气图形符号

图 6-43　速度继电器的结构及电气图形符号

向偏转。电磁转矩的大小与转子的转速成正比,转速越高,转矩越大。当转速达到一定值时,定子偏转后摆锤推动簧片触点,动合触点闭合。当电动机的转速低于某一值(100 r/min)时,定子所产生的转矩减小。电磁转矩小于反力弹簧力矩,定子返回原来的位置,其对应动作的触点复位。速度继电器的触点动作与电动机的运转方向无关,只与电动机的转速大小有关。

6.3.6　其他电器元件

1. 信号灯

信号灯是用来指示电器运行状态、生产节拍、机械位置、控制命令等的电器元件,其外形如图 6-44 所示。其发光源有白炽灯、氖管、LED 发光元件等形式,通常在低电压中用白炽灯和 LED 发光元件,而在高电压中用氖管。信号灯可以单独使用,也可以和按钮组合使用。

2. 接线端子

接线端子是用于实现电气连接的一种配件产品,其外形如图 6-45 所示。工业上将接线端子划分为连接器的范畴。随着工业自动化程度越来越高和工业控制要求越来越严格、精确,接线端子的用量逐渐上升。随着电子行业的发展,接线端子的使用范围和种类也越来越多。目前使用广泛的除了 PCB 端子外,还有五金端子、螺帽端子、弹簧端子等。接线端子的作用是方便导线的连接,它其实就是一段封在绝缘塑料里面的金属片,两端都有孔,可以插入导线,由螺钉紧固或松开。若两根导线有时需要连接,有时又需要断开,就可以用接线端子把它们连接起来,并且可以随时断开,而不必把它们焊接起来或缠绕在一起。接线端子的另一个作用就是适合大量的导线互联,如在自动生产线或建筑电气控制中就有专用的端子排、端子箱,里面全是接线端子,有单层的、双层的、电流的、电压的、普通的、可断的等。

图 6-44　信号灯

图 6-45　接线端子

电机控制电路

⚙ 话题引入

电机控制电路可以通过改变电压、电流和频率等参数来控制电动机的转速、转向和停止,通常由电源、控制器、反馈元件传感器和执行器组成。

我国电机的发展和生产起步较晚,但发展迅速。伴随着现代高新技术产业的发展,电机技术已逐渐成熟,随着其他科学学科和技术工程的进步,在科学技术高速发展的今天,控制电机已是构成开环控制、闭环控制、同步联结和机电模拟解算装置等系统的基础元件,广泛应用于化工、炼油、钢铁、造船、原子能反应堆、数控机床、自动化仪表和仪器、电影、电视、电子计算机外设等民用设备,或雷达天线自动定位、飞机自动驾驶仪、导航仪、激光和红外线技术、导弹和火箭制导、自动火炮射击控制、舰艇驾驶盘和方向盘控制等军事设备。这些系统能处理包括直线位移、角位移、速度、加速度、温度、湿度、流量、压力、液面高低、密度、浓度、硬度等多种物理量。

6.4.1　电机控制电路的用途和类别

控制电机的种类很多,若按电流分类,可分为直流和交流两种;按用途分类,直流控制电机又可分为直流伺服电动机、直流测速发电机和直流力矩电动机等;交流控制电机可分为交流伺服电动机、交流测速发电机、步进电动机、微型同步电动机等。

各种控制电机的用途和功能不尽相同,但它们基本上可分为信号元件和功率元件两大类。

6.4.2　三相异步电动机的控制方式

1. 直接控制电路

三相异步电动机直接控制电路是指用手动电器元件对电动机直接进行起动操作的控制方式,如图 6-46 所示。可以使用的手动电器元件有刀开关、低压断路器、转换开关等。

手动控制直接起动电动机时,操作人员通过手动电器元件直接对主电路进行接通和断开操作,安全性能和保护性能较差,操作频率也受到限制,因此只适合电动机容量较小和操作不是很频繁的场合。

图 6-46　三相异步电动机直接控制电路

2. 点动控制电路

三相异步电动机点动控制电路如图 6-47 所示。图中左侧为主路,三相电源经刀开关 QS、熔断器 FU1 和接触器 KM 的 3 对主触点,接到电动机 M 的定子绕组上,主电路中流过的电流是电动机的工作电流,电流值较大。右侧部分为控制电路,由熔断器 FU2、按钮 SB 和接触器线圈 KM 串联而成,控

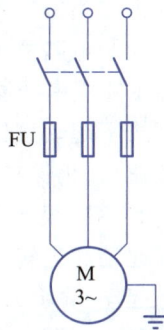

制电流较小。

点动控制电路的工作过程如下：合上电源开关 QS，因没有按下点动按钮 SB，接触器 KM 没有通电，KM 的主触点断开，电动机 M 不通电；按下点动按钮 SB 后，控制电路中接触器 KM 线圈通电，其主电路的动合触点闭合，电动机通电运行；松开按钮 SB，按钮在复位弹簧作用下自动复位，控制电路接触器 KM 线圈断电，主电路中 KM 触点恢复原来的断开状态，电动机停止转动。

这个控制电路中，QS 又称为隔离开关，它不能直接给电动机 M 供电，只起到隔离电源的作用。主电路熔断器 FU1 起短路保护的作用，如发生三相电路的任意两相电路短路，或是一相电路发生对地短路，短路电流将使熔断器迅速熔断，从而切断主电路电源，实现对电动机的过电流保护。控制电路中的 FU2 对控制电路实现保护的作用。

3. 单向连续运转控制电路

连续运转是相对于点动控制而言的，它是指在按下起动按钮起动电动机后，若松开按钮，电动机仍能得电连续运转。只要对点动控制电路进行一些改进，就可以使电动机在不按着按钮的情况下连续运转。

三相异步电动机单向连续运转控制电路如图 6-48 所示。

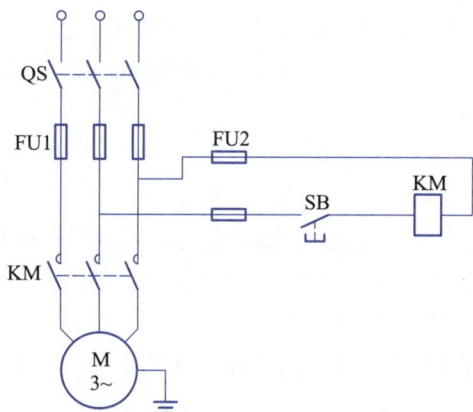

图 6-47　三相异步电动机点动控制电路　　图 6-48　三相异步电动机单向连续运转控制电路

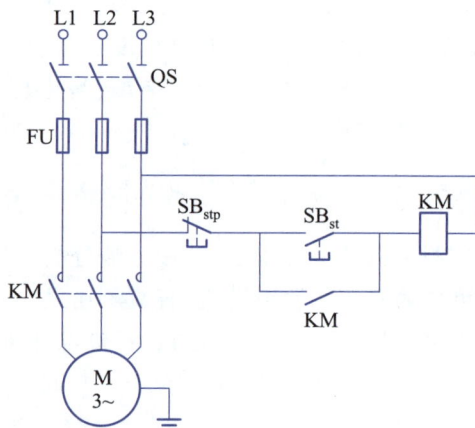

主电路由三相电源、刀开关 QS、熔断器 FU、交流接触器 KM 主触点、电动机等组成。

控制电路由电源、熔断器 FU、停止按钮 SB_{stp}、起动按钮 SB_{st}、KM 动合辅助触点、交流接触器 KM 吸引线圈等组成。

按下起动按钮 SB_{st}，交流接触器 KM 线圈通电，使其辅助触点闭合，起自锁作用，即使松开按钮后，仍保持线圈继续通电，电动机继续运转。若要电动机停止运转，只须按停止按钮 SB_{stp} 使 KM 线圈断电，电动机停转，同时解除自锁。由于 SB_{stp} 常态下是闭合的，故不影响电路的起动和运转。

起动：合上刀开关 QS，接通电源。按 SB_{st}→KM 线圈通电→KM 主触点闭合，电动机运转，KM 辅助触点闭合，自锁。

停转：按 SB_{stp}→KM 线圈失电—KM 主触点断开，电动机停转，KM 辅助触点断开，切除自锁。

另外，此电路还可实现短路保护、过载保护和失电压与欠电压保护。

短路保护靠熔断器 FU 实现。FU 串接在主电路中，当电路发生短路故障时，熔体熔断，使电动机脱离电源。

过载保护靠热继电器 FR 实现。电动机负载过大、电压过低或缺相运行,都将引起电动机电流过大,如长时间过电流会使热继电器的热元件发热,使其串接在控制电路的动断触点断开,接触器 KM 线圈断电,切断主电路使电动机停转。同时 KM 辅助触点也断开,解除自锁。

失电压与欠电压保护靠交流接触器实现。当电压降至低于工作电压的 85% 时,接触器吸引线圈的电磁吸力不足,衔铁自行释放,使主、辅触点自行复位,切断电源,电动机停转,同时解锁自锁。

4. 正、反转控制电路

各种生产机械常常要求具有上下、左右、前后等运动,这就要求电动机能够正、反两个方向运转。

为了使电动机能够正转和反转,可采用两只接触器 KM1、KM2 接电动机三相电源的相序来实现。三相异步电动机正、反转控制电路如图 6-49 所示。

正向起动:合上低压断路器 QF 接通三相电源;按下 KM1 线圈,触点闭合,接通电动机,电动机这时的相序是 L1、L2、L3,即正向运行。

反向起动:合上低压断路器 QF 接通三相电源;按下 KM2 线圈,触点闭合,接通电动机,电动机这时的相序是 L3、L2、L1,即反向运行。

注意,禁止同时按下 KM1、KM2 线圈。

5. 电气互锁正、反转控制电路

三相异步电动机正、反转控制电路中的两只接触器不能同时吸合,如果同时吸合将造成电源的短路事故,为了防止这种事故,在电路中应采取可靠的互锁。

图 6-50 所示为利用 KM_F、KM_R 正、反转接触器的动断辅助触点实现电气互锁的电动机正、反转控制电路。

正转:合上刀开关 QS,接通电源,将 KM_F、KM_R 正、反转接触器的动断辅助触点串接到对方线圈电路中,形成相互制约的控制。

按 SB_F→KM_F 线圈得电→KM_F 主触点闭合,电动机正转,KM_F 辅助动合触点闭合,自锁,辅助动断触点断开,互锁。

反转:按 SB_R→KM_R 线圈得电→KM_R 主触点闭合,电动机反转,KM_R 辅助动合触点闭合,自锁,辅助动断触点断开,互锁。

停转:按 SB_{stp}→KM_F 或 KM_R 线圈失电→KM_F 或 KM_R 主触点断开,电动机停转,KM_F 或 KM_R 辅助触点断开,切除自锁和互锁。

这种电气互锁的控制电路中,要实现电动机由正转向反转过渡,必须先按下停止按钮 SB_{stp},然后才能进行反转,显然这是十分不方便的。

6. 机械互锁正、反转控制电路

三相异步电动机机械互锁正、反转控制电路如图 6-51 所示。控制电路中使用了复合按钮 SB_F 和 SB_R。电路中将复合按钮动断触点接入对方线圈支路中,只要按下按钮,就自然切

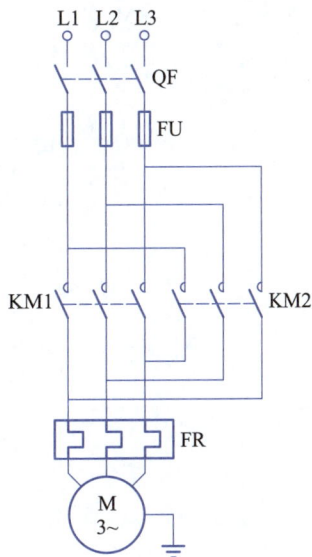

图 6-49 三相异步电动机正、反转控制电路

断对方线圈支路,从而实现互锁,这种互锁是利用按钮这种机械的方法来实现的,因此称为机械互锁。

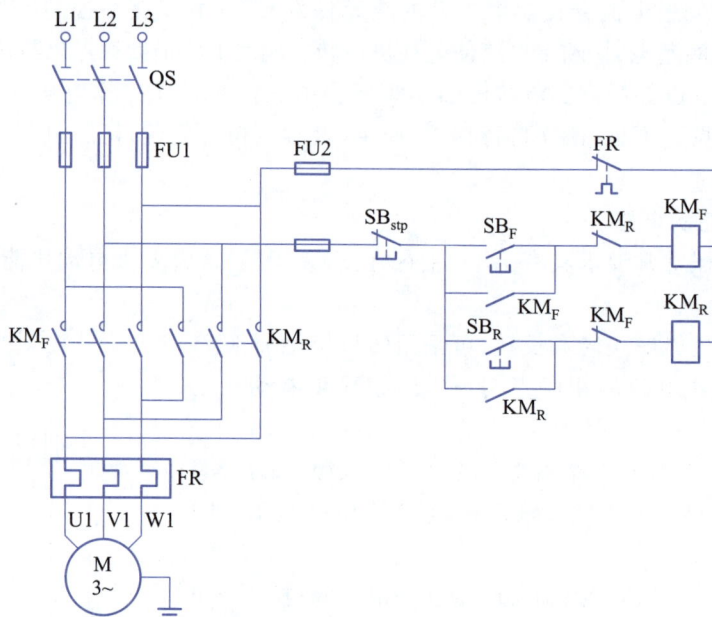

图 6-50　三相异步电动机电气互锁正、反转控制电路

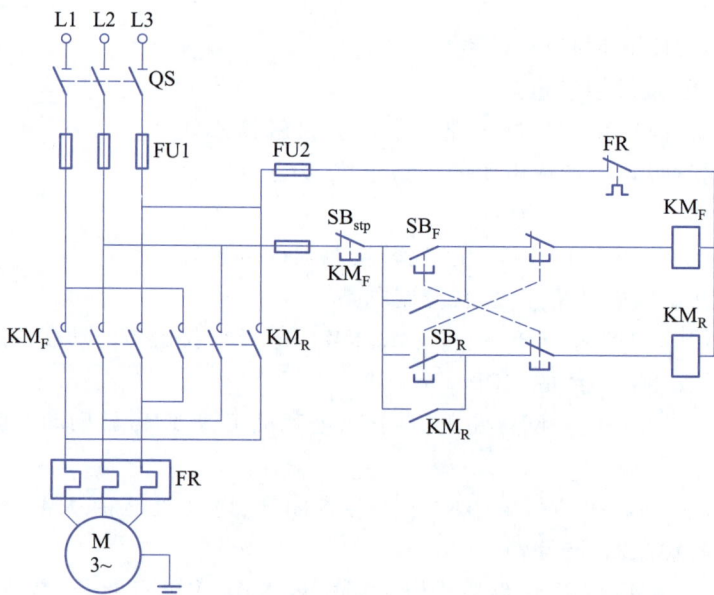

图 6-51　三相异步电动机机械互锁正、反转控制电路

正转:合上刀开关 QS,接通电源。按 $SB_F \rightarrow KM_R$ 线圈失电,互锁 KM_F 线圈得电,电动机正转。

反转:按 $SB_R \rightarrow KM_F$ 线圈失电,互锁 KM_R 线圈得电,电动机反转。

停转:按 $SB_{stp} \rightarrow KM_F$ 或 KM_R 线圈失电 $\rightarrow KM_F$ 或 KM_R 主触点断开,电动机停转,KM_F 或 KM_R 辅助触点断开。

这种机械互锁的控制电路可以从正转直接过渡到反转,因为复合按钮两组触点的动作是有先后次序的,按下时,动断触点先断开,动合触点后闭合;松开时,动合触点先恢复断开,动断触点后恢复闭合,利用这个时间差,可以实现正、反转的直接过渡。这种电路存在的主要问题是容易产生短路事故。例如,电动机正转接触器 KM_F 主触点因弹簧老化或剩磁的原因而延迟释放或者被卡住而不能释放时,如按下反转按钮 SB_R,反转接触器 KM_R 又得电使其主触点闭合,电源会在主电路短路。显然,这种控制电路的安全性较低。

7. 双重互锁正、反转控制电路

图 6-52 所示为具有接触器(电气)、按钮(机械)双重互锁的电动机正、反转控制电路。这种电路,若电动机正转运行需直接转换为反转时,可按下反转起动按钮 SB_R,此时反转起动按钮 SB_R 的动断触点先断开,于是切断了正转接触器线圈 KM_F 电路的供电,正转接触器 KM_F 立即断电释放;反转起动按钮 SB_R 动合触点闭合,于是接通反转接触器线圈 KM_R 电路,反转接触器 KM_R 线圈通电吸合,KM_R 主触点闭合,电动机反向起动旋转,实现了电动机正、反转的直接转换,直到电动机需停止时才按下停止按钮 SB_{stp},让电动机停止运转。双重互锁正、反转控制电路是一种比较完善的电路,它既能实现正、反转直接起动的要求,又具有较高的安全可靠性,因此在电动机控制系统中应用广泛。

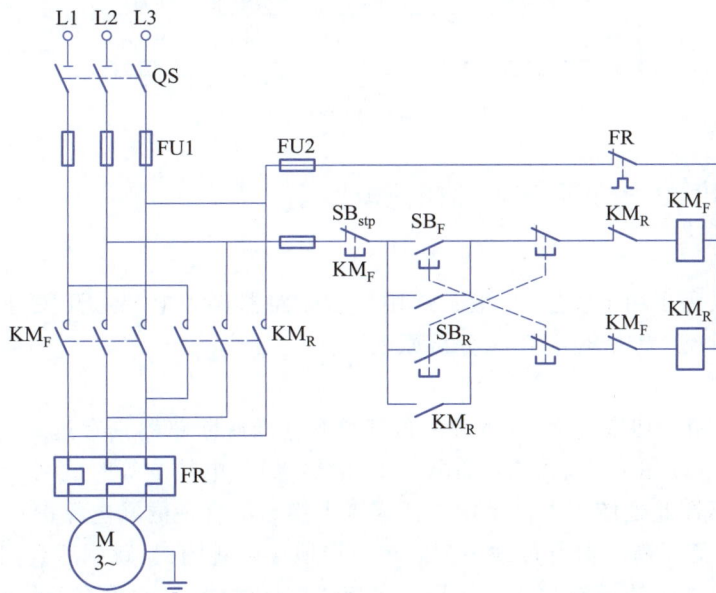

图 6-52 三相异步电动机双重互锁正、反转控制电路

6.5
案例分析

6.5.1 案例 1:电动机起动,电源跳闸

1. 案例叙述

某加工厂购买了一台三相异步电动机用于拖动负载,按照要求安装了控制电路并设计

了保护电路。不拖动货物,空载起动时,电路工作正常。但如果是带载起动,按下起动开关后,电源电路立即跳闸,电路无法正常工作。经检查,电路连接正常,无短接、无漏电,接地等均正常。

2. 案例分析

三相异步电动机铭牌如图 6-53 所示。可以看出,电动机额定工作电流为 8.8 A,经检查,选择的电源电路熔断器熔体为额定电流 10 A。空载起动时,电动机负载很小,电流较小,可以正常起动;带负载起动时,电动机起动电流将大于 10 A,因此熔断器立即跳闸。根据熔断器选用规则,在控制电动机的电路中,熔体电流应为额定电流的 1.5 ~ 2.5 倍。因此,将熔断器熔体更换为 20 A 后,电路即工作正常,带载起动也可正常运行。

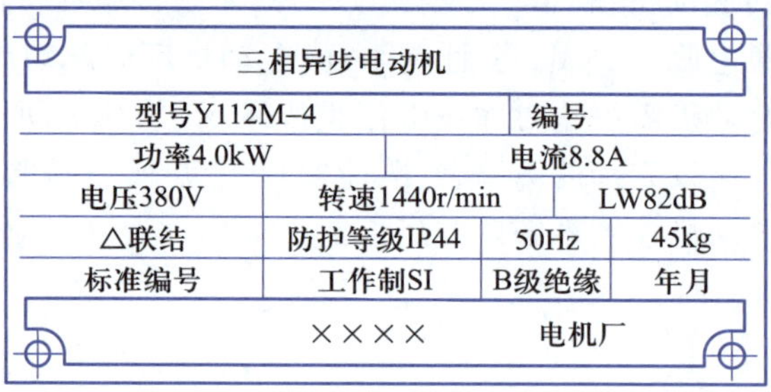

三相异步电动机			
型号Y112M-4		编号	
功率4.0kW		电流8.8A	
电压380V	转速1440r/min		LW82dB
△联结	防护等级IP44	50Hz	45kg
标准编号	工作制SI	B级绝缘	年月
××××　　　　电机厂			

图 6-53　三相异步电动机铭牌

6.5.2　案例 2:家庭用电低压断路器跳闸

1. 案例叙述

家庭用电中,为了用电安全,一般会选用低压断路器作为电源总开关,但低压断路器经常出现故障,如跳闸、无法合闸等,试分析原因。

2. 案例分析

(1)原因 1:用电功率过大,导致开关过载跳闸。低压断路器具有过载(过电流)保护功能,因此,可能会在使用大功率电器,如电烤箱、电热水器、电热炉等时跳闸。

解决办法:不在此处使用大功率用电器或者更换新的合适的漏电保护。

(2)原因 2:低压断路器有负载一侧的相线接地导致跳闸,且跳闸后合闸合不上。

解决办法:检查各处插座和开关处是否有相线接地的情况,如果有条件的可以使用万用表进行测量。

(3)原因 3:线路短路导致跳闸,中性线、相线相接。

解决办法:如果是可看见的地方出现短路还比较好操作,如果是看不见的地方则需要使用万用表进行检查。

(4)原因 4:中性线混用导致跳闸。这种情况出现概率较高,家庭用电中常因为图省事把灯具中性线和插座中性线混用,导致一用电就跳闸。

解决办法:检查一下是否有灯具中性线和开关插座中性线混用的情况。

(5)原因 5:漏电保护分级设置不合理导致跳闸,如最近一级开关灵敏度低于上一级的开关灵敏度,导致越级跳闸。

解决办法:检查上一级电箱漏电保护设置是否合理。

6.6 技能训练

6.6.1 技能训练1:三相异步电动机单向连续运转控制电路

1. 实训目标

（1）熟悉低压电器元件的接线及其好坏判断。

（2）熟练掌握单向点动与连续运行控制电路的动作原理。

（3）熟练掌握按电气图装接电路的技能和工艺要求。

（4）熟练掌握用万用表检查主电路、控制电路及根据检查结果或故障现象判断故障位置的方法。

2. 实训设备及器材

（1）电工刀、尖嘴钳、钢丝钳、剥线钳、螺钉旋具各1把。

（2）五种颜色（BV或BVV）芯线截面积为 1.5 mm^2 和 2.5 mm^2 的单股塑料绝缘铜线若干。

（3）电动机控制实训台1台。

（4）三极刀开关1个、熔断器3个、交流接触器1个、热继电器1个、按钮2个。

（5）接线端子20位。

（6）功率为 4 kW 的星形联结三相异步电动机1台。

（7）万用表1只、钳表1只、500 V兆欧表1只。

3. 实训步骤

实训电路见图6-48。

（1）检查电器元件

根据电动机功率及参数检查刀开关、交流接触器、熔断器、热继电器、按钮等型号及参数是否符合要求。

（2）电器元件布局并布线

要求能够用最短的线连接出美观、正确的电路。要点:横平竖直,转弯成直角,少交叉,多根线并拢平行走。

（3）接线

要点:先接主电路,后接控制电路,先串后并,从左到右,从上到下。要求整齐、美观,接触紧密,绝缘良好,按颜色分相,无反圈接,不压绝缘层,露铜不超过 2 mm,每个端子连接导线不超过两根。

（4）电路不通电检查

分目测和仪表检查两种,用仪表检查出来的结果应与理论分析值相符。

① 主电路的检查。使用万用表蜂鸣挡检查主电路各连接线是否正常,是否存在虚接、短接情况。

② 控制电路的检查。使用万用表 2 kΩ 电阻挡测量控制电路总电阻:此时读数应为无穷大,按下起动开关 SB$_{st}$,读数应为 KM 线圈的电阻值;按下 KM 的动端的后再轻按 SB$_{stp}$,读数应由 KM 线圈的电阻值变为无穷大,此时再松开 SB$_{stp}$,读数又应由无穷大变为 KM 线圈电阻值。

③ 绝缘电阻的检查。用 500 V 兆欧表测量电路的绝缘电阻(应不小于 0.22 MΩ)。

（5）通电测试

经上述检查正确后,在教师的监护下通电试车。

① 合上刀开关 QS,指示灯亮。

② 按下 SB$_{st}$,电动机开始连续运行。

③ 按下 SB$_{stp}$,电动机停止运行。

④ 断开刀开关 QS,测试结束。

4. 注意事项

（1）通电试运转时应按电工安全要求操作。

（2）要节约导线材料。

（3）操作时应保持工位整洁,完成全部操作后应立即把工位清理干净。

6.6.2　技能训练 2:三相异步电动机复合联锁的正、反转控制电路

1. 实训目标

（1）掌握三相异步电动机复合联锁的正、反转控制电路的安装。

（2）能熟练地用万用表检测电路是否正确。

（3）学习用验电笔检修电路。

2. 实训设备及器材

（1）电工刀、尖嘴钳、钢丝钳、剥线钳、螺钉旋具各 1 把。

（2）五种颜色(BV 或 BVV)芯线截面积为 1.5 mm^2 和 2.5 mm^2 的单股塑料绝缘铜线若干。

（3）电动机控制实训台 1 台。

（4）三极刀开关 1 个、熔断器 3 个、交流接触器 2 个、热继电器 1 个、按钮 3 个。

（5）接线端子 20 位。

（6）功率为 4kW 的星形联结三相异步电动机 1 台。

（7）万用表 1 只、钳表 1 只、500 V 兆欧表 1 只、验电笔 1 只。

3. 实训步骤

实训电路如图 6-54 所示。

（1）在三相异步电动机的控制板上,根据电路图连接导线。

（2）用万用表检测连线是否正确(以指针式万用表为例)。

主电路不通电检测如下。

① 将万用表挡位调到 2 kΩ 电阻挡。

② 将万用表红表笔放至电源 U 相(图 6-54 中 L1 位置),黑表笔放至图中 U1 位置,闭合刀开关,并且确定熔断器熔体正常。

③ 再将黑表笔放至主电路输出 U 相(图 6-54 中 U2 位置),按下交流接触器 KM 测试按

键,若万用表指针指到 0,则 U 相电路正常。

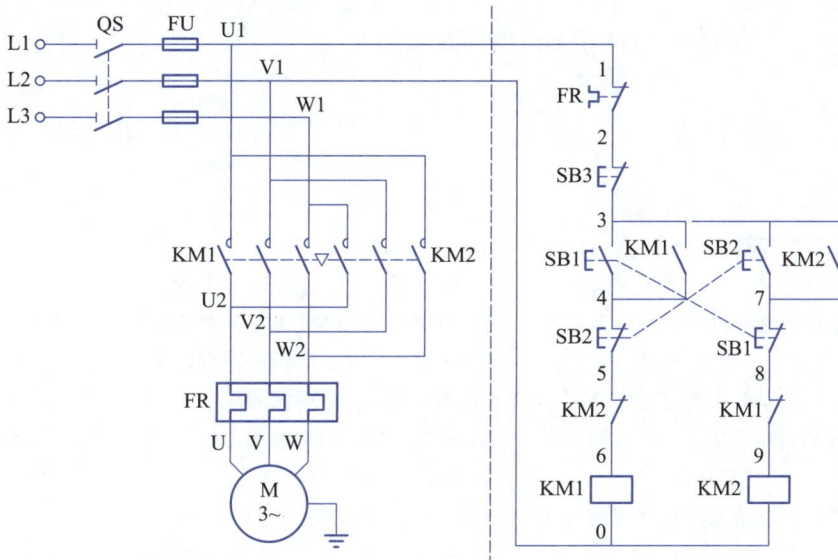

图 6-54　三相异步电动机复合联锁的正、反转控制电路

④ 依次完成 L2、L3 对应 V1、W1 相的检测。

⑤ 反转检测:L1、L2、L3 相,则对应 W2、V2、U2 相。

控制电路不通电检测如下。

万用红、黑表笔分别放至图 6-54 中 1 和 0 两端:

① 正、反转起动功能检测:按下 SB1 按钮,万用表显示交流接触器线圈电阻阻值,则按钮正转起动功能正常;按下 SB2 按钮,万用表显示交流接触器线圈电阻阻值,则按钮反转起动功能正常。

② 正、反转自锁功能检测:按下交流接触器 KM1 测试按键,万用表显示交流接触器线圈电阻阻值,则交流接触器正转自锁功能正常;按下交流接触器 KM2 测试按键,万用表显示交流接触器线圈电阻阻值,则交流接触器反转自锁功能正常。

③ 联锁功能检测:同时按下 KM1 和 KM2,万用表指针不动,则说明交流接触器联锁功能正常;同时按下 SB1 和 SB2,万用表指针不动,则说明按钮联锁功能正常。

④ 停止功能检测:按下交流接触器测试按键,当万用表显示交流接触器线圈电阻阻值时,再按下 SB3 按钮,万用表指针回到无穷大,则停止按钮功能正常。

(3)通电测试如下。

① 接通电源。

② 按下起动按钮 SB1,电动机自锁正转运行。

③ 按下起动按钮 SB2,电动机自锁反转运行。

④ 按下停止按钮 SB3,电动机停止。

4. 注意事项

(1)连接电气设备时,用力要适当,防止损坏。

(2)导线应尽量避免交叉,长短适宜。

（3）不得擅自接通电源。电路安装完应检查无误后，在教师的指导下通电。

（4）严格遵守实训室的规章制度。

科技进步：
牵引电动机
助力中国高
铁跑出世界
新速度

思考题

一、选择题

1. 异步电动机旋转磁场的转向与（　　　）有关。

A. 电源频率　　　　B. 转子转速　　　　C. 电源相序　　　　D. 以上均是

2. 当三相异步电动机的机械负载增加时，如定子端电压不变，其旋转磁场速度（　　　）。

A. 增加　　　　B. 减小　　　　C. 不变　　　　D. 不确定

3. 三相异步电动机在稳定运转情况下，电磁转矩与转差率的关系为（　　　）。

A. 转矩与转差率无关　　　　　　　　B. 转矩与转差率平方成正比

C. 转差率增大，转矩增大　　　　　　D. 转差率减小，转矩增大

4. 某三相异步电动机的额定转速为 735 r/min，相对应的转差率为（　　　）。

A. 0.265　　　　B. 0.02　　　　C. 0.51　　　　D. 0.183

5. 一台磁极对数为 3 的三相异步电动机，其转差率为 3%，则此时的转速为（　　　）r/min。

A. 2910　　　　B. 1455　　　　C. 970　　　　D. 285

6. 笼型异步电动机空载运行与满载运行相比，最大转矩（　　　）。

A. 降低　　　　B. 不变　　　　C. 提高　　　　D. 无法确定

7. 三相异步电动机起动转矩不大的主要原因是（　　　）。

A. 起动时电压低　　　　　　　　　　B. 起动时电流不大

C. 起动时磁通少　　　　　　　　　　D. 起动时功率因数低

8. 三相异步电动机的额定功率是指电动机（　　　）。

A. 输入的视在功率　　　　　　　　　B. 输入的有功功率

C. 产生的电磁功率　　　　　　　　　D. 输出的机械功率

9. 降低电源电压后，三相异步电动机的起动转矩将（　　　）。

A. 降低　　　　B. 不变　　　　C. 提高　　　　D. 无法确定

10. 低压电动机绕组相间及对地的绝缘电阻，用 500 V 兆欧表遥测，应不低于（　　　）。

A. 0.38 MΩ　　　　B. 0.5 MΩ　　　　C. 1 MΩ　　　　D. 10 MΩ

二、综合题

1. 什么是自锁触点？

2. 什么是失电压保护？如何实现失电压保护？

3. 什么是互锁保护？

4. 什么是过载保护？

5. 为什么电动机控制电路中已装有接触器，还要装一只电源开关？它们的工作任务有何不同？

6. 电动机电路中的热继电器是按电动机的额定电流整定的。为什么在起动时，起动电流是额定电流的 4~7 倍，热继电器并不动作？而在运行时，当电流大于额定电流值，热继电器却会因过载而动作？

7. 电动机主电路中已装有熔断器，为什么还要再装热继电器？它们的作用有何不同？在照明电路、电热设备电路中，为什么一般只装熔断器而不装热继电器？

8. 在图 6-55 所示电路中，如果将电源开关下面的 3 个熔断器改装到电源开关上面的电源电压线上是否合适？为什么？

9. 图 6-56 所示控制电路是否可用？若不可用,请说明理由。

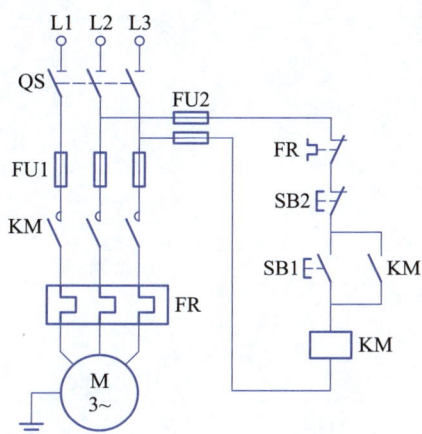

图 6-55　题 8 电路

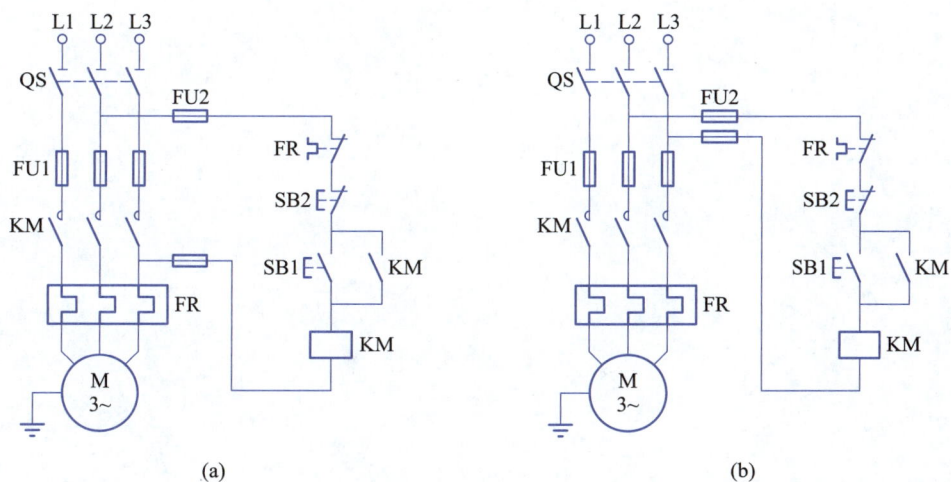

(a)　　　　　　　　　　　　　　(b)

图 6-56　题 9 电路

10. 试绘出可在 3 处不同位置控制同一台电动机起动、停止的控制电路。

电工材料、工具及仪表

■ 知识目标

1. 了解常用的电工材料。

2. 掌握常用的电工工具。

■ 技能目标

1. 能够正确使用常用的电工工具进行电工操作。

2. 能够正确使用电工仪表对线路进行测量。

■ 育人目标

1. 养成严格按规定要求操作、使用电工材料、工具和仪表等安全用电习惯和意识。

2. 严格做到一人操作一人监护,执行停电检修工作流程,保证检修的安全。

7.1

神秘的电工材料

⚙ 话题引入

无处不在的电工材料

电工材料与生活密切相关,几乎所有的电子和电气设备都需要使用各种电工材料,如电线电缆,用来传输电能的基本设备,其导体一般采用铜或铝等金属材料,绝缘层采用塑料或橡胶等绝缘材料;手机、计算机、电视等电子产品中,需要使用大量的电工材料,如半导体材料、金属材料、绝缘材料等;家用电器如冰箱、洗衣机、微波炉等,需要使用各种电工材料来制造电路板、电磁线圈等组件;各种照明设备需要使用导电材料、绝缘材料和光学材料来实现照明功能。电工材料在人们日常生活中扮演着重要的角色,支撑着现代社会中各种电子和电气设备的正常运行。

7.1.1　导电材料

采用导电金属材料制作导线,导电金属中导电性能最好的当属银,其次是铜、金、铝等。导线一般由这几种金属构成,由于银、金等价格较贵,因此仅在一些特殊场合如精密仪表等中使用,而铜由于其良好的导电、导热性能,以及具有一定强度、易加工等特点,成为导线中最为常用的金属。铝也是较为常用的一种材料,其价格较低,但强度、焊接性能、耐腐蚀性均不如铜,现在运用比较少。根据其用途、结构等不同,导线分为很多类型,常见的导线有以下几种。

视频:揭开导电材料的神秘面纱

1. 裸导体

裸导体仅有导体而无任何绝缘层。它的一部分产品是提供给各种电线、电缆作导电缆芯用的,有圆单线、扁线、铜绞线、铝绞线等;另一部分用在电动机、变压器、电器元件等设备中作导电部件,如母线、梯排、异形排和软接线等。

按产品的形状与结构,裸导体可分为裸单线、绞线、形线及软接线4类。

（1）裸单线

裸单线是指不同材料和尺寸的有色金属单线,可分为圆单线（铜、铝及其合金）、扁线（铜、铝及其合金）、有金属镀层（锡、银、镍）的单线和双金属线（铝包钢、铜包铝、铜包钢）等。此类产品大部分作为制作电线电缆产品的材料使用。

（2）绞线

绞线是裸导体中的主导产品,由于其总是架设在电杆上,因此习惯上称为架空导线。架空导线本身不分电压等级,即从低压、中压、高压乃至超高压原则上都可以用同一系列的绞线,但330~500 kV级绞线对外径大小及表面的粗糙度有特殊要求,以减少其表面电晕（即电场使周围局部空气电游离,会增大线路损耗)。

架空导线结构虽然简单,但其作用却极为重要。在电力网络中,其线路长度占总量的90%以上,特别是在110~500 kV高压输、配电线路中更是占了绝大多数。

绞线从结构组成上可以分为三种。第一种是以单一金属材料的单线绞制而成,如铝绞线、铜绞线、铝合金绞线等;第二种是以钢绞线为芯线以增加承拉强度,外面绞上一层或几层铝线或铝合金线的钢芯铝绞线;第三种是以双金属单线绞制而成,如铝包钢绞线。

钢芯铝绞线是使用最广泛的品种,由于有了钢芯承受悬挂在电杆上的拉力,可以增大电杆间距以减少投资(特别是高压线路),并延长导线寿命、增强安全性。

敷设线路周围如有腐蚀气体(如海边的盐雾、化工厂的废气),则应采用涂有防腐涂料的防腐型钢芯铝绞线。

(3)形线

导线产品的横截面形状各异,不是圆形的称为形线。按其用途可分为以下三种。

① 作为大电流母线(又称汇流排)用的铜、铝排:大多是扁平状的,也有制成空心矩形和半弓子形的,用于电厂、变电站传输大容量电流。近年来,又发展了带有绝缘层的绝缘母线。

② 接触网用导线:用作电气化铁道、城市电车、隧道内电机车(如地铁、矿山地下坑道车)等用的架空导线。对此类导线的技术要求除了导电性能好、有足够的抗拉强度和良好的耐气候腐蚀性外,优良的抗耐磨性也很重要。

③ 异形排:主要用于各类电动机中的换向器,以及各种开关的刀头电极,截面形状有梯形、单峰形、双峰形,材质为铜或铜合金。

(4)软接线

这是一类特殊用途的产品,品种不少但用量较少,如电动机的电刷线、蓄电池的并联线、天线、接地线和屏蔽网套等。此类产品采用细铜单线经束绞、复绞而成。电刷线由多股铜线或镀锡铜线绞制成,具有良好的柔软性。蓄电池并联线一般制成扁形(俗称辫子线)。屏蔽网套系编制而成,套在要求屏蔽的导线外,形成屏蔽层。

2. 电磁线

电磁线以导电金属包覆绝缘层制成,用以制造电工产品中的线圈或绕组,又称绕组线。电流通过电磁线(线圈)产生磁场或电磁线(线圈)切割磁力线产生电流,从而实现电能与磁能的互相转换。

电磁线应满足多种使用和制造工艺上的要求。使用要求包括其形状、规格,能否短时和长期在高温下工作,能否承受某些场合中的强烈振动和高速下的离心力,高电压下的耐受电晕和击穿,特殊气氛下的耐化学腐蚀等;制造工艺要求包括绕制和嵌线时经受拉伸、弯曲和磨损的要求,以及浸渍和烘干过程中的溶胀、侵蚀作用等。电磁线所用的导电线芯多数为铜或铝,也有用高强度的铝合金或在高温下工作抗氧化性好的复合金属。

电磁线可以按其基本组成、导电线芯和电绝缘层分类。通常根据电绝缘层所用的绝缘材料和制造方式分为漆包线、绕包线、无机绝缘线和特种电磁线。

(1)漆包线

漆包线是在导体外涂以相应的漆溶液,再经溶剂挥发和漆膜固化、冷却而制成。其特点是漆膜均匀、光滑,便于线圈绕制,漆膜较薄,有利于提高空间因数(线圈中导体总截面与该线圈的横截面之比)。漆包线广泛用于中小型及微型电工产品中。

（2）绕包线

绕包线是绕组线中的一个重要品种。早期以棉纱和丝为材料，称为纱包线和丝包线，曾用于电动机、电器元件中。由于其绝缘厚度大、耐热性低，多数已被漆包线所代替，目前仅用作高频绕组线。在大、中型规格的绕组线中，当耐热等级较高而力学强度较大时，也采用玻璃丝包线，在制造时配以适当的胶黏漆。在绕包线中纸包线仍占有相当地位，主要用于油浸变压器中，这时形成的油纸绝缘具有优异的介电性能，且价格低廉、寿命长。纸包线是由无氧铜杆或电工圆铝杆经一定规格的模具挤压或拉拔后退火处理的导线，再在铜（铝）导体上绕包两层或两层以上绝缘纸（包括电话纸、电缆纸、高压电缆纸、匝间绝缘纸等）的绕组线，适用于油浸式变压器线圈及其他类似电器元件绕组用线。近年来，发展比较迅速的是薄膜绕包线，主要有聚酯薄膜和聚酰亚胺薄膜绕包线，还有用于风力发电的云母带包聚酯亚胺薄膜绕包铜扁线。

绕包线除少数种类外，其特点有绝缘层是组合绝缘，比漆包线的漆膜层要厚些，电性能较高，能较好地承受过负荷，一般应用于大中型电工产品中。

（3）无机绝缘线

当耐热等级要求超出有机材料的限度时，通常采用无机绝缘漆涂敷的无机绝缘线。现有的无机绝缘线可进一步分为玻璃膜线、氧化膜线和陶瓷膜线等。无机绝缘线的特点是耐高温、耐辐射，主要运用在高温或有辐射的场合。

（4）特种电磁线

特种电磁线是以能够适应特殊场合使用要求的材料为绝缘层的电磁线，如用在高温、超低温、高湿度、强磁场或高频辐射等场合。特种电磁线为了能在这些场合仍正常工作，在绝缘结构及机电性能上做了特殊的处理。特种电磁线有换位导线、潜水电动机绕组导线等。

3. 绝缘电线

绝缘电线广泛运用于各种电气设备，其在导线外围均匀而密封地包裹一层不导电的材料，如树脂、塑料、硅橡胶、PVC 等，形成绝缘层，防止导电体与外界接触造成漏电、短路、触电等事故发生。在工程项目中，常用的绝缘电线多为绝缘硬电线和绝缘软电线，一般固定敷设用的导线用硬线，作为移动使用的用软线。绝缘电线一般分通用绝缘电线和专用绝缘电线两大类。

（1）通用绝缘电线

通常，通用绝缘电线可分为橡胶或塑料绝缘电线、橡胶或塑料绝缘软线和塑料绝缘屏蔽线 3 种。

① 橡胶或塑料绝缘电线，用天然橡胶、丁苯橡胶和氯丁橡胶以及聚氯乙烯塑料等作为绝缘层，固定敷设的导电线芯采用铜线或铝线。普通橡胶绝缘电线还常用棉纱、玻璃纤维或合成纤维包裹浸以沥青漆以用作机械保护。这种电线广泛用于交流 500 V 以下和直流 1 000 V 以下的各种电气设备和动力、照明线路。目前，作为动力和照明线路用线，塑料绝缘电线已逐步取代橡胶绝缘电线。

② 橡胶或塑料绝缘软线，线材柔软，可多次弯折，外径小而质量轻，用于各种交、直流移动式电气设备、电工仪表、电信设备及自动化装置，也用于常用电器元件和照明线路。其导电线芯多采用铜导线，绝缘层用橡胶、塑料及复合物作为绝缘材料，护套有聚氯乙烯和橡胶两种。聚氯乙烯软线可在野外一般环境下用作轻型的移动式电源线或信号控制线，在较恶

劣的环境条件下应选用橡胶软线。塑料绝缘软线已逐步替代橡胶绝缘软线。

③ 塑料绝缘屏蔽线,是在绝缘电线或绝缘软线的绝缘外再包绕一层金属箔或编织一层金属丝构成屏蔽层,将屏蔽层连接某一固定电位就可以减少外界电磁波对电线内电流的干扰,同时也减少电线内电流产生的电磁场对外界的影响,其主要用于要求防止相互干扰的线路中。绝缘层多用聚氯乙烯,屏蔽层多用铜丝编织结构。因其生产率低、耗铜量大,且屏蔽接地不便,研制用细铜丝单层绞制以代替编织,外面再挤压一层薄塑料以防散开,也有用金属化薄膜复合结构,如铝箔和聚酯薄膜的复合带纵包以起绝缘和屏蔽作用。

（2）专用绝缘电线

除上面介绍的通用绝缘电线外,还有各种适用于特种要求的绝缘电线,如汽车用低压电线、汽车用高压点火线、电动机电器元件引接线、航空导线、补偿导线（热电偶连接线）等。对此可查阅相关电工手册,了解各种专用绝缘电线的型号、用途。

4. 低压电力电缆

低压电力电缆适用于 35 kV 及以下的场合,用于在电力系统中传输或分配较大功率的电能。低压电力电缆主要有油浸纸绝缘电力电缆、橡胶绝缘电力电缆、聚氯乙烯绝缘电力电缆和交联聚乙烯绝缘电力电缆。

（1）油浸纸绝缘电力电缆

油浸纸绝缘电力电缆是绝缘层为油浸纸的电力电缆。其绝缘层以一定宽度的电缆纸螺旋状地包绕在导电线芯上,经过真空干燥处理后用浸渍剂浸渍而成。油浸纸绝缘电力电缆按绝缘方式分为普通型、滴干型和不滴流型 3 种。油浸纸绝缘电力电缆应用历史长,具有安全可靠、使用寿命长、价格低廉的优点;其主要缺点是敷设受落差限制。自开发出不滴流型油浸纸绝缘电力电缆后,已解决了落差限制问题,使油浸纸绝缘电缆得以继续广泛应用,主要用于输配电力网中。

（2）橡胶绝缘电力电缆

橡胶绝缘电力电缆的导电线芯有铜芯、铝芯两种,采用橡胶绝缘,内护层有铅包、聚氯乙烯及氯丁橡胶护套,有些还采用钢带铠装沥青浸渍麻被外护层。橡胶绝缘电力电缆广泛用于定期移动的场合,作为固定敷设之用。

（3）聚氯乙烯绝缘电力电缆

聚氯乙烯绝缘电力电缆的导电线芯有铜芯和铝芯两种,绝缘层采用聚氯乙烯电缆绝缘材料热挤压而成。其护层有一般有 3 种:一种是无铠装;另一种是有聚氯乙烯内护层,配以钢带或钢丝铠装,外用聚氯乙烯作为外护套;最后一种是仅有内护层和铠装层,而没有外护套的裸铠装。聚氯乙烯绝缘电力电缆主要用于交流 6 kV 及以下定期移动的固定敷设场合。

（4）交联聚乙烯绝缘电力电缆

交联聚乙烯绝缘电力电缆的绝缘层采用了交联聚乙烯,可使电缆的长期工作温度提高到 90 ℃,瞬时短路温度可承受到 170~250 ℃。除有较高的耐热性外,其还具有良好的耐寒性能。交联聚乙烯绝缘电力电缆的结构基本与聚氯乙烯绝缘电力电缆相同,广泛被用于交流电压的输配电网中,作传输电能用,可替代油浸纸绝缘电力电缆,并且没有敷设位差的限制,还有橡胶绝缘和橡胶护层的橡套电缆,种类繁多,除一些通用的橡套电缆外,还包括电焊机用软电缆、机车车用电缆、无线电装置用电缆、摄影光源软电缆、防水橡套电缆和电梯电缆等。这里仅介绍一些通用橡套电缆和其主要用途。

通用橡套电缆的导电线芯采用软铜线束绞,结构柔软,大截面的导线表面采用纸包,以改善弯曲性能。绝缘一般采用天然丁苯橡胶,老化性能较好。护层采用同样材料。户外型产品采用全氯丁橡胶或以氯丁橡胶为主的混合橡胶,老化性能和力学性能都较好。该产品结构分轻、中及重型3类。一般轻型橡套电缆主要用于常用电气设备、小型电动设备,柔软轻巧,弯曲性能好。中型橡套电缆一般用于工农业各部门。重型橡套电缆则主要用于港口机械、探照灯、大型排灌站等场合。

视频:材料之争——电线与电缆

7.1.2 绝缘材料

绝缘材料的主要作用是隔离带电的导电体或不同电位的导电体,使电流按设定的方向流动。在有些场合绝缘材料还起着机械支撑、导体防护、散热、灭弧等作用。因此绝缘材料应具有较高的绝缘电阻和耐压强度、较好的耐热性和导热性、机械强度高且耐潮、加工方便等特点。

视频:导电材料的死敌——绝缘材料

1. 绝缘材料的分类

(1)无机绝缘材料:包括云母、石棉、大理石、瓷器和玻璃等,主要用作电机和电器的绕组绝缘、开关的底板和绝缘子等。

(2)有机绝缘材料:包括虫胶、树胶、橡胶、棉纱、纸、麻、蚕丝和人造丝等,大多用于制造绝缘漆、绕组导线的被覆绝缘物等。

(3)混合绝缘材料:指由以上两种绝缘材料经加工后制成的各种绝缘材料,主要用作电器的底座、外壳等。

2. 绝缘材料的耐热等级

电气设备长期在运行温度作用下,由于绝缘材料发生热分解和热氧化裂解等反应,造成分子量、交联度、结晶度的变化,使材料发脆、厚度减薄、形成气隙,生成新的离子杂质和挥发物,导致材料的性能劣化。热分解和热氧化裂解的反应速度随温度升高而增加,即温度越高绝缘材料的绝缘性能越差。为保证绝缘强度,每种绝缘材料都有一个适当的最高允许工作温度,在此温度以下,可以长期安全地使用,超过这个温度就会迅速老化。按照耐热程度,把绝缘材料分为Y、A、E、B、F、H、C的耐热等级,见表7-1。

表7-1 绝缘材料的耐热等级

耐热等级	极限温度/℃	绝缘材料类型
Y	90	棉纱、丝、纸、木材等材料及其组合物,如布等
A	105	用漆、胶浸渍过的棉纱、丝、纸等材料,如油性漆包线、黄漆布、黄漆绸等
E	120	合成有机薄膜、合成有机磁漆等材料及其组合物,如环氧树脂、油性玻璃漆布等
B	130	用树脂胶剂黏合或浸渍、涂覆过的云母、石棉、玻璃纤维,如聚酯漆包线、三聚氰胺醇玻璃漆布等
F	155	用耐热性好的有机胶剂黏合或浸渍、涂覆过的云母、石棉、玻璃纤维,如云母带、层压玻璃布板等

续表

耐热等级	极限温度/℃	绝缘材料类型
H	180	用有机硅树脂黏合或浸渍、涂覆过的云母、石棉、玻璃纤维及其组合物,如硅有机漆、复合薄膜等
C	>180	不采用任何有机黏合剂及浸渍剂的无机物,如云母、石棉、石英、玻璃、陶瓷及聚四氟乙烯塑料等

3. 绝缘材料的种类

（1）浸渍漆

浸渍漆主要用来浸渍电机、电器、变压器的线圈和绝缘零部件,以填充其间隙和微孔。浸渍漆固化后能在浸渍物表面形成连续平整的漆膜,并使线圈黏接成一个结实的整体,提高绝缘结构的耐潮性、导热性和机械强度。常用的浸渍漆有 1030 醇酸浸渍漆、1032 三聚氰胺酸浸渍漆。这两种都是烘干漆,具有较好的耐油性和绝缘性,漆膜平滑而有光泽。

（2）覆盖漆

覆盖漆主要用来涂覆经浸渍处理后的绕组和绝缘零部件,在其表面形成连续而均匀的漆膜,以防止机械损伤及大气、润滑油和化学药品的侵蚀。常用的覆盖漆有 1231 醇酸晾干漆,其干燥快、漆膜硬度高、弹性好、电气性能好。

（3）电缆浇注胶

电缆浇注胶广泛用于浇注电缆中间接线盒和终端盒,如 1811 沥青电缆浇注胶和 1812 环氧电缆浇注胶适合于 10 kV 以下的电缆,前者耐潮性能好,后者密封性能好,电气、力学性能高;而 1810 电缆浇注胶电气性能好、抗冻裂性高,适用于浇注 10 kV 及以上的电缆。

（4）玻璃纤维漆布（带）

玻璃纤维漆布（带）主要用作电机、电器的衬垫和绕组绝缘,如 2010 玻璃纤维漆布柔软性能好,但不耐油,可用于一般电机、电器的衬垫或绕组绝缘;2012 玻璃纤维漆布耐油性好,可用于变压器油或汽油浸蚀的环境中;2450 有机硅玻璃纤维漆布,具有较高的耐热性,良好的柔软性,耐油、耐霉和耐寒性也好,适用于 H 级电机、电器的衬垫和绕组绝缘;2432 醇酸玻璃纤维漆布的电气、力学性能、耐油性和耐潮性都较好,且具有一定的耐霉性,可用于油浸变压器、油断路器等线圈的绝缘。

（5）漆管

漆管主要用作电机、电器和仪表的引出线或连接线的绝缘套管,如 2730 醇酸玻璃漆管有良好的电气、力学性能,耐油性、耐潮性较好,但弹性较差,可用作油浸变压器、油断路器等的引出线或连接线的绝缘套管。

（6）绑扎带

绑扎带主要用于绑扎变压器铁心和代替合金钢丝绑扎电机转子绕组端部。常用的是 B17 玻璃纤维无纬胶带（即无纬玻璃丝带）。

（7）层压制品

层压制品常用的有 3240 环氧酚醛层压玻璃布板、3640 环氧酚醛层压玻璃布管和 3840 环氧酚醛层压玻璃布棒等。这 3 种层压制品适宜作电机、电器的绝缘结构零件,它们的电气、力学性能好,耐油性、耐潮性好,加工方便,并可在变压器中使用。

（8）压塑料

压塑料主要用来作各种规格的电机、电器的绝缘零部件及作为电线、电缆的绝缘和防护材料。常用的4013酚醛木粉压塑料、4330酚醛玻璃纤维压塑料，有良好的电气、力学性能和耐潮、防霉性能。

（9）云母带

云母带在室温下较柔软，适用于电机、电器线圈及连接线的绝缘。常用的有5434醇酸玻璃纤维云母带和5438-1环氧玻璃云母带。后者厚度均匀、柔软，固化后电气和力学性能良好，目前正大力推广使用，但需要低温保存。

（10）衬垫云母板

衬垫云母板主要适宜作电机、电器的绝缘衬垫。常用的有5730醇酸衬垫云母板和5737-1环氧衬垫云母板。

（11）薄膜和薄膜复合制品

常用的薄膜有6020聚酯薄膜，常用的薄膜复合制品有6520聚酯薄膜绝缘纸（即聚酯薄膜青壳纸）复合箔和6530聚酯薄膜漆布复合箔。它们都适用于电机槽的绝缘、匝间绝缘和相间绝缘以及其他电工产品的线圈的绝缘。6020聚酯薄膜厚度薄、柔软性好，可用于热带型产品。

（12）绝缘纸和绝缘纸板

绝缘纸通常包括电容器纸、电缆纸等。电容器纸主要用作电力电容器的极间介质；电缆纸主要用于3.5 kV以下电力电缆、控制电缆和通信电缆的绝缘。绝缘纸板，可在变压器油中使用。

（13）绝缘包扎带

绝缘包扎带主要用来包缠电缆接头和电线接头，也可用于低压电气设备的绝缘修理等。如图7-1所示为绝缘胶包扎实物。

（14）电瓷材料

电瓷材料是良好的绝缘体，常用在电力线路中作为绝缘子使用，可分为低压绝缘子和高压绝缘子。常用的电瓷材料如图7-2所示。其按用途又可分为线路绝缘子和电站、电器绝缘子。前者有针式绝缘子、

图7-1　绝缘包扎带实物

蝶形绝缘子、盘形悬式绝缘子、横担绝缘子和棒形悬式绝缘子；后者包括支柱绝缘子和套管绝缘子，支柱绝缘子又分为针式支柱绝缘子和棒形支柱绝缘子，套管绝缘子包括穿墙套管和用于电器的套管。

7.1.3　磁性材料

磁性材料是电气设备、电子仪器、仪表和电信等工业中重要的材料。

1. 软磁性材料

软磁性材料主要用于传递、转换能量或信息的磁性部件上，如电工用纯铁一般用于直流磁场；铁中加入0.8%～4.5%的硅就是硅钢，硅钢片常用作电机、变压器、继电器、互感器等产品的铁心；铁镍合金用于频率在1 MHz以下的低磁场中工作的电器元件；铁铝合金用于低磁

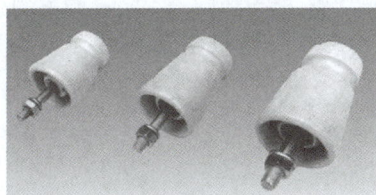

(a))低压线路绝缘子   (b) 高压穿墙   (c) 高压支柱

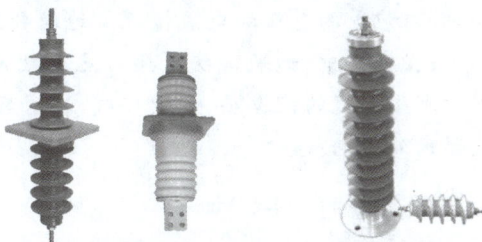

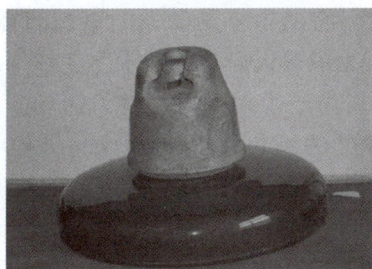

(d) 高压盘形悬式   (e) 高压针式

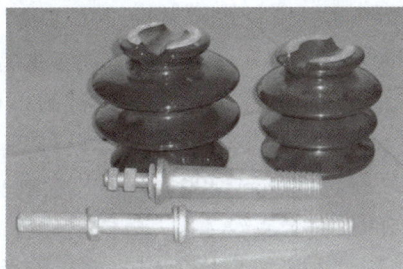

图 7-2 常用的电瓷材料

场和高磁场下工作的电器元件;软磁铁氧体用于高频或较高频范围内的电磁元件;铁钴合金用于航空器件的铁心。

2. 硬磁材料

硬磁材料主要用来制造永久磁铁,产生恒定的磁场,在测量仪器、永磁电机中使用较多。

硬磁材料的种类很多,目前被广泛采用的是铝镍钴永磁材料、铁氧体永磁材料和稀土永磁材料。铝镍钴永磁材料常用于精密磁电式仪表、流量计、微电机、传感器等;铁氧体永磁材料常用于永磁点火机、永磁选矿机、磁推轴承、磁分离器、扬声器、医疗磁片等。

7.2

电工听诊器之常用工具

⚙ 话题引入

电工听诊器

电工常用工具在一定程度上也可以在日常生活中使用,帮助人们进行一些简单的电气维修和安装工作。如螺钉旋具是电工常用的工具,用于拧螺钉;在日常生活中,人们也会经常用到螺钉旋具来拆卸家具、组装家居用品等。验电笔是一种用来检测电路是否通电的工具,对于电工来说非常重要;在日常生活中,也可以使用验电笔来检测电池、插座等是否通电。万用表是电工用来测量电压、电流、电阻等参数的工具;在家庭中,也可以使用万用表来检测电池、灯泡等的电压和电流情况。绝缘钳用于在带电状态下进行电气工作，能够有效地防止电击；在家庭中，如果需要更换灯泡或插座等，也可以使用绝缘钳来确保安全。电缆剥线器用于剥去电缆的绝缘层，方便接线；在家庭中，如果需要更换插座或电线，也可以使用电缆剥线器来处理电线。

7.2.1 螺钉旋具

维修电工常用的螺钉旋具是一种用以拧紧或旋松各种尺寸的槽形机用的螺钉、木螺钉以及自攻螺钉的手工工具，俗称旋凿、改锥。它的主体是韧性的钢制圆杆（旋杆），其一端装配有便于握持的手柄；另一端为镦锻成扁平形或十字尖形等各种形状的刀口，以与螺钉的顶槽相啮合，施加扭力于手柄便可使螺钉转动。旋杆的刀口部分经过淬硬处理，耐磨性强。常见的螺钉旋具有 75 mm、100 mm、150 mm、300 mm 等长度规格，旋杆的直径和长度与刀口的厚薄和宽度成正

比。手柄的材料为直纹木料、塑料或金属。

螺钉旋具一般按旋杆顶端的刀口形状分为一字形、十字形、六角形和花形等数种，分别旋拧带有相应螺钉头的螺纹紧固件。其中以一字形和十字形螺钉旋具最为常用，如图 7-3 所示。

螺钉旋具使用时应注意，用螺钉旋具拆卸或紧固带电螺栓时，手不得触及螺钉旋具的金属杆，以免发生触电事故。为避免螺钉旋具的金属杆触及带电体时手指碰触金属杆，电工用螺钉旋具应在螺钉旋具金属杆上穿套绝缘管。

螺钉旋具使用时的握持方法如图 7-4 所示。

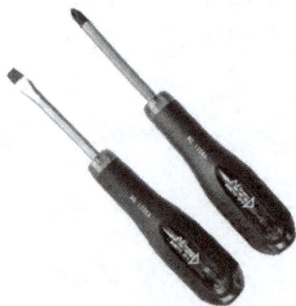

图 7-3 一字形和十字形螺钉旋具

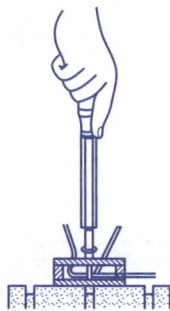

(a) 大型螺钉旋具握法　(b) 小型螺钉旋具握法

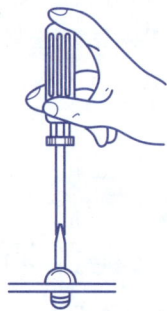

图 7-4 螺钉旋具的握持方法

7.2.2 电工刀

电工刀是一种切削工具，主要用来剖削和切割导线的绝缘层，削制木枕，切削木台、绳索等，其外形如图 7-5 所示。电工刀有普通型和多用型两种，按刀片长度分为大号（112 mm）和小号（88 mm）两种规格。多用型电工刀除具有刀片外，还有可收式的锯片、锥针和旋具，可用来锯割电线槽板、胶木管，锥钻木螺钉的底孔。

图 7-5 电工刀外形

电工刀使用的注意事项如下。

（1）电工刀使用时，刀口应向外。剖削导线绝缘层时，应使刀面与导线成较小的锐角，以免损伤芯线。

（2）电工刀用毕，应随时将刀身折进刀柄。

（3）电工刀的刀柄不是用绝缘材料制成，所以不能在带电导线或器材上剖削，以防触电。

7.2.3 扳手

扳手是一种用于拧紧或旋松螺栓、螺母等螺纹紧固件的装卸用手动工具，通常由碳素结构钢或合金结构钢制成。它的一头或两头锻压成凹形开口或套圈，开口和套圈的大小随螺栓、螺母对边尺寸的大小而定。扳手头部具有规定的硬度，中间及手柄部分则具有弹性。当扳手超负荷使用时，会在突然断裂之前出现柄部弯曲变形。常用的扳手有活动扳手、呆扳手、梅花扳手、两用扳手、套筒扳手、扭力扳手和内六角扳手等。

1. 活动扳手

活动扳手的外形及结构如图 7-6 所示。活动扳手由活动扳唇、与手柄连成一体的呆板唇、蜗轮、轴销和手柄组成。蜗轮呈圆柱状，其轴向位置是固定的，只绕淬硬的销轴转动，用以调节夹持扳口的大小。

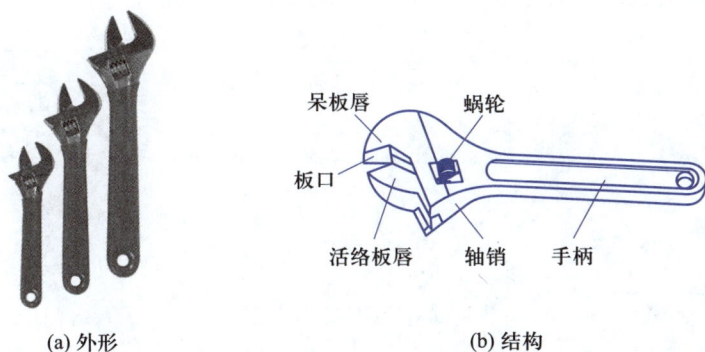

(a) 外形 (b) 结构

图 7-6 活动扳手的外形及结构

2. 呆扳手

呆扳手一端或两端带有固定尺寸的开口。双头呆扳手两端的开口大小一般是根据标准螺帽相邻的两个尺寸而定。一把呆扳手最多只能拧动两种相邻规格的六角头或方头螺栓、螺母，故其使用范围比活动扳手小。

3. 梅花扳手

梅花扳手适用于工作空间狭小、不能使用活动扳手的场合。梅花扳手的两端带有空心的圈状扳口，扳口内侧呈六角、十二角的梅花形纹，并且两端分别弯成一定角度。十二角形开口能以 12 个角度套住螺栓或螺帽。由于梅花扳手具有扳口壁薄和摆动角度小的特点，在工作空间窄狭或者螺帽密布的地方使用最为适宜。

4. 两用扳手

两用扳手是呆扳手与梅花扳手的合成形式，其两端分别为呆扳手和梅花扳手，故而兼有两者的优点。一把两用扳手只能拧转一种尺寸的螺栓或螺母。

5. 套筒扳手

套筒扳手的扳口是筒形,专门用于扳拧六角螺帽的螺纹紧固件,其外形如图7-7所示。套筒扳手的套筒头是一个凹六角形的圆筒,用来套入六角螺帽。套筒扳手一般都附有一套各种规格的套筒头以及摆手柄、接杆、万向接头、旋具接头、弯头手柄等。操作时,根据作业需要更换附件,接长或缩短手柄。有的套筒扳手还带有棘轮装置,当扳手顺时针方向转动时,棘轮上的止动牙带动套筒一起转动;当扳手沿逆时针方向转动时,止动牙便在棘轮的作用下除了省力以外,还使扳手不受摆动角度的限制。

6. 扭力扳手

扭力扳手是依据梁的弯曲原理、扭杆的弯曲原理和螺旋弹簧的压缩原理而设计的,能测量出作用在螺帽上的力矩大小。扭力扳手又有平板型和刻度盘型两种。使用前,先将安装在扳手上的指示器调整到所需的力矩,然后扳动扳手,当达到该预定力矩时,指示器上的指针就会向销轴一方转动,最后指针与销轴碰撞,通过音响信号或传感信号告知操作者。扭力扳手通常用于需要有一定均布预置紧固力的螺母、螺栓等紧固件的最后安装,或者是建筑工程以及带有液压、气压装置的设备装配。

7. 内六角扳手

内六角扳手常见的为L形粗钢线,粗钢线的切面为正六角形,有各种不同大小,其外形如图7-8所示。这类扳手适合于旋动六角形凹槽的螺钉和螺栓。

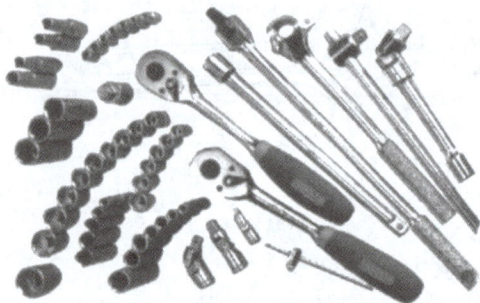

图7-7　套筒扳手外形

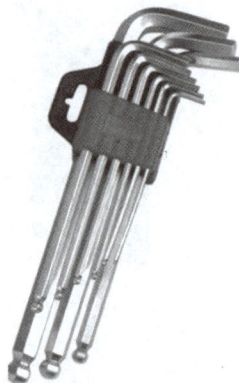

图7-8　内六角扳手外形

7.2.4　钳子

钳子是一种用于夹持、固定加工工件或者扭转、弯曲、剪断金属丝线的手动工具。钳子的外形呈V形,通常包括手柄、钳腮和钳嘴3个部分,由两片结构、造型互相对称的钳体,在钳腮部分重叠并经铆合固定而成,一般用碳素结构钢制造。钳子的手柄依握持形式而设计成直柄、弯柄和弓柄。钳子使用时常与电线之类的带电导体接触,故其手柄上一般都套有以聚氯乙烯等绝缘材料制成的护管,以确保操作者的安全。钳嘴的形式很多,常见的有尖嘴、平嘴、扁嘴、圆嘴、弯嘴等样式,可适应对不同形状工件的作业需要。下面介绍几种常用的钳子。

1. 钢丝钳

钢丝钳是电工应用最频繁的工具,常用的规格有150 mm、175 mm和200 mm三种。

钢丝钳的结构和使用方法如图 7-9 所示。它的功能较多,钳口用来弯铰或钳夹导线线头,齿口可代替扳手用来旋紧或起松螺母,刀口用来剪切导线、剖切导线绝缘层或拔铁钉,铡口用来铡切电线线芯和钢丝、铝丝等。电工用钢丝钳在钳柄上应套有耐压为 500 V 以上的塑料绝缘套。

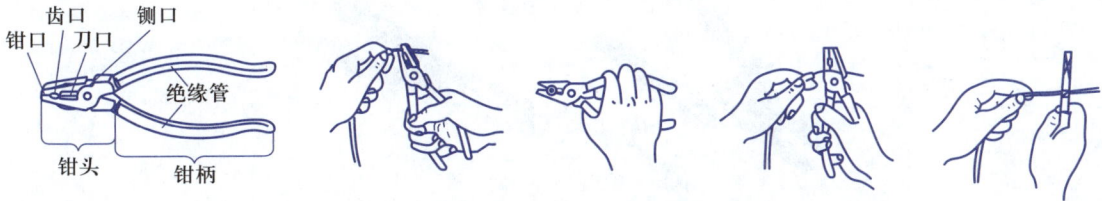

图 7-9　钢丝钳的结构和使用方法

使用钢丝钳的注意事项如下。
(1) 带电作业前,检查钳柄绝缘是否良好,以免触电。
(2) 在带电剪切导线时,不得用刀口同时剪切两根线(如相线与中性线、相线与相线等),以免发生短路事故。

2. 尖嘴钳

尖嘴钳与钢丝钳最大的区别是其头部尖细,可用于夹持较小零件或导线,将单股导线弯成一定圆弧的接线鼻,剪断细小的金属丝等,适用于在狭小的工作空间操作。一般尖嘴钳的绝缘柄耐压为 500 V,其规格以全长表示,有 130 mm、160 mm、180 mm 和 200 mm 四种。尖嘴钳外形如图 7-10 所示。

3. 断线钳

断线钳又称斜口钳,专门用于剪断较粗的金属丝、线材及电线电缆等,钳柄有铁柄、管柄和绝缘柄 3 种形式,其外形如图 7-11 所示。一般绝缘柄耐压为 1 000 V。

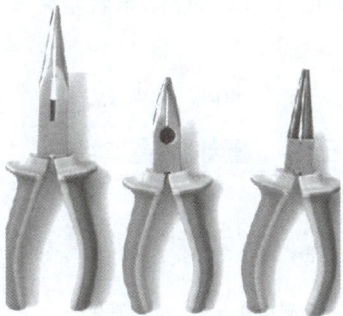

图 7-10　尖嘴钳外形

图 7-11　断线钳外形

4. 剥线钳

剥线钳是用来剥削电线端部塑料线或橡胶绝缘的专用工具。它由钳头和手柄两部分组成。钳头部分由压线口和切口组成,拥有多个规格切口,以适应不同规格的线芯。使用时,电线应放在略大于其线芯直径的切口上剥,否则会切伤线芯。剥线钳外形如图 7-12 所示。

图 7-12 剥线钳

7.2.5 验电器

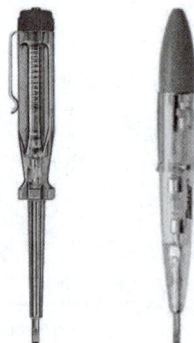

图 7-13 低压验电器

验电器能直观地确定设备、线路是否带电,是一种电工常用的工具。验电器分为高压和低压两种。

1. 低压验电器

低压验电器又称验电笔,检测电压范围一般为 60~500 V,常做成钢笔式或改锥式,如图 7-13 所示。

低压验电器的结构示意图如图 7-14 所示。

低压验电器的使用方法和注意事项如下。

(1)观察孔应朝向自己,以便于观察。

(2)测试带电体前,一定先要测试已知有电的电源,以检查低压验电器中的氖管能否正常发光。

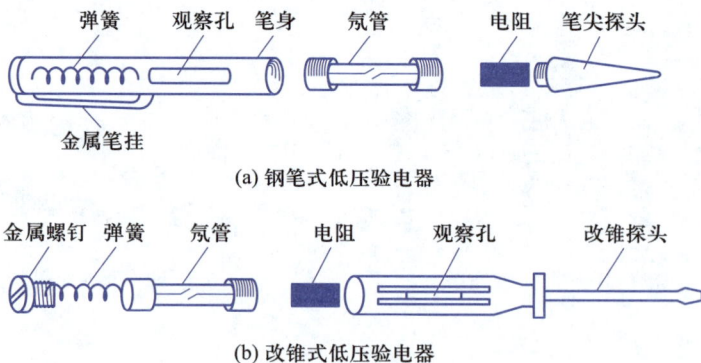

(a) 钢笔式低压验电器

(b) 改锥式低压验电器

图 7-14 低压验电器的结构示意图

(3)在明亮的光线下测试时,往往不易看清氖管的光,应当避光检测。

(4)低压验电器的金属探头只能承受很小的扭矩,使用时应特别注意,以防损坏。

（5）低压验电器可用来区分相线和中性线，氖管发亮的是相线，不亮的是中性线。

（6）低压验电器可用来区分交流电和直流电，交流电通过氖管时，两极附近都发亮；而直流电通过时，仅一个电极附近发亮。

（7）低压验电器可用来判断电压的高低，如氖管发光暗红，轻微亮，则电压低；如氖管发光黄红色，很亮，则电压高。

（8）低压验电器可用来识别相线接地故障。在三相四线制电路中，发生单相接地后，用低压验电器测试中性线，氖管会发亮；在三相三线制星形联结电路中，用低压验电器测试三根相线，如果两相很亮，另一相不亮，则这相很可能有接地故障。

2. 高压验电器

高压验电器属于防护性用具，检测电压范围为 1 000 V 以上，其结构示意图如图 7-15 所示。

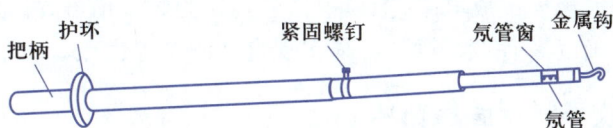

图 7-15　高压验电器的结构示意图

高压验电器的使用方法和注意事项如下。

（1）用高压验电器前必须戴上符合要求的绝缘手套。

（2）把柄部位不得超过护环。

（3）测试时必须有人在旁监护。

（4）小心操作，以防发生相间或对地短路事故。

（5）与带电体保持足够的安全间距（10 kV 大于 0.7 m）。

（6）在雨、雪、雾或湿度较大的室外环境时，不宜进行操作，以免发生危险。

7.3
电工听诊器之电工仪表

话题引入

在电工测量中，测量各种电量、磁量及电路参数的仪器仪表统称为电工仪表。电量主要指电流、电压、功率、电能、频率、电阻、电感、电容以及时间常数和介质损耗角等。磁量主要指磁场以及物质在磁场磁化下的各种磁特性，如磁场强度、磁通、磁感应强度、磁势、磁导率、磁滞和涡流损耗等。电测量和磁测量又可统称为电磁测量或电气测量。

7.3.1　电工仪表的分类

电工仪表根据其在测量时得到被测量数值的方式不同，可分为指示仪表、比较式仪表和数字式仪表三大类。

1. 指示仪表

指示仪表通过将被测量转换为可动部分的角位移,从而使指针发生偏转,以指针偏转角度大小来确定待测量的大小,如各种指针式电流表、电压表等。

2. 比较式仪表

比较式仪表在进行测量时,通过被测量与同类标准量进行比较,然后根据比较结果确定被测量的大小。它包括直流比较式仪表和交流比较式仪表两类。如直流电桥、电位差计都是直流比较式仪表,而交流电桥属于交流比较式仪表。比较式仪表测量准确度较高,但操作过程复杂,测量速度较慢。

3. 数字式仪表

数字式仪表采用大规模集成电路,把模拟信号转换为数字信号,并通过液晶屏显示测量结果,具有速度快、准确度高、读数方便、容易实现自动测量等优点。

7.3.2　电工仪表常用面板符号

不同类型的电工仪表具有不同的技术特性。为了便于选择和使用仪表,通常把这些技术特性用不同的符号标示在仪表的刻度盘或面板上。根据国家标准的规定,每只仪表应有测量对象单位、准确度等级、工作原理系别、使用条件组别、工作位置、绝缘强度、试验电压和各类仪表的标志。使用仪表时,首先应看清楚各种面板符号,以确定该仪表是否符合测量要求。电工仪表常用面板符号见表7-2。

表7-2　电工仪表常用面板符号

分类	符号	名称	被测量的种类
电流种类	—	直流电表	直流电流、电压
	~	交流电表	交流电流、电压、功率
	≃	交直流两用表	直流电量或交流电量
	≋ 或 3~	三相交流电表	三相交流电流、电压、功率
测量对象	(A) (mA) (μA)	电流表(安培表、毫安表、微安表)	电流
	(V) (kV)	电压表(伏特表、千伏表)	电压
	(W) (kW)	功率表(瓦特表、千瓦表)	功率
	kW·h	电能表(千瓦时表)	电能量
	(φ)	相位表	相位差
	(f)	频率表	频率
	(Ω) (MΩ)	欧姆表、兆欧表	电阻、绝缘电阻

7.3.3 常用电工仪表

1. 电流表

电流表分为检测微小电流的检流计和测量较大电流的毫安表、安培表等。磁电系测量机构的指针偏转角与流过线圈的电流 I 成正比,所以它本身就是一个电流表,也就是通常所说的表头,表头只能作微安表或毫安表。要测量毫安以上电流时,需采用分流电阻扩大量程。分流电阻的作用是将被测电流分流,使大部分电流从并联电阻中分走,而测量机构中只流过其允许的电流。如图 7-16 所示为电流表外形。

2. 电压表

磁电系测量机构不仅可以构成电流表,还可以构成电压表。将测量机构的两端施加一允许电压,将有电流流过表头,当被测电压为 U,表头电阻 R_C 为时,通过表头的电流与电压的关系为 $U = IR_C$。磁电系测量机构的偏转角可以反映流过它的电流的大小,既然流过测量机构的电流与被测电压成正比,偏转角就可以反映被测电压的大小。标尺可以按电压刻度,这样就成了一只简单的电压表。如图 7-17 所示电压表外形。

图 7-16 电流表外形

图 7-17 电压表外形

3. 万用表

万用表是一种多用途、多量程的测量仪表,一般都具有测量交流电压、直流电压、直流电流以及电阻等功能,有的万用表还可以测量交流电流、电容和测量二极管及晶体管的电流放大系数等。因此,万用表是维修电工最为常用的一种便携式仪表,在电气设备的安装、维修及调试等工作中应用十分广泛。万用表有指针式万用表和数字式万用表两种。下面主要介绍指针式万用表 MF500。

(1) MF500 型万用表的结构组成

MF500 型万用表是一种高灵敏度、多量程的便携整流式仪表,能分别测量交直流电压、直流电流、电阻及音频电平等,并具有较高的电压灵敏度。它主要由表头(测量机构)、测量电路和转换开关组成,其外形如图 7-18 所示。

① 表头:通常采用灵敏度、准确度高的磁电式直流微安表,其满刻度电流为几微安到几百微安,如图 7-19 所示。

万用表表头上的刻度线识读如下。

第一条(从上到下)标有 R 或 Ω,指示的是电阻值,转换开关在电阻挡时,即读此条刻度线。

第二条标有 ⌒ 和 VA,指示的是交、直流电压和直流电流

图 7-18 MF500 型万用表外形

值,当转换开关在交、直流电压或直流电流挡,即读此条刻度线。

第三条标有 10 V,指示的是 10 V 的交流电压值,当转换开关在交、直流电压挡,量程在交流 10 V 时,即读此条刻度线。

第四条标有 db,指示的是音频电平。

② 测量电路:用一只表头能测量多种电量,并且有多种量程,其关键是通过测量电路变换,把被测电量变成磁电系表头所能接受的微小直流电流。测量交流电压电路还有整流元件。

MF500 型万用表的量程挡位如下。

直流电压 :2.5 V、10 V、50 V、250 V、500 V 五个量程挡位。

交流电压 :10 V、50 V、250 V、500 V 四个量程挡位,另设有一个 2 500 V 的插孔。

直流电流 :1 mA、10 mA、100 mA、100 mA 四个常用挡位,及 50 μA 扩展量程挡位。

电阻:×1、×10、×100、×1k、×10k 五个倍率挡位。

hFE:测量晶体管直流放大倍数的专用挡位。

③ 转换开关:MF500 型万用表有两个转换开关,分别标有不同的挡位和量程,用来选择各种不同的测量要求,如图 7-20 所示。测量时根据需要把挡位放在相应的位置就可以进行交直流电流、电压、电阻的测量了。

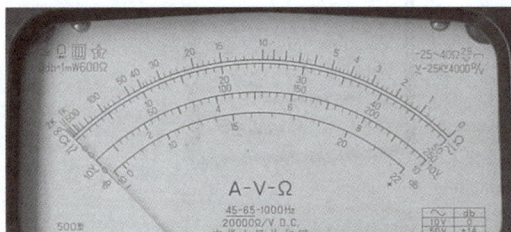

图 7-19　MF500 型万用表表头

图 7-20　MF500 型万用表转换开关

(2) MF500 型万用表的使用

① 使用前的准备工作如下。

接线柱(或插孔)选择:测量前检查表笔插接位置,红表笔一般插在标有"+"插孔内,黑表笔插在"﹡"公共插孔内。

测量种类选择:根据所测对象是交直流电压、直流电流、电阻的种类将转换开关旋至相应位置上。

量程的选择:根据测量大致范围,将量程转换开关旋至适当量程上,若被测电量数值大小不清,应将转换开关旋至最大量程上,先测试,若读数太小,可逐步减小量程;绝对不允许带电转换量程,切不可使用电流挡或电阻挡测电压,否则会损坏万用表。

② 测量交流电压如图 7-21 所示,步骤如下。

● 将转换开关旋至交流电压挡。

● 将两表笔并接在电路两端,不分正负极。

● 在相应量程标尺上读数。

● 当交流电压小于 10 V 时,应从专用表度尺读数。

● 当被测电压大与 500 V 时,红表笔应插在 2 500 V 交直流插孔内,必须戴绝缘手套。

③ 测量直流电压如图 7-22 所示,步骤如下。

• 将转换开关旋至直流电压挡。

• 红表笔接被测电压正极,黑表笔接被测电压负极,两表笔并在被测电路两端。如果不知极性,将转换开关置于直流电压最大处,然后将一支表笔接被测一端,另一表笔迅速碰一下另一端,观察指针偏转,若正偏,则接法正确;若反偏则应调换表笔接法。

• 根据指针稳定时的位置及所选量程,正确读数。

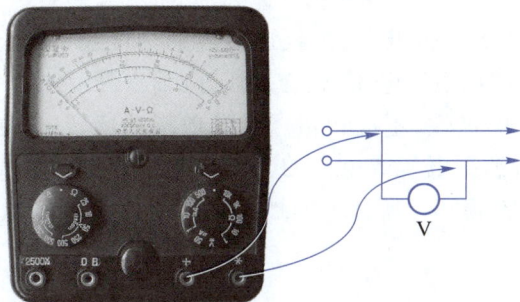

图 7-21 万用表测量交流电压示意图

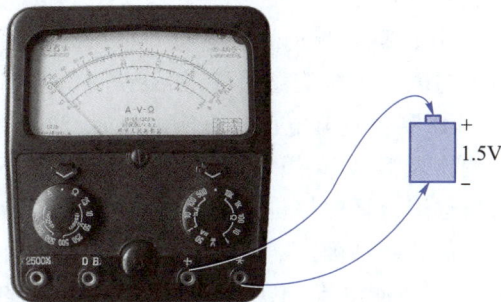

图 7-22 万用表测量直流电压示意图

④ 测量直流电流,如图 7-23 所示,步骤如下。

• 将转换开关旋至直流电流挡,量程选 mA 或 μA 挡,两表笔串接于测量电路中。

• 红表笔接电源正极,黑表笔接电源负极。如果极性不知,应把转换开关置于 mA 挡最大处,然后将一支表笔固定一端,另一表笔迅速碰一下另一端,观察指针偏转方向,若正偏,则接法正确;若反偏则应调换表笔接法。

• 万用表量程为 mA 或 μA 挡,不能测大电流。

• 根据指针稳定时的位置及所选量程,正确读数。

⑤ 测量电阻如图 7-24 所示,步骤如下。

• 用万用表电阻挡测量电阻。

• 测量前应将电路电源断开,有大电容必须充分放电,切不可带电测量。

• 测量电阻前,先进行电阻调零,即将红、黑两表笔短接,调节 Ω 旋钮,使指针对零。若指针调不到零,则表内电池不足需更换。每更换一次量程都要重复调零一次。

• 测量低电阻时尽量减少接触电阻;测大电阻时,不要用手接触两表笔,以免人体电阻并入影响精度。

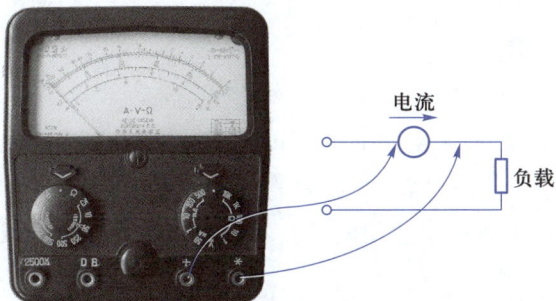

图 7-23 万用表测量直流电流示意图

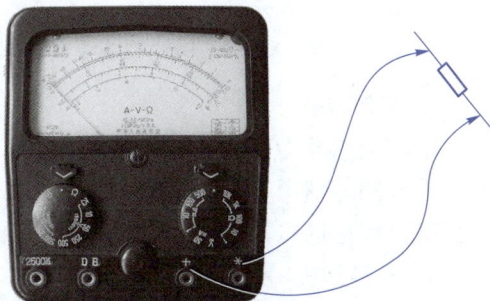

图 7-24 万用表测量电阻示意图

- 从表头指针显示的读数乘以所选量程的倍率数即为所测电阻的阻值。

（3）使用万用表的注意事项

① 指针式万用表读取精度较差，但指针摆动的过程比较直观，其摆动幅度能比较客观地反映被测量的大小。指针式万用表内一般有两块电池，一块是低电压的 1.5 V，一块是高电压的 9 V 或 15 V，数字式万用表一般用 9 V 的电池。

② 使用万用表应熟悉表盘上各符号的意义及各个旋钮和选择开关的作用，选择好表笔插孔的位置。

③ 根据被测量的种类及大小，选择转换开关的挡位及量程，找出对应的刻度线。测量电流与电压不能旋错挡位，如果误将电阻挡或电流挡去测电压，就会烧坏万用表。

④ 测量直流电压和直流电流时，注意"+""−"极性，不应接错。如发现指针反转，应立即调换表笔，以免损坏指针及表头。如果不知道被测电压或电流的大小，应先用最高挡，而后再选用合适的挡位来测试，以免指针偏转过度而损坏。所选用的挡位越靠近被测值，测量的数值就越准确。

⑤ 在测电流、电压时，不能带电换量程。

⑥ 测量电阻时，先将两支表笔短接，将"欧姆调零"旋钮旋至最大，若指针仍达不到 0 点，这种现象通常是由于表内电池电压不足造成的，应换上新电池方能准确测量。

⑦ 测量电阻时，不要用手触及电阻的两端（或两支表笔的金属部分），以免人体电阻与被测电阻并联，使测量结果不准确。

⑧ 不能带电测量电阻，因为测量电阻时，万用表由内部电池供电，如果带电测量则相当于接入一个额外的电源，会损坏表头。

⑨ 万用表不用时，不要旋在电阻挡，因为内有电池，如不小心使两支表笔相碰短路，不仅耗费电池，严重时甚至会损坏表头。要将挡位旋至交流电压最高挡或空位挡，避免因使用不当而损坏万用表。

⑩ 长期不用的万用表应将电池取出，避免电池存放过久而变质，漏出电解液腐蚀电路。

7.4
案例分析

7.4.1　案例 1：新型高防护智能电能表

1. 案例叙述

目前应用较为普遍的普通智能电能表，在淋水、浸水后可能会出现接线端子锈蚀或内部元器件短路等情况，尤其是沿海地区空气湿度大、含盐量高，普通智能电能表易受腐蚀。如何提高沿海地区电能表防潮、防腐、防灾能力，保障居民生活用电呢？

2. 案例分析

新型高防护智能电能表适用于沿海地区，尤其适用于临海、临湖居民小区用电。新型高防护智能电能表各部件通过密封组件连接。其中，电能表的表座装有防水透气阀，能起到防水透气作用。当电能表内部温度高于外界时,气体可以通过防水透气阀维持电能表内部与外界气压一致,从而在保证密封的情况下防止电能表膨胀鼓包。新型高防护智能电能表可以将防尘防水等级提高到 IP68,即民用最高等级的防尘防水级别,表内元器件持续在水里浸泡 72 小时也不会损坏。

7.4.2 案例 2:新时代动力电池的核心技术——全固态电池

1. 案例叙述

电池作为新能源汽车的供血站起着至关重要的作用,也是决定未来新能源汽车走向的重要因素之一。

2. 案例分析

全固态电池因其具有安全性高、稳定性好、能量密度高等优点,开创性地解决了传统有机电解液电池中存在的寿命短、易燃、易爆等一系列问题,成为下一代最受关注的动力电池技术。按电解质种类,锂电池技术体系可分为液态电解质锂电池、混合固液电解质锂电池和全固态电解质锂电池三大类。全固态电解质锂电池不含液体电解质,只含固态电解质。锂电池领域中,固态电解质特指具有良好离子传输性能的锂离子导体。固态电解质包括氧化物、硫化物、聚合物固态电解质三类。目前,中科院青岛能源研究所已建成公斤级硫化物电解质批量制备中试线一条,能够实现公斤级稳定制备;搭建了全固态电池小试制备线,研制的高电压、长寿命软包全固态锂离子电池在常温 0.5℃ 环境下循环 1 000 次循环,容量保持 92%。然而,全固态电池目前还有些行业核心问题亟待解决,全固态电池从实验室走向量产还需要攻克很多技术难题。

7.5

技能训练

7.5.1 技能训练 1:等径导线的 T 形连接

1. 实训目标

按照电工岗位标准的要求,完成单股等径导线(2.5 mm²)的 T 形连接和多股等径导线(4.0 mm²)的 T 形连接。

(1)学会正确使用电工仪器仪表。

(2)掌握单股等径导线(2.5 mm²)与多股等径导线(4 mm²)的 T 形连接。

(3)掌握导线恢复绝缘的处理方法。

(4)增强电工规范操作意识,培养良好的电工技能习惯。

2. 实训设备及器材

(1)单股 2.5 mm² 导线,在导线的绝缘层处可见 BV2.5 标识,此导线为布电线,绝缘层材料为聚氯乙烯,导线直径为 2.5 mm。

(2)多股 4.0 mm² 导线,在导线的绝缘层处可见 BVR4.0 标识,此导线为布电线,绝缘层材料为聚氯乙烯,多股软导线,总线径为 4.0 mm。

3. 实训步骤

(1) 单股等径导线(2.5 mm²)的 T 形连接

① 线径在 4.0 mm² 及以下的塑料硬导线一般用钢丝钳或剥线钳进行绝缘层的剖削:用左手捏住导线,按连接所需长度在需剖削线头处,用钢丝钳刀口轻轻切破每根绝缘层,但不可切伤线芯。用左手拉紧导线,右手握住钳头部用力向外剥去绝缘层。操作时注意,在剥去绝缘层时,不可在钢丝钳刀口处加剪切力,否则会切伤线芯。

② 剥削导线绝缘层的长度:剥离的干线线芯长为 35~40 mm,支线线芯长为 150 mm。

③ 用 0#砂纸清洁导线表面氧化层。

④ 将支线线芯的线头与干线线芯十字相交,在支线线芯根部留出 5 mm,然后按顺时针方向缠绕 6~8 圈。

⑤ 用钢丝钳切去余下的线芯,并钳平线芯末端。

(2) 多股等径导线(4.0 mm²)的 T 形连接

① 塑料软导线绝缘层的剖削除用剥线钳外,仍可用钢丝钳直接剖削截面积为 4.0 mm²及以下的导线,方法与用钢丝钳剖削塑料硬线绝缘层相同。

② 用 0#砂纸清洁导线表面氧化层。

③ 将分支线芯散开并拉直,再把紧靠绝缘层 1/8 线段的线芯绞紧,把剩余 7/8 的线芯分成两组,一组 4 根,另一组 3 根,排齐。用螺钉旋具把干线的线芯分为两组,再把支线中 4 根线芯的一组插入干线线芯中间,把 3 根线芯的一组放在干线线芯的前面。

④ 把 3 根线芯的一组在干线右边按顺时针方向紧紧缠绕 3~4 圈,并钳平线芯末端;把 4根线芯的一组在干线的左边按逆时针方向缠绕 4~5 圈。

⑤ 用钢丝钳切去余下的线芯,并钳平线芯末端。

4. 注意事项

(1) 选用合适的剥线工具:线径在 4.0 mm² 及以下的塑料导线一般用钢丝钳或剥线钳进行绝缘层的剖削,禁止使用电工刀进行导线绝缘层的剖削。

(2) 剖削导线绝缘层后的裸露部分,一定要用砂纸做好去氧化层的处理。

(3) 支、干导线接触要紧密,稳定性要好,接触电阻小。

(4) 接头的绝缘强度与导线的绝缘强度应尽量保持一致。

7.5.2　技能训练 2:电阻值的读取与测量

1. 实训目标

(1) 认识电阻元件。

(2) 学会使用指针式和数字式万用表进行电阻值的测量。

(3) 正确使用电工工具和仪表,增强电工规范操作意识,培养良好的电工技能。

2. 实训设备及器材

(1) 数字式万用表 1 块。

(2) 指针式万用表 1 块。

(3) 各类元器件:四环电阻、五环电阻、电位器等。

3. 实训步骤

① 选取四环电阻、五环电阻和电位器各一个,正确读取各电阻的标称值。

② 用数字式万用表测量各电阻的阻值:测量电阻时,数字式万用表的红表笔接"VΩ"插孔,黑表笔接"COM"插孔;将万用表的功能旋钮旋至电阻挡合适量程,将表笔跨接在被测电阻两端,读出电阻的测量阻值。

③ 用指针式万用表测电阻值:指针式万用表使用前,首先要进行机械调零,确保万用表能正常使用。测量电阻前,还必须对指针式万用表进行欧姆调零。

测量电阻时,将万用表调至"Ω"挡的适当电阻量程,使指针偏转在"Ω"挡刻度盘的 1/2~3/2 处,进行电阻值的正确读取。

④ 如实记录电阻阻值的测量数据。

4. 注意事项

① 指针式万用表每次更换量程后,都要重新进行欧姆调零,再进行电阻值的测量。如果欧姆调零不到位,则说明万用表内的电池不足,需要更换电池。

② 指针式万用表使用完毕后,应将万用表置于"空挡"位置,再关闭万用表。

③ 数字式万用表测量电阻值需选择合适的量程,防止测量溢出。使用完毕后,应将万用表调至"交流电压挡"的最大挡位,再关闭万用表。

④ 测量电阻时,电阻应从原电路中断开,严禁在被测电阻带电的情况下进行测量;两手不得触碰表笔的金属端或电阻的引脚,以免引入人体电阻,影响测量结果。

科技发展:"超材料"赋能电子产品

思考题

一、选择题

1. 三相交流电的相线分别用(　　)颜色表示。

A. 黄、绿、红　　　　B. 红、黄、红　　　　C. 红、黄、绿　　　　D. 黄、蓝、红

2. 低压用户的额定电压一般以(　　)为主。

A. 220/380 V　　　B. 36 V　　　　C. 220 V　　　　D. 50 V

3. (　　)主要用于对连续供电要求较高及有易燃易爆物的场所,如矿山、井下等。

A. IT 系统　　　B. TV 系统　　　C. TN 系统　　　D. TT 系统

4. 下列哪项不属于一级负荷?(　　)

A. 监护病房　　　B. 手术室　　　C. 监狱警卫照明　　D. 冷库

5. 电工仪表按结构和用途不同,主要分为指示仪表、比较式仪表和(　　)三类。

A. 磁电系仪表　　B. 电流表　　　C. 数字式仪表　　D. 电压表

6. 兆欧表摇柄的转速通常达到(　　)r/min。

A. 100　　　B. 110　　　C. 120　　　D. 130

7. 示波器的核心是(　　)。

A. 示波管　　B. Y 轴偏转系统　C. X 轴偏转系统　D. 变频器

8. 直流电路中,功率表指针的偏转角与电路的有功功率(　　)。

A. 成正比　　B. 成反比　　　C. 无关　　　D. 不确定

9. 仪表的指示值与被测量实际值之间的差值称为(　　)误差。

A. 绝对　　　　　　　B. 相对　　　　　　　C. 附加　　　　　　　D. 有效

10. 电磁系电压表由电磁系测量机构与分压电阻（　　）组成。

A. 并联　　　　　　　B. 串联　　　　　　　C. 混联　　　　　　　D. 无法确定

二、判断题

1. 测量时,电流表与负载串联,电压表与负载并联。（　　）

2. 万用表使用前,必须进行机械调零和电气调零。（　　）

3. 测量预先不能估算的电阻时,必须选择电阻的最高量程挡。（　　）

4. 兆欧表在不用时,指针应指在零位。（　　）

5. 仪表在进行测量时,应尽量避免使用标尺的前 1/4 段,但要保证仪表的量程大于被测量的最大值。（　　）

6. 用万用表测量电阻时,每转换一次挡位开关,就应重新调零一次。（　　）

7. 用电流表测量电路电流时,电流表要串联在被测电路中。由于电流表内阻较小,因此不会影响被测电路电流的数值。（　　）

8. 两表法测三相功率适用于负载对称的三相三线制。（　　）

9. 万用表一般以测量电流、电压和电阻为主,有的还可以测量电感、电容、功率及晶体管的 β 值等,所以万用表是维修电工必备的测量仪表。（　　）

10. 万用表的实际电路多采用闭路式分流电路,在这个电路中,各分流电阻彼此串联再与表头并联,形成一个闭合环路。（　　）

模块八

电（殿）堂应用

■ 知识目标

1. 掌握电力系统的组成、电力系统的中性点运行方式以及低压配电系统的接地形式。

2. 了解供电质量的重要性。

3. 掌握负荷分级的原则，列举各级负荷对供电电源的要求。

4. 了解供配电线路的类型。

5. 掌握供配电线路的结构和敷设原则。

6. 理解电气照明的概念，区别常用电光源的类型，合理选用灯具。

7. 能够查阅照明标准，识读电气照明施工图。

8. 掌握过电压及雷电相关概念，能举例说明建筑物的防雷装置。

■ 技能目标

1. 识别供配电线路类型。

2. 进行模拟照明线路安装。

3. 识读电气照明施工图。

■ 育人目标

1. 通过照明电路设计和安装，提高电工安全操作规程意识，培养安全用电的职业素养。

2. 通过照明选型、线路安装培养爱岗敬业、节约成本的环保意识，提高审美意识及精益求精的职业素养。

3. 培养规范、严谨的工作态度，责任担当意识，厚植爱国情怀。

8.1
电力系统的基本概念

⚙ 话题引入

电力是现代社会和经济运行的神经中枢、动力之源，是社会和经济运行的总开关，没有了电，一切便迅速陷入全面瘫痪，甚至可能发生人身伤亡事故，可见，供配电技术对保证现代建筑的正常工作具有十分重要的现实意义。

8.1.1　供配电系统的组成

1. 电力系统的组成

由发电厂的发电机、升压及降压变电设备、电力网及电能用户（用电设备）组成的系统统称为电力系统。

（1）发电厂

发电厂是生产电能的场所，它把自然界中的一次能源转换为用户可以直接使用的二次能源——电能。根据发电厂所取用的一次能源的不同，主要有火力发电厂、水力发电厂、核能发电厂等发电形式，此外还有潮汐发电、地热发电、太阳能发电、风力发电等。各种发电厂如图 8-1 所示。无论发电厂采用哪种发电形式，最终将其他能源转换为电能的主要设备是发电机。

(a) 火力发电

(b) 太阳能发电

(c) 风力发电

(d) 水力发电

(e) 核能发电

图 8-1　各种发电厂

（2）电力网

电力网的主要作用是变换电压、传输电能,通常由升压、降压配变电所(站)和与之对应的电力传输线路组成,负责将发电厂生产的电能经过输电线路送到用户(用电设备)。电力网如图 8-2 所示。

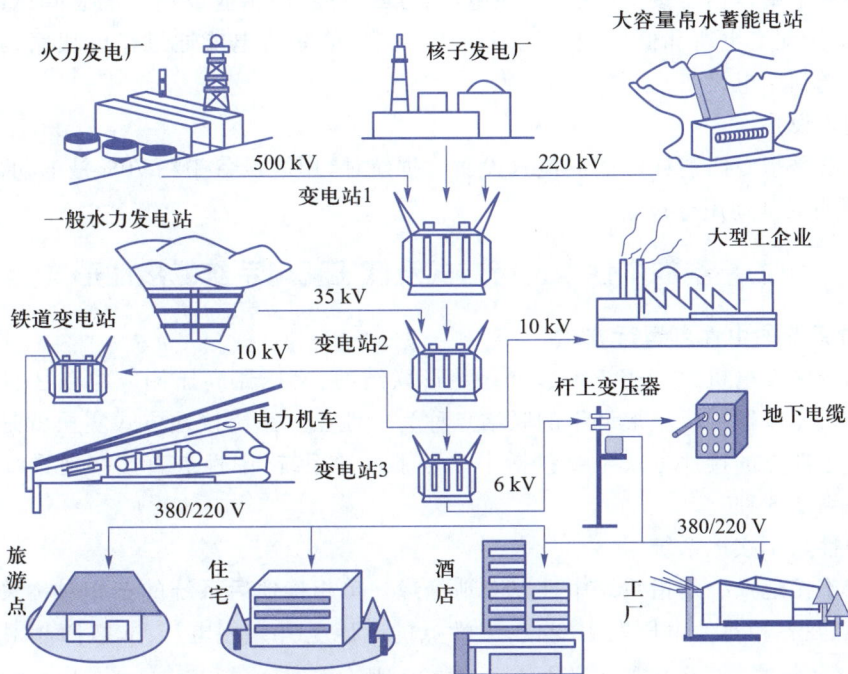

图 8-2　电力网

（3）配电系统

配电系统位于电力系统的末端,主要承担将电力系统的电能最终传输给电能用户的任务。电能用户是消耗电能的场所,将电能通过用电设备转换为满足用户需求的其他形式的能量。如电动机将电能转换为机械能,电热设备将电能转换为热能,照明设备将电能转换为光能等。

图 8-3 所示发电、输电、配电简图。

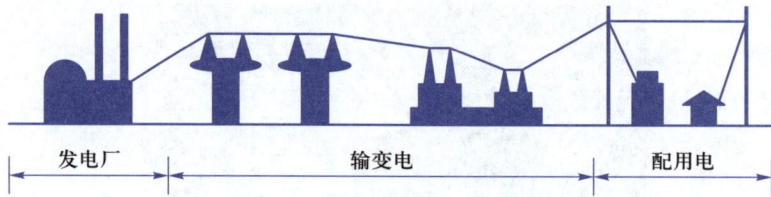

图 8-3　发电、输电、配电简图

电能用户根据供电电压分为高压用户和低压用户。高压用户的额定电压在 1 kV 以上，低压用户的额定电压一般以 220/380 V 为主。

2. 配电系统的组成

配电系统一般由供电电源、配电网和用电设备组成。

（1）供电电源

配电系统的电源一般取自电力系统的电力网或企业、用户的自备发电机。

（2）配电网

配电网的主要作用是接受电能、变换电压、分配电能，由企业或用户的总降压配变电所、输电线路、降压配变电所和低压配电线路组成。其功能是将电能通过输电线路，安全、可靠且经济地输送到用电设备。

（3）用电设备

用电设备是指专门消耗电能的电气设备。据统计，用电设备中约 70% 是电动机类设备，约 20% 是照明或其他用电设备。

8.1.2　电力系统的中性点运行方式及低压配电系统的接地形式

1. 电力系统的中性点运行方式

电力系统中发电机的三相绕组通常是星形联结的，变压器高压侧绕组往往也是星形联结的，发电机、变压器接成星形绕组的联结点称为中性点。系统接地方式实质就是中性点的接地方式。中性点的接地方式主要包括中性点不接地系统、中性点直接接地系统和中性点经阻抗接地系统 3 种。

（1）中性点不接地系统

中性点不接地系统是指系统中性点对地绝缘。单相接地后系统的三相对称关系并未破坏，仅中性点及各相对地电压发生变化，中性点的电压上升到相电压，非故障相对地电压值增大为 $\sqrt{3}$ 倍相电压，故该中性点不接地系统可以带故障继续运行 2 小时。故障相接地点对地故障电流为正常运行时对地电容电流的 3 倍。

我国配电网电压在 6~10 kV 之间的架空线路多采用此接地方式。

（2）中性点直接接地系统

系统中性点经一无阻抗（金属性）接地线接地的方式称为中性点直接接地。

中性点直接接地方式是将变压器中性点与大地直接连接，中性点电压为地电位。正常运行时，中性点无电流通过，单相接地时构成单相短路，接地回路通过单相短路电流，各相之间不再对称。由于短路电流很大，可能会大于三相短路电流，引起暂态过电压。为了防止这种情况发生，应将单相短路电流限制在 25%~100% 三相短路电流之间，继电保护器在此电流的起动下,迅速将故障线路切除。为了提高供电可靠性,可在线路上加装自动重合闸装置。

采用中性点直接接地方式的系统,对线路绝缘水平的要求较低,能明显降低线路造价。其缺点是单相接地短路对附近的通信线路有电磁干扰。为此,电力线路应远离通信线路,当两线交叉时,必须有较大的交叉角,以减少干扰的影响。

此接地系统一般应用在接有单相负载的低压(220/380 V)配电系统和电力系统高压(110 kV 以上)输电线路上。

(3)中性点经阻抗接地系统

在系统中性点与大地之间用一阻抗相连的接地方式称为中性点经阻抗接地。根据接地电阻器电阻值的大小,接地系统分为高电阻接地和低电阻接地。

① 高电阻接地:此方式接地电流较小,通常在 5~10 A 范围内,但至少应等于系统对地的总电容电流。保护方式需要配合接地指示器或警报器,保证故障时线路立即跳脱。

② 低电阻接地:此方式增大接地短路电流,使保护迅速动作,切除故障线路。其电阻值的大小必须使系统具有足够的最小接地故障电流(大约 400 A 以上),保证接地继电器准确动作。

目前,我国大城市配电网大多采用经低电阻接地的方式。

2. 低压配电系统的接地形式

低压配电系统,按其中电气设备的外露可导电部分保护接地的形式不同,分为 TN 系统、TT 系统和 IT 系统。

(1)TN 系统

TN 系统的电源中性点直接接地,并从中性点引出有中性线(N 线)、保护线(PE 线)或将N 线与 PE 线合二为一的保护中性线(PEN 线),而该系统中电气设备的外露可导电部分则接 PE 线或 PEN 线。低压配电的 TN 系统如图 8-4 所示。

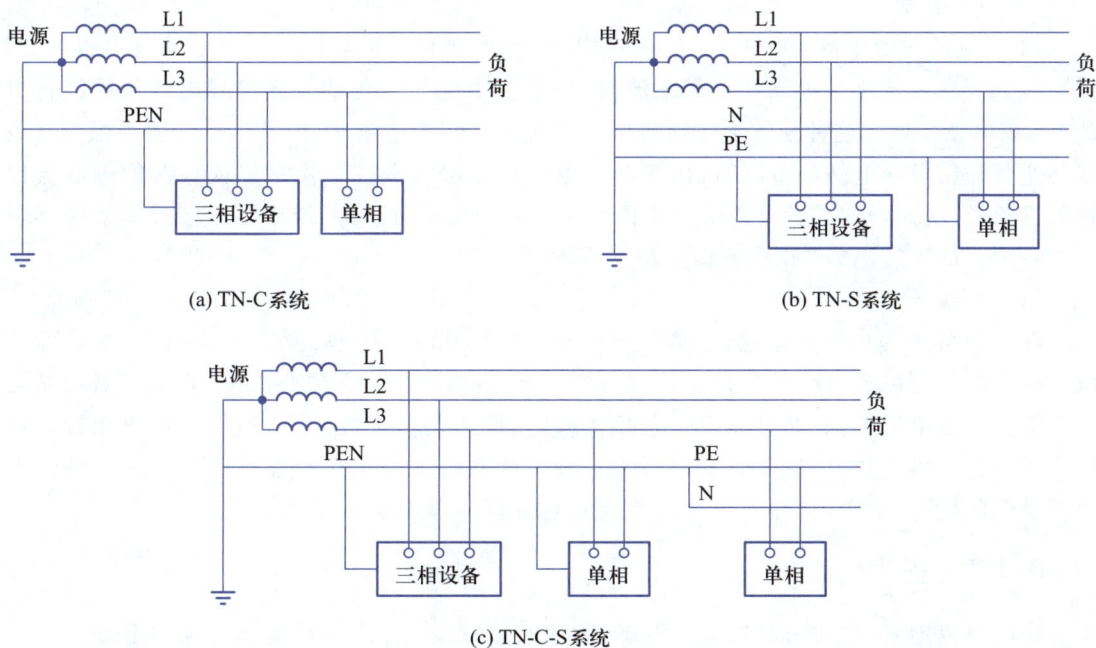

(a) TN-C系统

(b) TN-S系统

(c) TN-C-S系统

图 8-4 低压配电的 TN 系统

中性线（N 线）的功能：一是用来接以额定电压为相电压的单相用电设备，如照明灯等；二是用来传导三相系统中的不平衡电流和单相电流；三是用来减小负荷中性点的电位偏移。

保护线（PE 线）的功能：为保障人身安全、防止触电事故的公共接地线。系统中的设备外露可导电部分通过 PE 线接地，可在设备发生接地故障时降低触电危险。

保护中性线（PEN 线）的功能：N 线与 PE 线合二为一的导体，兼有 N 线和 PE 线的功能。PEN 线在我国电工界习惯上称为"零线"。因此设备外露可导电部分接 PEN 线（包括接 PE 线）的这种接地形式也称为"接零"。

① TN-C 系统：电源中性点引出一根 PEN 线，此种系统由于 N 线与 PE 线合二为一，因此节约了导线材料，比较经济。但由于 PEN 线中有电流通过，可对接 PEN 线的某些设备产生电磁干扰，因此这种系统不适于对抗电磁干扰要求高的场所。

此外，如果 PEN 线断线，可使接 PEN 线的设备外露可导电部分带电而造成人身触电危险，因此 TN-C 系统也不适于安全要求高的场所。PEN 线上不得装设开关和熔断器，以免 PEN 线断开造成事故。

② TN-S 系统：电源中性点分别引出 N 线和 PE 线，其中设备的外露可导电部分接至 PE 线。由于 PE 线与 N 线分开，PE 线中没有电流通过，因此不会对设备产生电磁干扰，所以这种系统适合于对抗电磁干扰要求高的数据处理、电磁检测等实验场所。当 PE 线断线时不会使接 PE 线的设备外露可导电部分带电，因此比较安全，所以这种系统也适合于安全要求较高的场所，如潮湿易触电的浴池等。

③ TN-C-S 系统：在 TN-C 系统的后面，部分或全部采用 TN-S 系统，设备的外露可导电部分接 PEN 线或接 PE 线。此系统比较灵活，对安全要求较高及对抗电磁干扰要求较高的场所，采用 TN-S 系统，而其他情况下则采用 TN-C 系统。因此 TN-C-S 系统兼有 TN-C 系统和 TN-S 系统的优越性，经济实用。这种系统在现代企业中应用较为广泛。

（2）TT 系统

TT 系统的电源中性点，与 TN 系统一样，也直接接地，并从中性点引出一根中性线（N 线），以通过三相不平衡电流和单相电流，但该系统中电气设备的外露可导电部分均经各自的 PE 线单独接地。这种系统适于对抗电磁干扰要求较高的场所，但若有设备因绝缘不良或损坏使其外露可导电部分带电时，由于其漏电电流一般很小往往不足以使线路的过电流保护装置动作，从而增加了触电危险。因此为保障人身安全，此种系统中必须装设灵敏的漏电保护装置。低压配电的 TT 系统如图 8-5 所示。

（3）IT 系统

IT 系统的电源中性点不接地，或经高阻抗（约 1 000 Ω）接地，没有中性线（N 线），而系统中设备的外露可导电部分，与 TT 系统一样，均经各自的 PE 线单独接地。此系统各设备之间也不会发生电磁干扰，而且在发生单相接地时，设备仍可继续运行，但需装设单相接地保护，以便在发生单相接地故障时发出报警信号。此系统主要用于对连续供电要求较高及有易燃易爆的场所，如矿山、井下等地。低压配电的 IT 系统如图 8-6 所示。

8.1.3　供电质量

供电质量通常用电压偏差、电压波动、频率偏差以及供电可靠性等指标来表示。

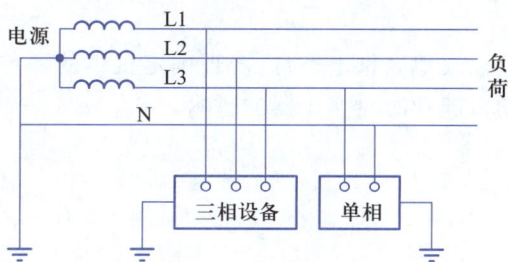

图 8-5　低压配电的 TT 系统

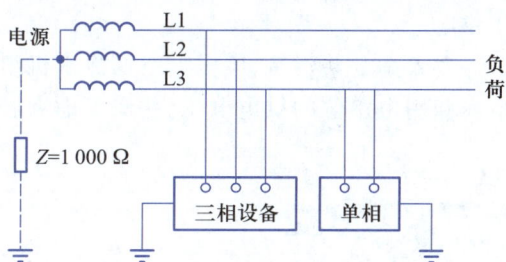

图 8-6　低压配电的 IT 系统

1. 电压偏差

各种用电设备对电压偏差都有一定的要求。如果电压偏差超过允许值,将导致电动机达不到额定输出功率,增加运行费用,甚至性能变劣、寿命降低。照明器端电压的电压偏差超过允许值时,将影响照明器的寿命与光通量。为了保证用电设备的正常运行和合理的使用寿命,设计供配电系统时,应验算用电设备的电压偏差,有

$$U_N\% = \frac{U-U_N}{U_N}\times100\% \tag{8-1}$$

式中,U_N 为用电设备的额定电压,单位为 kV;U 为用电设备的实际端电压,单位为 kV。

2. 电压波动

由冲击性负荷或间歇性负荷引起的快速、剧烈的电压变化,致使电网电压偏离额定值的现象称为电压波动。例如大型可控硅整流装置、电焊机、大功率电动机的起动等都会引起电压波动。

电压幅度波动的相对值为

$$\Delta U\% = \frac{U_{max}-U_{min}}{U_N}\times100\% \tag{8-2}$$

式中,U_{max} 为用电设备端电压的波动最大值,单位为 kV;U_{min} 为用电设备端电压的波动最小值,单位为 kV。

3. 频率偏差

频率偏差是指供电的实际频率与电网的标准频率之差值。我国电网的标准频率为 50 Hz,通常称为工频。当电网频率降低时,用户电动机的转速将降低,会影响到电动机的正常运行。频率变化对电力系统运行的稳定性不利。

4. 供电可靠性

供电可靠性是根据用电负荷的等级要求制定的,其衡量是用全年平均供电时间占全年时间比例的百分数来表示的。例如,全年时间 8 760 h,用户全年停电时间为 87.6 h,即停电时间占全年的 1%,供电可靠性为 99%。

8.1.4 电压选择的一般原则

用电单位的供电电压应根据用电负荷容量、设备特征、供电距离、当地公共电网现状及其发展规划等因素,经技术、经济比较后确定。

当用电设备总容量在 250 kW 及以上或变压器容量在 160 kV·A 及以上时,宜以 10 kV(6 kV)供电;当用电设备总容量在 250 kW 以下或变压器容量在 160 kV·A 以下时,可由低

压供电。

对大型公共建筑,应根据空调冷水机组的容量以及地区供电条件,合理确定机组的额定电压和用电单位的供电电压,并应考虑大容量电动机起动时对变压器的影响。

8.2 电力负荷

话题引入

电力负荷的实际应用涵盖了电力系统规划、发电调度、能源管理、节能减排和需求侧管理等多个方面,对于保障电力供应的稳定性、提高能源利用效率和减少环境影响具有重要意义。

8.2.1　电力负荷的分级

电力负荷,既可以指用电设备或用电单位(用户),也可指用电设备或用电单位(用户)所耗用的功率。电力负荷按其对供电可靠性的要求及中断供电在对人身安全、经济损失上所造成的影响程度,按 GB 50052—2009《供配电系统设计规范》规定,分为以下三级。

1. 一级负荷

负荷下列情况之一时,应视为一级负荷。

(1) 中断供电将造成人身伤亡者。

(2) 中断供电将在经济上造成重大损失者,如重大设备损坏、大量产品报废、用重要原料生产的产品大量报废、国民经济中重点企业的连续生产过程被打乱需要长时间才能恢复等。

(3) 中断供电将影响重要用电单位的正常工作,例如重要交通枢纽、重要通信枢纽、重要宾馆、大型体育场馆、经常用于国际活动的大量人员集中的公共场所等用电单位中的重要电力负荷。

一级负荷应由两个独立的电源供电,当一个电源发生故障时,另一个电源不应同时受到损坏。两个电源可以"一用一备",也可以同时工作各供一部分负荷。对于一级负荷中特别重要的负荷,如医院手术室和分娩室、计算机用电、消防用电等,除由两个独立电源供电外,还应增设应急电源并严禁将其他负荷接入应急供电系统。可作为应急电源的有柴油发电机、不间断电源(UPS)、应急电源(EPS)等,如图 8-7 所示。

2. 二级负荷

负荷下列情况之一时,应视为二级负荷。

(1) 中断供电将在经济上造成较大损失者,如主要设备损坏、大量产品报废、连续生产过程被打乱需要较长时间才能恢复、重点企业大量减产等。

(2) 中断供电将影响较重要用电单位的正常工作,例如交通枢纽、通信枢纽等用电单位

(a) 柴油发电机

(b) UPS

(c) EPS

图 8-7 应急电源

中的重要电力负荷,以及中断供电将造成大型影剧院、大型商场等较多人员集中的重要的公共场所秩序混乱者。

二级负荷重要程度次于一级负荷。二级负荷应由两回线路供电。在负荷较小或地区供电条件困难时,二级负荷可由一回 6 kV 及以上的专用架空线路供电。

3. 三级负荷

所有不属于一级和二级负荷者,应视为三级负荷。

三级负荷对供电无特殊要求,只需一路电源供电即可,如旅馆、住宅、小型工厂的照明等。

8.2.2 电力负荷工作制分类

电力负荷按其工作制可分为以下三类。

1. 长期连续工作制负荷

长期连续工作制负荷是指长时间连续工作的用电设备,如图 8-8 所示。它的运行特点是负荷比较稳定,连续工作发热使其达到热平衡状态,其温度达到稳定温度。用电设备大都属于这类设备,如泵类、通风机、压缩机、电炉、运输设备、照明设备等。

(a) 水泵

(b) 通风机

图 8-8 长时间连续工作的用电设备

2. 短时工作制负荷

短时工作制负荷是指工作时间短、停歇时间长的用电设备。它的运行特点为工作时其温度达不到稳定温度,停歇时其温度降到环境温度。此负荷在用电设备中所占比例很小,如机床的横梁升降、刀架快速移动电动机、闸门电动机等。

3. 断续周期工作制负荷

断续周期工作制负荷是指时而工作、时而停歇、反复运行的设备。它的运行特点为工作时其温度达不到稳定温度,停歇时也达不到环境温度,如起重机、电梯、电焊机等,如图 8-9 所示。

8.2.3 电力负荷的计算

计算电力负荷主要是用来正确选择变压器、开关设备及导线的横截面积等。

图 8-9 电焊机

我国目前普遍采用的计算电力负荷的方法,有需要系数法和二项式法。需要系数法是世界各国普遍采用的确定计算电力负荷的基本方法,简单方便,使用广泛。

8.3
电线电缆

⚙ 话题引入

在现代社会生活中,凡是有人生活的地方,凡是有生产、交通及一切经济活动的场所,不论是天上、地下、水中等一切需要探索、开发或任何一项科技创新的研究,都离不开电及电磁波的应用和传输。电和电磁波的产生、应用和传输,又都离不开电线电缆作为连接和传输的基本部件或绕组材料。

电线是指传输电能的导线,分裸线、电磁线和绝缘线。裸线没有绝缘层,包括铜、铝平线、架空绞线以及各种型材(如型线、母线、铜排、铝排等)。它主要用于户外架空及室内汇流排和开关箱。电缆是一种电能或信号传输装置,通常是由几根或几组导线组成。

8.3.1 架空线路

供配电线路按结构形式来分,有架空线路、电缆线路和室内线路 3 类。

架空线路是利用电杆架空敷设裸导线的露天线路。其特点是架设及维修比较方便,成本较低,投资少,但容易受到气象和环境(如大风、雷击、污秽、冰雪等)的影响而引起故障,同时整个输电走廊占用土地面积较多,易对周边环境造成电磁干扰。

1. 架空线路的结构

架空线路的结构如图 8-10 所示。

导线是架空线路的主体,担负着输送电能(电力)的功能。导线材质有铜、铝和钢。铜线的导电性能最好,机械强度也相当高,且不易氧化和腐蚀。铝线的导电性能也较好,稍次于

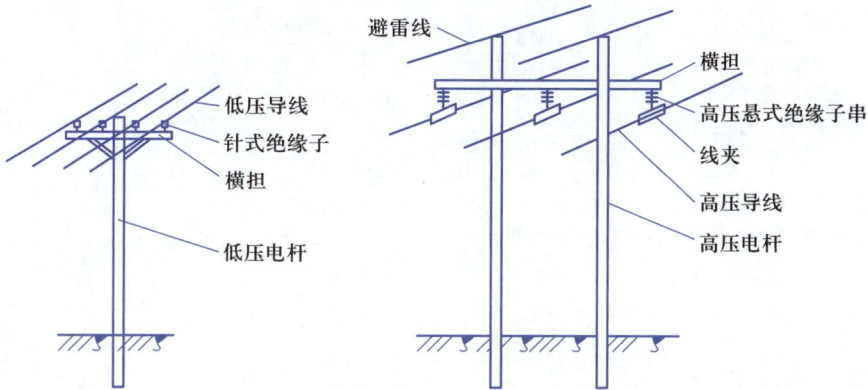

图 8-10　架空线路的结构

铜,且具有质轻、价廉的优点,虽然其机械强度较差,且防腐蚀性能也不太好,但根据资源情况,在环境正常的架空线路上,宜优先选用铝线。钢线的机械强度很高,而且价廉,但其导电性能差,功率损耗大,对交流电流还有铁磁损耗,而且容易锈蚀,因此钢线除作为避雷线(架空地线)外,架空线路上一般不用。

架空线路一般采用多股绞线。绞线又有铜绞线(TJ)、铝绞线(LJ)和钢芯铝绞线(LGJ),通常采用铝绞线。在机械强度要求较高和 35 kV 及以上的架空线路上,则多采用钢芯铝绞线,其横截面结构如图 8-11 所示。

电杆是支持导线的支柱,是架空线路的重要组成部分。对电杆的要求,主要是要有足够的机械强度,同时尽可能经久耐用,价廉,便于搬运和安装。电杆按其采用的材料分,有木杆、水泥杆和铁塔 3 种。

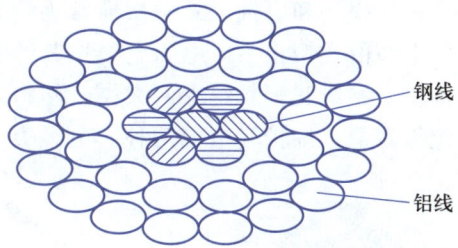

图 8-11　钢芯铝绞线横截面结构

横担安装在电杆的上部,用来安装绝缘子以架设导线。常用的横担有木横担、铁横担和瓷横担。现在普遍采用铁横担和瓷横担。瓷横担用于高压架空线路,兼有绝缘子和横担的双重功能,能节约大量木材和钢材,降低线路造价,并且它能在断线时转动,可避免因断线而扩大事故,其表面易于雨水冲洗,可减少线路的维护工作。

拉线是为了平衡电杆各方面的作用力,并抵抗风压以防止电杆倾倒用的,如终端杆、转角杆、分段杆等往往都装有拉线。

绝缘子又称瓷瓶,用来将导线固定在电杆上,并使导线与电杆绝缘。图 8-12 所示为高压线路的各式绝缘子。

金具是用来连接导线、安装横担和绝缘子、固定和紧固拉线等的金属附件,包括安装针式绝缘子的直脚和弯脚,安装蝴蝶式绝缘子的穿芯螺钉,将横担或拉线固定在电杆上的 U 形抱箍,调节拉线松紧的花篮螺钉以及悬式绝缘子串的挂环、挂板和线夹等。

2. 架空线路的敷设

敷设架空线路,要严格遵守有关技术规程的规定。施工中要重视安全教育,采取有效的安全措施,特别在立杆、组装和架线时,更要注意人身安全,防止发生事故。竣工后,要按照规定的程序和要求进行检查和验收,确保工程质量。

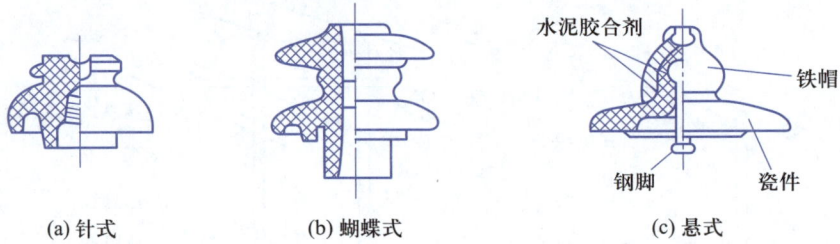

(a) 针式　　　　　　　　(b) 蝴蝶式　　　　　　　　(c) 悬式

图 8-12　高压线路绝缘子

8.3.2　电缆线路

电缆线路是利用电力电缆敷设的线路。其特点是造价比架空线路高,维修不便,但其不用架设杆塔,占地少,供电可靠,极少受外力破坏,对人身安全威胁较小。电缆线路包括电缆和电缆头。

1. 电缆的结构

电缆是一种特殊导线,在其几根或单根绞绕的绝缘导电芯线外面,包有绝缘层和保护层。保护层又分内护层和外护层。内护层用来直接保护绝缘层,而外护层用来防止内护层免受机械损伤和腐蚀。外护层通常为钢丝或钢带构成的钢铠,外覆麻被、沥青或塑料护套。

电缆的类型很多。电力电缆按其缆芯材质分铜芯和铝芯两大类。按其采用的绝缘介质分油浸纸绝缘和塑料绝缘两大类。塑料绝缘电缆又有聚氯乙烯绝缘及护套电缆和交联聚乙烯绝缘聚氯乙烯护套电缆两种。电缆类型如图 8-13 所示。

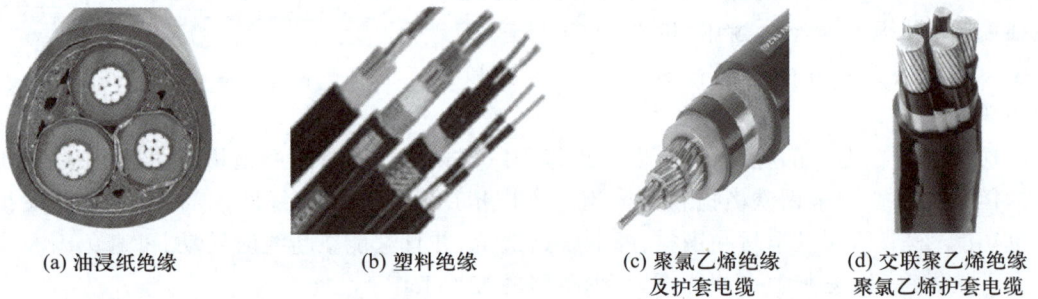

(a) 油浸纸绝缘　　　(b) 塑料绝缘　　　(c) 聚氯乙烯绝缘　　　(d) 交联聚乙烯绝缘
　　　　　　　　　　　　　　　　　　　　　及护套电缆　　　　　聚氯乙烯护套电缆

图 8-13　电缆类型

2. 电缆头的结构

电缆头包括电缆中间接头和电缆终端头。电缆终端头如图 8-14 所示。电缆头是电缆线路中的薄弱环节,电缆线路的多数故障都发生在电缆接头处。电缆头的安装质量十分重要,密封要好,其耐压强度不应低于电缆本身的耐压强度,要有足够的机械强度,体积要尽可能小,且应结构简单、安装方便。

3. 电缆线路的敷设

常见的电缆线路的敷设方式有直接埋地敷设(见图 8-15)、利用电缆沟和电缆桥架(见图 8-16)敷设等,而电缆隧道和电缆排管等敷设方式较少采用。

图 8-14 电缆终端头

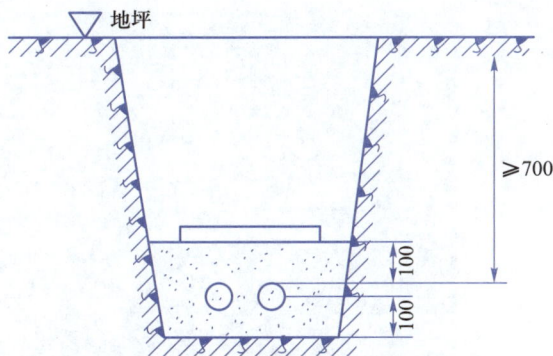

图 8-15 电缆直接埋地敷设

图 8-16 电缆桥架

8.3.3 室内线路

室内线路是建筑物内部敷设的各种配电线路。由于室内一般为人员频繁活动的空间，线路容易被人员触及，因此安全要求特别高，而且由于线路故障易引起建筑物火灾，因此室内线路导线的选择和敷设要特别注意其安全可靠性。

1. 敷设方式

室内线路绝缘导线的敷设方式有明敷设和暗敷设。

（1）明敷设。

明敷设指将绝缘导线直接或穿于管子、线槽等保护体内，敷设于墙壁、顶棚的表面及桁架、支架等处，如图 8-17 所示。明敷设有几种方法：瓷珠、瓷夹、瓷瓶（绝缘子）明敷；塑料卡、铝卡、金属卡明敷；导线穿塑料管、钢管明敷；导线通塑料线槽、金属线槽明敷等。

（2）暗敷设。

暗敷设即穿管暗配线，将穿线管预埋在墙、楼板或地板内，再将导线穿入管中，如图 8-18 所示。这种配线方式看不见导线，不影响屋内墙面的整洁美观，但费用较高。常用的穿线管有电线管、焊接钢管、镀锌钢管、硬质塑料管、刚性阻燃管、半硬质塑料管等。

2. 常用绝缘导线

常用绝缘导线见表 8-1，其外形如图 8-19 所示。

图 8-17　明敷设

图 8-18　暗敷设

表 8-1　常用绝缘导线

型号	名称	主要用途
BV	铜芯聚氯乙烯绝缘电线	用于交流 500 V 及直流 1 000 V 及以下的线路中，供穿钢管或 PVC 管，明敷或暗敷用
BLV	铝芯聚氯乙烯绝缘电线	
BX	铜芯橡胶绝缘电线	用于电压 500 V 以下、架空、明敷、穿管固定，以及照明、设备电路，适用于户内外
BLX	铝芯橡胶绝缘电线	
BVV	铜芯聚氯乙烯绝缘聚氯乙烯护套电线	用于交流 500 V 及直流 1 000 V 及以下的线路中，供沿墙、洞平顶卡钉明敷用
BLVV	铝芯聚氯乙烯绝缘聚氯乙烯护套电线	
BVR	铜芯聚氯乙烯绝缘软线	与 BV 型相同，安装要求柔软时使用
RVS	铜芯聚氯乙烯绝缘绞型软线	供交流 260V 及以下各种移动电气接线用，多用于电话、广播、火灾报警等
ZR-BVR	阻燃聚氯乙烯绝缘软线	适用于有高阻燃要求的场所，如高层宾馆大厦、油田、煤矿、核电站、公共场所等防燃防爆的场合
ZR-BV	阻燃铜芯聚氯乙烯绝缘电线	

续表

型号	名称	主要用途
BV-105	铜芯耐 105 ℃聚氯乙烯绝缘电线	供交流 500 V 及直流 1 000 V 及以下电力、照明、电工仪表、电信电子设备等温度较高的场所使用

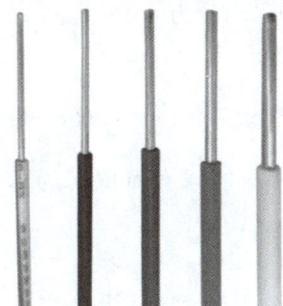
(a) BV线

(b) BX线　(c) BVV线

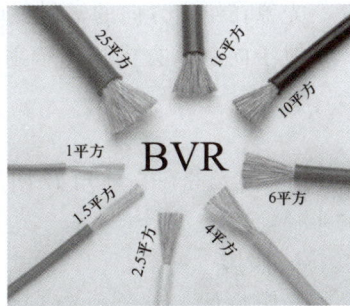
(d) BVR线

图 8-19　常用室内绝缘导线外形

8.4

电气照明

话题引入

人类伴侣之电气照明

人类的生活与光相伴,光是人居环境不可或缺的物质,为人类居住创造明亮、舒适的照明环境。照明按光源性质分,有自然照明和人工照明两大类。良好的照明条件可以保证安全生产和正常生活,提高学习效率和生活质量。因此,合理的照明设计对人类社会生活具有重要意义。

照明需达到绿色照明的要求,即节约能源、保护环境,有益于提高人们的生产、工作、学习、生活质量,做到节能、环保、安全、舒适。

8.4.1　电气照明的有关概念

1. 光与可见光

光是物质的一种形态,是一种波长比毫米无线电波短而比 X 射线长的电磁波,是一种辐射能。

在电磁波谱图中,光谱的大致范围是:红外线的波长为 780 nm ~ 1 mm,可见光的波长为

380~780 nm,紫外线的波长为 100~380 nm。可见光谱分 7 种单色光,不同波长的可见光有着不同的颜色,依次为紫、蓝、青、绿、黄、橙、红。

2. 光通量

光源在单位时间内向周围空间辐射并能使人眼产生光感的能量,称为光通量,用符号 Φ 表示,单位为 lm(流明)。

3. 发光强度

光源在给定方向的辐射强度称为发光强度,简称光强,用符号 I 表示,单位为 cd(坎德拉)。对于向各个方向均匀辐射光通的光源,其各个方向的光强相同,为

$$I = \frac{\Phi}{\Omega} \tag{8-3}$$

式中,Φ 为光源在立体角 Ω 内所辐射的光通量;$\Omega = A/r^2$,A 为立体角相对的球表面积;r 为球的半径。

4. 照度

受照物体表面单位面积内所接受的光通量称为照度,用符号 E 表示,单位为勒克斯(lx),即

$$E = \frac{\Phi}{A} \tag{8-4}$$

5. 亮度

发光体在视体方向单位投影面积上的发光强度称为该发光体的表面亮度,简称亮度,用符号 L 表示,单位为 cd/m^2(坎德拉/平方米),即

$$L = \frac{I}{A} \tag{8-5}$$

6. 光源的色温

当某一光源的色度与某温度下的完全辐射体(黑体)的色度相同时,完全辐射体(黑体)的温度即为该光源的色温。色温的单位为 K,日光色荧光灯的色温为 6 500 K。

7. 显色性

显色性即光源对被照物体颜色显现的性能。物体的颜色以日光或与日光相当的参比光源照射下的颜色为准。一般用显示指数来表征光源的显色性,符号为 Ra,Ra 的值越高越好,说明物体颜色在该光源照射下失真小。

8. 眩光

眩光是由于视野中的亮度分布或亮度范围的不适宜,或者存在极端的对比,以致引起不舒适感觉或降低观察细部或目标能力的一种视觉现象。

8.4.2　常用电光源的类型

电光源按其工作原理可分为热辐射光源、气体放电光源和固体发光光源。

1. 热辐射光源

(1) 白炽灯

白炽灯显色性好($Ra \geqslant 95$)、瞬时启燃、可连续调光、结构简单,但发光效率较低。为了节约能源、保护环境和提高照明质量,我国倡导绿色照明,白炽灯逐步被发光效率更高的节

能灯所取代。

白炽灯外形如图 8-20 所示。

（2）卤钨灯

卤钨灯是填充气体内含有部分卤族元素或卤化物的充气白炽灯,具有普通照明白炽灯的全部特点,光效和寿命比普通照明白炽灯提高一倍以上,且体积小。

卤钨灯外形如图 8-21 所示。

图 8-20　白炽灯外形　　　　　图 8-21　卤钨灯外形

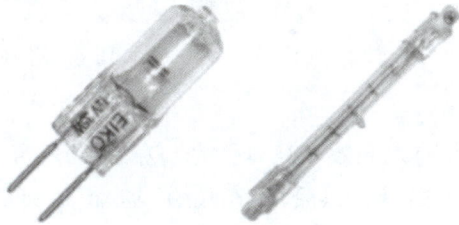

2. 气体放电光源

气体放电光源是利用电流通过气体而发光的光源,它们主要以原子辐射形式产生光辐射。

（1）荧光灯

荧光灯俗称日光灯,多用于办公室、教室等场所,具有光效高、多种色温、寿命长的优点,缺点为调光较困难,有频闪。

荧光灯外形如图 8-22 所示。

图 8-22　荧光灯外形

（2）高压汞灯

高压汞灯是玻壳内表面涂有荧光粉的高压汞蒸汽放电灯,发柔和的白色灯光,结构简单。高压汞灯具有光效高,寿命长,省电经济的特点,适用于工业照明、仓库照明、街道照明、泛光照明等。

高压汞灯外形如图 8-23 所示。

（3）金属卤化物灯

金属卤化物灯是在高压汞灯基础上添加各种金属卤化物制成的第三代光源。金属卤化物灯具有发光效率高、显色性能好、寿命长等特点,广泛应用于体育场馆、展览中心、大型商场、工业厂房、街道广场、车站、码头等场所。

金属卤化物灯外形如图 8-24 所示。

图 8-23　高压汞灯外形　　　　图 8-24　金属卤化物灯外形

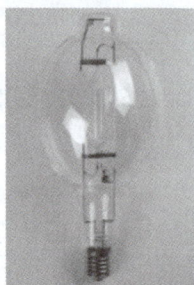

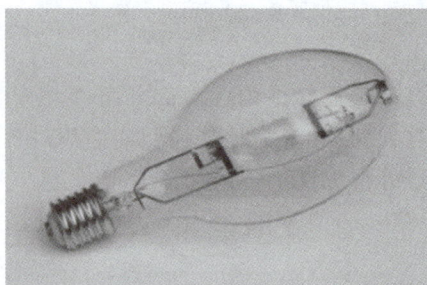

（4）高压钠灯

高压钠灯具有发光效率高、耗电少、寿命长、透雾能力强和不锈蚀等优点，广泛应用于道路、高速公路、机场、码头、船坞、车站、广场、街道交汇处、工矿企业、公园、庭院照明及植物栽培。

高压钠灯外形如图 8-25 所示。

3. 固体发光光源

（1）场致发光灯

场致发光，又称电致发光（EL），是固体发光材料在电场激发下发光的现象。场致发光灯寿命超过 5 000 小时，耗电少，发光条件要求不高。

场致发光灯外形如图 8-26 所示。

图 8-25　高压钠灯外形　　　　图 8-26　场致发光灯外形

（2）半导体灯

半导体灯又称发光二极管（LED），是一种能够将电能转化为可见光的固态的半导体器件。半导体灯寿命可达 10 万小时以上，具有节能、环保、耐冲击等优点。

半导体灯外形如图 8-27 所示。

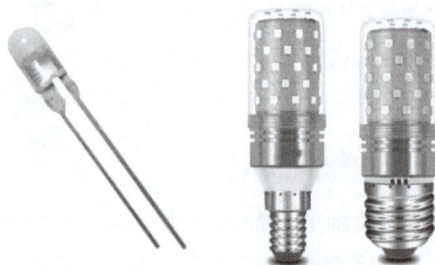

图 8-27　半导体灯外形

8.4.3 常用灯具的类型及其选择与布置

1. 灯具的类型

（1）灯具按安装方式分类

悬吊式：如图 8-28（a）所示，灯具挂吊在顶棚上。根据挂吊的材料不同可分为线吊式、链吊式和管吊式。这种灯具离工作面近，常用于建筑物内的一般照明。

吸顶式：如图 8-28（b）所示，灯具吸附在顶棚上，适用于顶棚比较光洁且房间不高的建筑内。这种安装方式顶棚较亮，但易产生眩光，光通利用率不高。

壁式：如图 8-28（c）所示，灯具安装在墙壁、庭柱上，主要用作局部照明和装饰照明。

台式：如图 8-28（d）所示，灯具主要供局部照明用，如放置在办公桌、工作台上等。

嵌入式：如图 8-28（e）所示，灯具的大部分或全部嵌入顶棚内，只露出发光面。这种安装方式适用于低矮的房间，一般来说顶棚较暗，照明效率不高。若顶棚反射比较高，则可以改善照明效果。

(a) 悬吊式

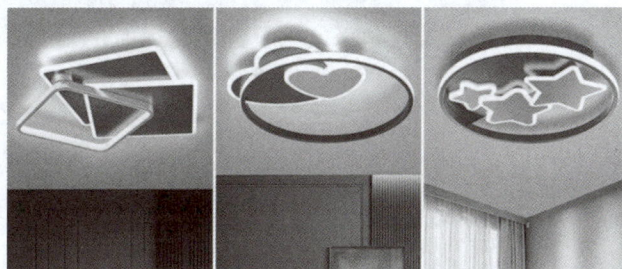

(b) 吸顶式

(c) 壁式

(d) 台式

(e) 嵌入式

(f) 落地式　　　　　　(g) 庭院式

(h) 道路、广场式

图 8-28　灯具类型

落地式：如图 8-28(f)所示，灯具常用于局部照明，摆设在沙发和茶几附近。

庭院式：如图 8-28(g)所示，灯具主要用于公园、宾馆花园等场所，与园林建筑结合，无论是白天或晚上都具有艺术效果。

道路、广场式：如图 8-28(h)所示，灯具主要用于广场和道路照明。

（2）灯具按配光特性分类

灯具按配光特性分类见表 8-2。

2. 灯具的选择

（1）在满足眩光限制和配光要求条件下，应选用效率高的灯具。

（2）根据照明场所的环境条件，选择相应防护等级的灯具。

表 8-2　灯具按配光特性分类

类型		直接型	半直接型	漫射型	半间接型	间接型
光通量分布特性	上半球	0%～10%	10%～40%	40%～60%	60%～90%	90%～100%
	下半球	10%～90%	90%～60%	60%～40%	40%～10%	10%～0

（3）安装在可燃材料表面的灯具,必须选用带有防燃标志的灯具,以免一般灯具的发热导致可燃材料燃烧,造成火灾。

（4）当要求垂直照度时,可选用不对称配光的灯具,也可采用指向型灯具。

3. 灯具的布置

（1）灯具的布置应满足下列要求:满足照度值和照度均匀性等技术要求;满足工艺对照明方式的要求;光线的射向适当,无眩光,无阴影;检修维护安全方便;满足经济性要求,力求做到高效节能;整齐美观,并与建筑、装饰风格相一致。

（2）灯具的布置方式有如下两种。

均匀布置:同类型灯具按等分面积的形式布置,如直线形、矩形、角形等,使工作面有均匀的照度。

选择性布置:根据工作场所或房间内的设备、设施位置来决定,其优点是能够选择最有利的光照方向,可避免工作面上的阴影。

8.4.4　照度标准

对于一个场所究竟选择多少数量的灯具,其依据是建筑照明设计标准,即照度标准。照度标准是关于照明数量和质量的规定。数量指工作面上的照度值;质量是指,有些光的质量有定量的要求,有些只有定性要求。

现行的国家标准是 GB 50034—2024《建筑照明设计标准》,该标准对不同建筑、不同用途的房间和场所,分别规定了不同的照度要求。

照度等级的级差大体为 1.5~2.0 倍,这个级差倍数恰能反映出主观感觉到的最小显著差别。我国照度标准分级如下:0.5、1、3、5、10、15、20、30、50、75、100、200、300、500、750、1 000、2 000、3 000、5 000 lx。规定表面上的平均照度不得低于此数值。

部分常用照度标准值见表 8-3。

表 8-3　部分常用照度标准值

住宅建筑照明标准值			
房间或场所		参考平面及其高度	照度标准值/lx
起居室	一般活动	0.75 m 水平面	100
	书写、阅读		300
餐厅		0.75 m 餐桌面	150
卧室	一般活动	0.75 m 水平面	75
	床头、阅读		150
卫生间		0.75 m 水平面	100
走道、楼梯间		地面	50
办公建筑照明标准值			
房间或场所		参考平面及其高度	照度标准值/lx
普通办公室		0.75 m 水平面	300
高档办公室		0.75 m 水平面	500

续表

办公建筑照明标准值		
房间或场所	参考平面及其高度	照度标准值/lx
会议室	0.75 m 水平面	300
视频会议室	0.75 m 水平面	750
接待室、前台	0.75 m 水平面	200
资料、档案存放室	0.75 m 水平面	200
教育建筑照明标准值		
房间或场所	参考平面及其高度	照度标准值/lx
教室、阅览室	课桌面	300
实验室	实验桌面	300
美术教室	桌面	500
多媒体教室	0.75 m 水平面	300
电子信息机房	0.75 m 水平面	500
学生宿舍	地面	150
楼梯间	地面	100
公共建筑通用照明标准值		
房间或场所	参考平面及其高度	照度标准值/lx
变、配电站	配电装置室	0.75 m 水平面	200
	变压器室	地面	100
电源设备室、发电机室	地面	200
控制室	一般控制室	0.75 m 水平面	300
	主控制室		500
电梯机房	地面	200
动力站	风机房、空调机房	地面	100
	泵房	地面	100
	冷冻站	地面	150
	锅炉房、煤气站的操作层	地面	100
	压缩空气站	地面	150
车辆加油站	地面	100

8.4.5　电气照明施工图

电气照明施工图由图纸目录，施工设计说明，照明系统有关设计说明，设备、材料统计表，照明施工总平面图，照明平面图，照明供配电系统图组成。

1. 图纸目录

图纸目录即按施工图序号，编排目录顺序并标明图纸名称，便于查阅和归档保存。

2. 施工设计说明

（1）建筑概况：简单介绍建筑性质，层高、总高、结构形式。

（2）设计依据：包括相关的国家标准、法规、规程规范，建设单位提供的设计任务书及设计要求，各市政主管部门对初步设计的审批意见，相关专业提供的工程设计资料。

3. 照明系统有关设计说明

（1）负荷分级及容量，供电电源进户线的安装方式。

（2）本工程的供电方式。

（3）系统接地方式，接地电阻要求和措施。

（4）设备安装方式。

（5）线缆的敷设方式、规格和型号。

4. 设备、材料统计表

设备、材料统计表指照明设计中选用的设备及材料的名称、型号、规格、单位和数量。部分常用图例见表 8-4。

表 8-4　部分常用图例表

序号	图例	名称
1		照明配电箱
2		单管荧光灯
3		双管荧光灯
4		单联开关
5		双联开关
6		三联开关
7		带保护接地暗装插座
8		油烟机插座
9		向上配线
10		向下配线
11		应急疏散批示标志灯（向右）
12		应急疏散批示标志灯（向左）
13	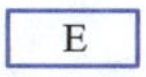 E	应急疏散批示标志灯（出口）

序号	图例	名称
14	⊗	吸顶灯
15	●	防水型吸顶灯

5. 照明施工总平面图

照明施工总平面图标明了建筑物的位置、面积和所需照明及动力设备的用电容量,标明架空线路或地下电缆的位置,电压等级及进户线的位置和高度,包括外线部分的图例及简要的做法说明。对于小型工程,有时可略去此项内容。

6. 照明平面图

照明平面图详细表征了各层建筑平面中的配电箱、照明器、开关、插座等设备的平面布置位置,以及电气照明线路的型号、规格、敷设路径和敷设方式,它是电气安装和管线敷设的根据。某建筑局部照明平面图如图8-29所示。

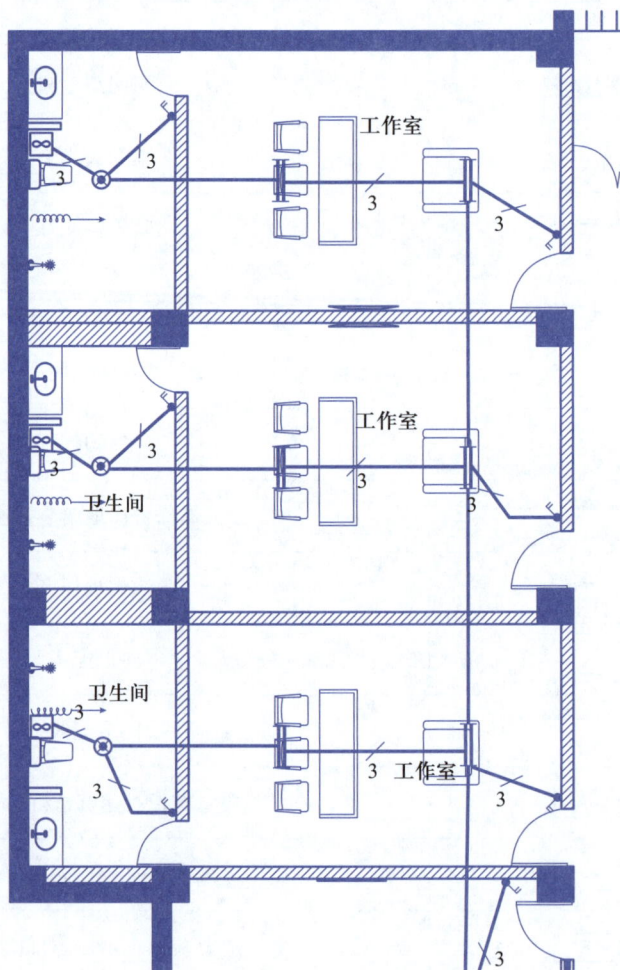

图8-29 某建筑局部照明平面图

7. 照明供配电系统图

照明供配电系统图是电气照明施工图中的重要部分,它表示供电系统的整体接线及配电关系,在三相系统中,通常用单线表示。从图中能够看到工程配电的规模,各级控制关系,控制设备和保护设备的型号、规格和容量,各路负荷用电容量和导线规格等。系统图上表达的主要内容有以下几项。

（1）电缆进线回路数,电缆型号、规格,导线或电缆敷设方式及穿管管径。常见导线敷设方式的标注见表8-5。

表8-5　常见导线敷设方式的标注

序号	导线敷设方式的标注		序号	导线敷设方式的标注	
	名称	字母代号		名称	字母代号
1	穿焊接钢管敷设	SC	5	暗敷设在墙内	WC
2	穿硬塑料管敷设	PC	6	暗敷设在屋面或顶板内	CC
3	穿桥架敷设	CT	7	地板或地面下敷设	FC
4	套接紧定式钢管	JDG	8	沿顶板面敷设	CE

（2）总开关或熔断器的规格型号,出线回路数量、用途、用电负载功率数及各条照明支路分相情况等。

（3）设备容量、需要系数、计算容量、计算电流、功率因数等用电参数以及配电方式。

（4）系统图中每条配电回路上,应标明其回路编号和照明设备的总容量等配电回路参数,其中包括插座和电风扇等电器的容量。

（5）照明供配电系统图上标注的各种文字符号和编号,应与照明平面图上标注的文字符号和编号相一致。

某配电箱系统图如图8-30所示。

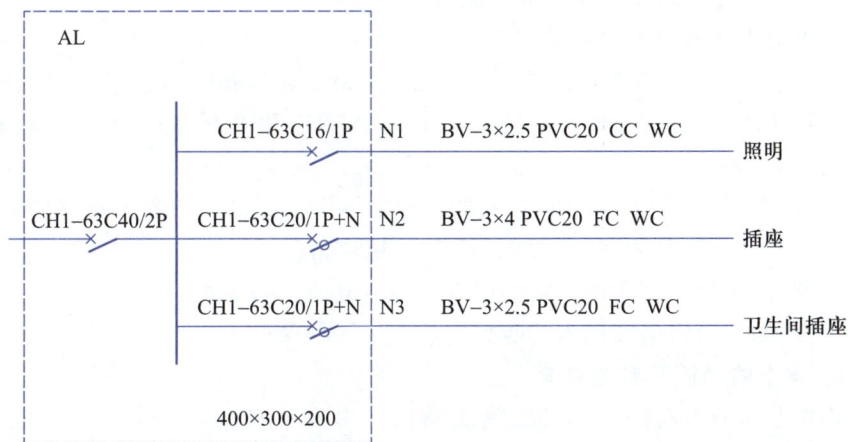

图8-30　配电箱系统图

8.5
建筑物的防雷保护

话题引入

谈 雷 色 变

雷电是一种自然现象，雷电发生时产生的雷电流是主要的破坏源，其危害有直接雷击、感应雷击和由架空线引入的侵入雷。雷电有电性质、热性质、机械性质等多方面的破坏作用，均可能带来极为严重的后果。据统计，雷电每年在通信系统及设备上造成的经济损失就以亿计，可见，防雷保护对建筑物和建筑物内人员和设备的安全防护十分重要。

8.5.1　过电压及雷电的有关概念

1. 过电压的形式

过电压是指在电气线路或电气设备上出现的超过正常工作要求的电压。在电力系统中，按过电压产生的原因不同，可分为内部过电压和外部过电压（雷电过电压）两大类。

（1）内部过电压

内部过电压是由于电力系统本身的开关操作发生故障或其他原因，使系统的工作状态突然改变，从而在系统内部出现电磁振荡而引起的，一般对电力线路和电气设备绝缘的威胁不是很大。

（2）外部过电压

外部过电压又称雷电过电压或大气过电压，是由于电力系统的设备或建（构）筑物遭受来自大气中的雷击或雷电感应而引起的过电压。

外部过电压有以下两种基本形式。

① 直接雷击：雷电直接击中电气设备、线路或建筑物。其过电压引起强大的雷电流通过这些物体放电入地，从而产生破坏性极大的热效应和机械效应，相伴的还有电磁效应和闪络放电。

② 间接雷击：雷电对设备、线路或其他物体产生静电感应或电磁感应而引起的过电压。这种雷电过电压又称为"感应过电压"或"感应雷"。

据统计，电力系统中由于雷电侵入波而造成的雷害事故占整个雷害事故的 50% ~ 70%，比例很大，因此对雷电波侵入的防护应给予足够的重视。

2. 雷电的形成及有关概念

雷电是带有电荷的"雷云"之间或"雷云"对大地或物体之间产生急剧放电的一种自然现象。

当雷云与大地之间在某一方位的电场强度达到 25 ~ 30 kV/cm 时，雷云就会开始向这一方位放电,形成一个导电的空气通道,称为"雷电先导"。大地的异性电荷集中的上述方位尖端上方,也形成一个上行的"迎雷先导"。当雷电先导和迎电先导相互接近,正、负电荷强烈吸引中和而产生强大的"雷电流",并相伴雷鸣电闪,这就是直击雷的"主放电阶段"。这个时间极短,主放电阶段之后,雷云中的剩余电荷继续沿主放电通道向大地放电,形成继续的隆隆雷声,这就是直击雷的"余晖放电阶段",电流较小。

雷电先导在主放电阶段前与地面上雷击对象之间的最小空间距离,称为"闪击距离",简称"击距"。雷电的击距与雷电流的幅值和陡度有关。

8.5.2 接闪器及其保护范围

接闪器是专门用来接受直接雷击的金属物体,如图 8-31 所示。接闪的金属杆称为"避雷针";接闪的金属线称为"避雷线"或"架空地线";接闪的金属带称为"避雷带";接闪的金属网称为"避雷网"。

避雷线

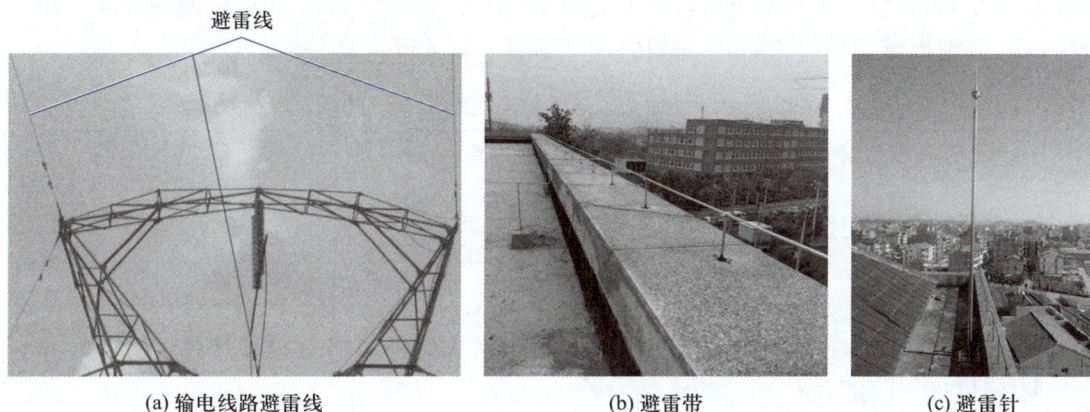

(a) 输电线路避雷线　　　　(b) 避雷带　　　　(c) 避雷针

图 8-31　接闪器

接闪器规格见表 8-6。

表 8-6　接闪器规格

种类	安装部位	材料规格	备注
避雷针	屋面	针长 1 m 以下:圆钢直径 12 mm、钢管直径 20 mm;针长 1~2 m:圆钢直径 16 mm、钢管直径 25 mm	避雷针的保护角:平原地区为 45°,山区为 37°
	烟囱、水塔	圆钢直径 20 mm;钢管直径 40 mm	
避雷带避雷网	屋面	圆钢直径应不小于 8 mm;扁钢截面积应不小于 48 mm²、厚度应不小于 4 mm	—
避雷线	架空线路的杆、塔	镀锌铜绞线截面积不小于 35 mm²	跨度过大时,应验算机械强度

1. 避雷针

避雷针一般采用镀锌圆钢或者镀锌钢管制成。它通常安装在电杆或者构架、建筑物上,它的下端要经引下线与接地装置连接。

避雷针的保护范围，以它能够防护直击雷的空间表示，采用"滚球法"来确定。所谓"滚球法"就是选择一个半径为 h_r（滚球半径）的球体，沿需要防护直击雷的部位滚动，如果球体只接触到避雷针（线）或避雷针（线）与地面，而不触及需要保护的部位，则该部位就在避雷针（线）的保护范围之内。

2. 避雷线

避雷线一般采用截面不小于 35 mm² 的镀锌钢绞线，架设在架空线路的上边，以保护架空线路或其他物体（包括建筑物）免遭直接雷击。由于避雷线既是架空又是接地，因此又称为"架空地线"。避雷线的功能与避雷针基本相同，本质上也是引雷作用。

3. 避雷带和避雷网

避雷带和避雷网主要用来保护高层建筑物免遭直击雷和感应雷。避雷带和避雷网宜采用圆钢和扁钢，优先采用圆钢。圆钢直径应不小于 8 mm；扁钢截面应不小于 48 mm²，其厚度应不小于 4 mm。当烟囱上采用避雷环时，其圆钢直径应不小于 12 mm；扁钢截面应不小于 100 mm²，其厚度应不小于 4 mm。避雷网尺寸要求见表 8-7。

表 8-7　避雷网尺寸要求

建筑物的防雷类别	避雷网尺寸（不大于）/m
第一类防雷建筑物	5×5 或 6×4
第二类防雷建筑物	10×10 或 12×8
第三类防雷建筑物	20×20 或 24×16

避雷带一般沿屋顶屋脊或屋檐装设，用预埋角钢作支柱，高出屋脊或屋檐 100～150 mm，支柱间距 1 000～1 500 mm。

以上各接闪器应经引下线与接地装置连接。

8.5.3　建筑物的防雷分类及要求

1. 建筑物的防雷分类

建筑物根据其重要性、使用性质、发生雷电事故的可能性和后果，按防雷要求分为：第一类防雷建筑物、第二类防雷建筑物、第三类防雷建筑物。

2. 各类防雷建筑物的防雷要求

（1）第一类防雷建筑物的防雷要求

① 防直击雷：装设独立避雷针或架空避雷线（网），使被保护的建筑物及风帽、放散管等突出屋面的物体均处于接闪器的保护范围内。

② 防雷电感应：建筑物内外的所有可能产生雷电感应的金属物件均应接到防雷电感应的接地装置上，其工频接地电阻 $R_E \leq 10\ \Omega$。

③ 防雷电波侵入：低压线路宜全线采用电缆直接埋地敷设。

（2）第二类防雷建筑物的防雷要求

① 防直击雷：宜采取在建筑物上装设避雷网（带）或避雷针或由其混合组成的接闪器，使被保护的建筑物及风帽、放散管等突出屋面的物体均处于接闪器的保护范围内。

② 防雷电感应：建筑物内的设备、管道、构架等主要金属物，应就近接至防直击雷接地

装置或电气设备的保护接地装置上,可不另设接地装置。

③ 防雷电波侵入:当低压线路全长采用埋地电缆或敷设在架空金属线槽内的电缆引入时,在入户端应将电缆金属外皮和金属线槽接地。

(3)第三类防雷建筑物的防雷要求

① 防直击雷:也宜采取在建筑物上装设避雷网(带)或避雷针或由其混合组成的接闪器。

② 防雷电感应:为防止雷电流流经引下线和接地装置时产生的高电位对附近金属物或电器线路的反击,引下线与附近金属物和电气线路的间距应符合规范的要求。

③ 防雷电波侵入:对电缆进出线,应在进出端将电缆的金属外皮、钢管等与电气设备接地相连。

8.5.4　引下线

引下线是指连接接闪器和接地装置的金属物体。

对引下线的要求如下。

(1)引下线宜采用圆钢或扁钢,宜优先选用圆钢。圆钢直径不应小于 8 mm;扁钢截面不应小于 48 mm²,其厚度不应小于 4 mm。当烟囱上的引下线采用圆钢时,其直径不应小于 12 mm;采用扁钢时,其截面不应小于 100 mm²,厚度不应小于 4 mm。防腐措施和接闪器相同。利用建筑构件内钢筋作引下线,应符合第二、三类防雷建筑物的防雷措施要求。

(2)引下线应沿建筑物外墙明敷,并经最短路径接地,建筑艺术要求较高的可暗敷,但其圆钢直径不应小于 10 mm,扁钢截面不应小于 80 mm²。

(3)建筑物的消防梯、钢柱等金属构件宜作为引下线,但其各部件之间均应连成电气通路。

(4)采用多根引下线时,宜在各引下线上距地面 0.3~1.8 m 之间装设断接卡。当利用混凝土内钢筋、钢柱作为自然引下线并同时采用基础接地体时,可不设断接卡。但利用钢筋作引下线时,应在室内外的适当地点设若干连接板,该连接板可供测量,接人工接地体和作等电位连接用。当仅利用钢筋作引下线并采用埋于土壤中的人工接地体时,应在每根引下线上于距地面不低于 0.3 m 处设接地体连接板。采用埋于土壤中的人工接地体时,应设断接卡,其上端应与连接板或钢柱焊接,连接板处宜有明显标志。

(5)在易受机械损坏和防人身接触的地方,地面上 1.7 m 至地面下 0.3 m 的一段接地线应采取暗敷或镀锌钢管、改性塑料管、橡胶管等保护措施。

8.5.5　接地装置

电气设备的某部分与大地之间做良好的电气连接称为接地。埋入地中并直接与大地接触的金属导体称为接地体。专门为接地而人为装设的接地体称为人工接地体。兼作接地体用的直接与大地接触的各种金属构件、金属管道及建筑物的钢筋混凝土基础等称为自然接地体。连接接地体与设备、装置接地部分的金属导体称为接地线。

接地线与接地体合称为接地装置。若干接地体在大地中相互用接地线连接起来的一个整体称为接地网,如图 8-32 所示。

对接地装置的要求如下。

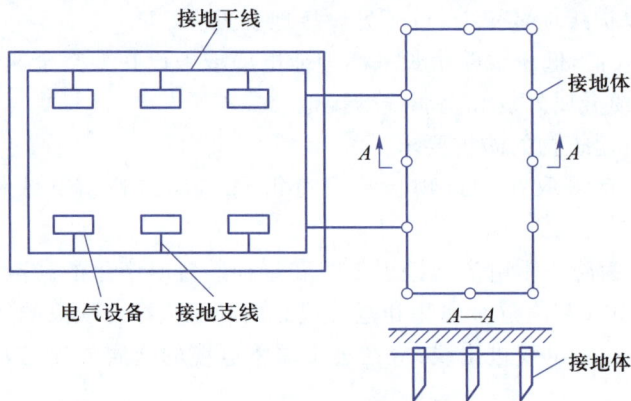

图 8-32　接地网示意图

（1）垂直接地体的长度宜为 2.5 m，为了减小相邻接地体的屏蔽效应，垂直接地体间的距离及水平接地体间的距离一般为 5 m，当受地方限制时，可以适当减小。

（2）接地体埋设深度不宜小于 0.6 m，且应远离由于高温影响（如烟道等）使土壤电阻率升高的地方。

（3）为降低跨步电压，防直击雷的人工接地装置距离建筑物入口处及人行道不应小于 3 m，如果小于 3 m 时应采取以下措施之一。

① 水平接地体局部深度不应小于 1 m。

② 水平接地体局部包以绝缘物（如一定厚度的沥青等）。

③ 采用沥青碎石地面或者在接地装置上面敷设 50～80 mm 厚的沥青层，其宽度超过接地装置 2 m。

（4）当基础采用以硅酸盐为基料的水泥和周围土壤的含水量不低于 4% 以及基础的外表面无防腐层或者有沥青质的防腐层时，钢筋混凝土基础内的钢筋宜作为接地装置，应符合下列条件。

① 每根引下线处的冲击接地电阻不宜大于 5 Ω。

② 敷设在钢筋混凝土中的单根钢筋或圆钢，其直径不应小于 10 mm。被利用作为防雷装置的混凝土构件被用于箍筋连接的钢筋，其截面积总和不应小于一根直径 10 mm 钢筋的截面积。

（5）沿建筑物外面四周敷设成闭合环状的水平接地体，可埋设在建筑物散水及灰土基础以外的基础槽边。

8.6 案例分析

8.6.1　案例 1:设备通电不工作

1. 案例叙述

一台洗衣机插上电源插头不工作。分析洗衣机起动不了的原因:插座是否符合要求，是否接触良好；机门是否关严，微延时开关接触是否良好；电源线或电机是否损坏；是否按了开始键，并有蜂鸣声提示；水龙头是否打开。

2. 案例分析

（1）检查插座是否存在接触不良。

（2）如果洗衣机正常插电，面板灯正常亮，再观察看其他地方。洗衣机中都会有定时器，打开洗衣机面板，看一下里面的定时器和直流电阻上面的保险管有没有断裂，有时候电压不稳就会导致保险管断裂。

（3）漏电问题，如洗衣机存在漏电的问题，可以先使用万能表检查，找到漏电原因，排除原因即可正常使用洗衣机。可能因为用户使用不当，使电脑板进水或受潮，引起电脑板内部因短路而误动作，一通电马上给电源开关的复位线圈指令而切断电源，此时应更换电脑板。

（4）如果在按下电源开关，电源开关马上跳起复位，可能电源开关已损坏，应更换电源开关。还可能是可能按键卡住或电脑板损坏。

8.6.2 案例2：雷电的危害与防雷

1. 案例叙述

雷电是伴有闪电和雷鸣的一种雄伟壮观而又令人生畏的放电现象，如图8-33所示。雷电一般产生于对流发展旺盛的积雨云中，因此常伴有强烈的阵风和暴雨，有时还伴有冰雹和龙卷风。积雨云顶部一般较高，可产生电荷。当电位差达到一定程度后，就会产生放电，这就是我们常见的闪电现象。闪电的平均电流是3万安培，最大电流可达30万安培。闪电的电压很高，约为1亿至10亿伏特。带有电荷的雷云与地面的突起物接近时，它们之间就发

(a) 直击雷

(b) 雷击造成建筑物起火

(c) 雷击造成电气设备损坏

图8-33 雷电

生激烈的放电。在雷电放电地点会出现强烈的闪光和爆炸的轰鸣声。这就是人们见到和听到的电闪雷鸣。

雷击会造成建筑物损坏、森林起火、飞机失事、输变电设备损坏、计算机信息系统中断、油田等燃烧甚至爆炸，危害人民财产和生命安全。雷击已经成为数字信息化时代破坏性较严重的危害之一，造成的损失也是惨重的。

2. 案例分析

为了防止雷电对建筑物、高压线路、油田等造成破坏，通常在建筑物顶部安装避雷针、架空线路架设避雷线。预防雷电造成人身伤害方法如下。

（1）注意关闭门窗，室内人员应远离门窗、水管、煤气管等金属物体。

（2）关闭家用电器，拔掉电源插头，防止雷电从电源线入侵。

（3）在室外时，要及时躲避，不要在空旷的野外停留。在空旷的野外无处躲避时，应尽量寻找低洼之处（如土坑）藏身，或者立即下蹲，降低身体高度。

（4）远离孤立的大树、高塔、电线杆、广告牌。

（5）立即停止室外游泳、划船、钓鱼等水上活动。

（6）如多人共处室外，相互之间不要挤靠，以防雷击中后电流互相传导。

8.7 技能训练

8.7.1 技能训练1：照明线路的安装

1. 实训目标

（1）掌握照明电路的组成，了解电能表的用途和安装方法。

（2）了解开关、断路器的结构、用途和安装方法。

（3）会安装照明线路，训练电气安装技能。

2. 实训设备及器材

万用表1块、验电笔1支、电工安装工具1套、单相交流电能表1块、剩余电流断路器1块、开关2个、灯泡1个、导线若干。

3. 任务要求

照明线路布线规范、整齐、美观；保持横平竖直，不走斜线；同向线并排走线，交叉线采用正交；拐角处用圆角，一是不伤导线，二是防止尖端放电；没有特殊要求，开关、插座要平行安装；在规定的空间安装，元器件要摆放均匀，符合审美。

4. 实训装配图

实训装配图如图8-34所示。

5. 实训步骤

按实训装配图安装并连接线路。

（1）单相电能表的安装

单相电能表有4个接线柱，从左至右编号分别是1、2、3、4。接线方法：按编号1、3进线，

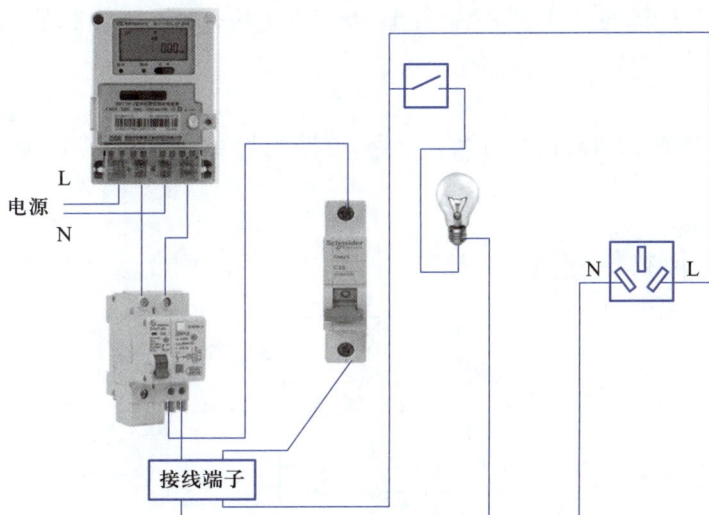

图 8-34 实训装配图

2、4 出线。安装注意事项：单相电能表一般装在配电盘的左上方，电能表必须与地面垂直，否则将影响电能表计数的准确性。

（2）剩余电流断路器的安装

接线时，遵循"上进下出"的原则，上面两孔按"左零（中性线）右火（相线）"接入，下面右侧两孔按"左零（中性线）右火（相线）"输出。

（3）照明电路与插座的安装

安装照明电路要依据"相线接开关，中性线接灯座"的基本原则。三孔插座按"上地左零（中性线）右火（相线）"的接法连接。

（4）线路检查

线路检查应在主电路未接电的情况下进行测试。

① 通过万用表分别测试各导线连接是否正确，有无短路或断路现象，如有则进行修改。

② 通过万用表测试各开关状态是否正常，如：断开开关时，相应端子应为断路状态；接通开关时，相应端子应导通。

（5）上电测试

① 闭合主电路断路器和单开断路器，不按动灯的控制开关时，灯应不点亮，通过验电笔测试三孔插座的 3 个端子，应只有下方右侧插孔有电，其余插孔没电；

② 按下控制灯的开关，此时灯应被点亮，再次按下开关，灯熄灭。

8.7.2 技能训练 2：荧光灯电路的安装与测试

1. 实训目标

（1）了解荧光灯电路的组成和工作原理。

（2）掌握荧光灯电路的安装接线方法。

（3）会使用万用表检测电路的一般故障。

2. 实训设备及器材

荧光灯 1 个，电子镇流器 1 个，荧光灯灯座（2 个），灯架（配置的铁架或木架）1 套，插头、插座 1 套, 开关 1 个, 电工工具、螺钉若干, 万用表 1 块, 功率表 1 块, 验电笔 1 支, 电流表 1 块, 导线若干。

3. 任务要求

接线要规范、整齐、美观; 接线时断开电路, 电路经检查后方可接通电源; 元器件要摆放整齐; 注意安全。

4. 实训装配图

实训装配图如图 8-35 所示。

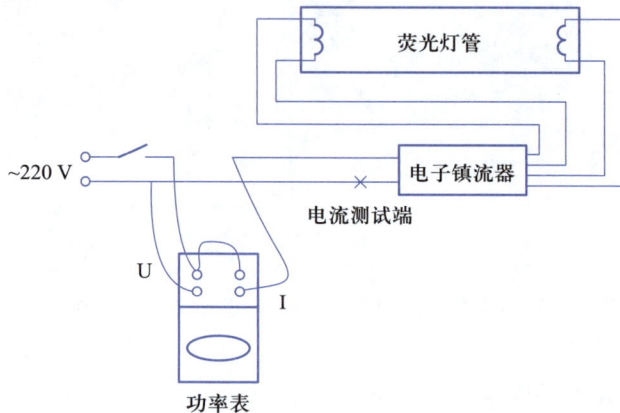

图 8-35　实训装配图

5. 实训步骤

（1）先把灯座、电子镇流器安装在灯架上。

（2）按图 8-35 所示完成接线。

（3）安装灯管, 经教师检查后, 将插头插入照明电路的插座, 观察灯的启亮过程。

（4）用万用表测量电路端口处输入电压 U、荧光灯两端电压 U_R、镇流器两端电压 U_L。

（5）用交流电流表测量电路中的电流 I。

（6）用功率表测量电路中的有功功率 P。

未来科技: "太空光伏发电" 技术

思考题

一、选择题

1.（　　）以上的电压称为高压。

A. 1 kV　　　　　　B. 2 kV　　　　　　C. 220 V　　　　　　D. 380 V

2. 火力发电应考虑"三废", 即废水、废气、（　　）。

A. 废渣　　　　　　B. 废炭　　　　　　C. 废气　　　　　　D. 废料

3.（　　）是国民经济和社会生活中的主要能源和动力。

A. 电动车　　　　　B. 飞机　　　　　　C. 汽车　　　　　　D. 电力

4. 下列哪些不是用电设备?（　　）

A. 电动车　　　　　B. 手机　　　　　　C. 电视机　　　　　D. 发电厂

5.（　　）能衡量供电可靠性。

A. 安全　　　　　　B. 经济　　　　　　C. 实用　　　　　　D. 年停电次数

6. 电压偏差超过允许值会（　　　）设备。

A. 波动　　　　　　B. 增加　　　　　　C. 保护　　　　　　D. 损坏

7. 电力用户根据供电电压分为高压用户和（　　　）。

A. 低压用户　　　　B. 特高压用户　　　C. 强电用户　　　　D. 弱电用户

8. 保护接地线（PE 线）（　　　）带电导体。

A. 不是　　　　　　B. 是　　　　　　　C. 有　　　　　　　D. 没有

9. 相线（L 相）和中性线（N 线）（　　　）带电导体。

A. 不是　　　　　　B. 是　　　　　　　C. 有　　　　　　　D. 没有

10. 下列哪一项是二次能源？（　　　）

A. 水力　　　　　　B. 电能　　　　　　C. 太阳能　　　　　D. 石油

二、判断题

1. 额定容量是设备在一定额定电压下耗用的功率。（　　　）

2. 负荷系数表征了设备容量的利用程度。（　　　）

3. 短路是不同电位的导体之间的电气短接。（　　　）

4. 监护病房属于二级负荷。（　　　）

5. 小型银行营业厅属于一级负荷。（　　　）

6. 三级负荷由两回路供电。（　　　）

7. 三级负荷的供电无特殊要求。（　　　）

8. 照明灯属于长期连续工作制设备。（　　　）

9. 电焊机属于断续工作制设备。（　　　）

10. 一级负荷由两个独立电源供电。（　　　）

参考文献

［1］ 杨立军,段树华．电工基础［M］．北京:高等教育出版社,2019.

［2］ 赵承荻,首珩．电工技术［M］．北京:高等教育出版社,2004.

［3］ 赵承荻,李乃夫．维修电工实训与考级［M］．北京:高等教育出版社,2010.

郑重声明

读者意见反馈

为收集对教材的意见建议,进一步完善教材编写并做好服务工作,读者可将对本教材的意见建议通过如下渠道反馈至我社。

咨询电话　400-810-0598

反馈邮箱　gjdzfwb@ pub. hep. cn

通信地址　北京市朝阳区惠新东街 4 号富盛大厦 1 座
　　　　　高等教育出版社总编辑办公室

邮政编码　100029

授课教师如需获得本书配套教辅资源,请登录"高等教育出版社产品信息检索系统"(https://xuanshu. hep. com. cn/)搜索下载,首次使用本系统的用户,请先进行注册并完成教师资格认证。

- **体系化设计** ● **模块化课程**
- **项目化资源**

高等职业教育
智能制造专业群
新专业教学标准课程体系

机械设计
方向专业

机械设计与制造 / 机械制造及
自动化 / 数字化设计与制造技
术 / 增材制造技术

自动化
方向专业

机电一体化技术 / 电气自动
化技术 / 智能机电技术

机械制造工艺　　　　　增材制造技术
机械 CAD/CAM 应用　　产品逆向设计与仿真
工装夹具选型与设计　　增材制造设备及应用
生产线数字化仿真技术　增材制造工艺制订与实施
产品数字化设计与仿真

机械产品数字化设计　　　　机电设备装配与调试
可编程控制器技术　　　　　运动控制技术
机电设备故障诊断与维修　　自动化生产线安装与调试
电机与电气控制　　　　　　工厂供配电技术
自动控制原理　　　　　　　工业网络与组态技术

专业群平台课

机械制图与计算机绘图　　　电工电子技术
机械设计基础　　　　　　　电气制图及 CAD
公差配合与测量技术　　　　智能制造概论
液压与气压传动　　　　　　工业机器人技术基础
工程力学　　　　　　　　　传感器与检测技术
工程材料及热成形工艺　　　金工实习

机器人
方向专业

工业机器人技术
智能机器人技术

数控模具
方向专业

数控技术
模具设计与制造

工业机器人现场编程　　　工业机器人离线编程与仿真
智能视觉技术应用　　　　数字孪生与虚拟调试技术应用
工业机器人应用系统集成　工业机器人系统智能运维
协作机器人技术应用

工业网络
方向专业

工业互联网应用
智能控制技术

数控机床故障诊断与维修　　冲压工艺与模具设计
数控加工工艺与编程　　　　注塑成型工艺与模具设计
多轴加工技术　　　　　　　注塑模具数字化设计与智能制造
智能制造单元生产与管理

制造执行系统应用（MES）　工业互联网基础
工业网络技术　　　　　　　工业互联网标识解析技术应用
工业数据采集与可视化　　　工业 App 开发
工业互联网平台应用